本书由成都医学院老年健康学院、四川养老与老年健康协同创新中心资助出版。

唐 平 余小平 / 主 编
黄 进 林 琳 李茂全 / 副主编

四川养老与老年健康服务发展报告

（2021）

DEVELOPMENT REPORT ON
ELDERLY CARE AND HEALTH SERVICES
IN SICHUAN (2021)

社会科学文献出版社
SOCIAL SCIENCES ACADEMIC PRESS (CHINA)

编委会

序

为老年健康或老年医学领域的专著或报告写序，记得有过几本，不过多是 60 岁前的事。即青年写老年，彼时对老年人的生理、病理乃至健康了解甚少，多是纸上谈兵。我进入老年阶段，快 10 年了，恍然间变了许多，身心都如此，所以读起这份报告，每每感同身受。读完这份报告，掩卷静思，萌发出一种强烈的使命感，那就是在中国，乃至世界，关注老年人的身心健康，解决老年人的健康问题，已迫在眉睫，刻不容缓，是该大抓、狠抓、全面抓的时候了。

众所周知，随着社会进步、经济发展，特别是卫生事业的有力保障，中国人在新中国成立初期人均寿命 35 岁左右，现在近 80 岁了。同样是人，现在的人可大不一样，多活出 40 岁到 50 岁，中国人好高兴。但要继续活长，特别是继续活好，那可不是易事。因为我们还有好多事情并未做好准备，比如延老健老的理论和措施还未系统形成。沿用在年轻人身上得到的经验编成教科书教出来的学生能治老年病吗？沿用在单病种上总结出来的经验编成教科书教出来的学生能治共病吗？也许不能，还很有可能对患共病的老年人是一次又一次的伤害。

怎么解决这个问题，或许是这些问题？特别是如何从预防出发，从防患于未然角度考虑基层老年人的健康和养生服务，必须自觉地下沉到基层，对老年人的健康状况及需求进行实地调查，弄清所需所求，提出切实方案，才能有的放矢，使问题迎刃而解。

唐平教授和余小平研究员组织成都医学院及其他单位的同道，对四川地区老年人的健康问题和养老状况开展了深入细致的实地调查，写成了这份《四川养老与老年健康服务发展报告（2021）》。我认为很有价值，它不仅对四川未来制定和实施老年人的基层服务措施有重要意义，而且对推动健康中国战略有重要借鉴价值，可供同行同道参考。

是为序。

中国工程院院士

美国医学科学院外籍院士

法国医学科学院外籍院士

原第四军医大学校长

中国工程院原副院长

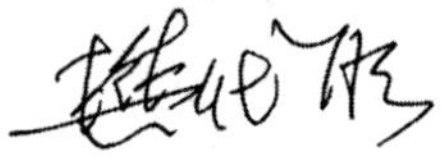

2021 年 8 月 3 日

前　言

习近平总书记在党的十九大报告中提出“实施健康中国战略”，积极应对人口老龄化，构建养老、孝老、敬老的政策体系和社会环境，推进医养结合，加快老龄事业和产业发展。这体现了党和政府对人口老龄化这一贯穿整个21世纪之基本国情的高度重视。全社会都需要动员起来，提高对积极应对人口老龄化问题之重要性和紧迫性的认识，认真制定并有效实施保障和促进“老有所养、老有所医、老有所为”的一系列政策措施和干预行动。

健康养老服务作为社会养老服务体系的一部分，对积极回应当前严峻的老龄化现状具有非常重要的现实意义。本报告以四川省“健康老龄化”的重要性和实施路径为重点，分为六篇十八章。总论篇对四川养老服务与老年健康服务的基本情况与对策进行了梳理，侧面反映我国在健康养老服务供给侧和健康养老服务体系初步发展过程中存在的一些问题，有利于问题的集中解决；养老与老年健康服务需求篇聚焦健康养老服务的供需主体进行探讨；养老服务篇对四川居家、社区、机构养老发展状况进行了调查与分析；老年健康服务篇总结了四川老年公共卫生服务、医疗服务、医养融合发展情况；养老产业篇对四川养老产业发展现状进行了归纳与问题分析；对策建议篇结合本报告讨论的问题提出了建设性的意见和建议。本报告尝试为新时代“不平衡不充分”的老龄事业发展指出重点与方向，具有较强的实用性，为四川省今后开展基层公共卫生服务和地区养老服务提供宝贵的经验，为中国特色健康老龄化路径的探索提供决策依据。中国老年健康事业是一项全新的事业，我们的研究还不够深入，有些判断和建议仍存在偏差，敬请读者批评指正；加之老年医学不断发展，书中存在不足之处在所难免，敬请赐教指正，我们将不断修订完善。

本报告是四川养老与老年健康协同创新中心指令性课题“四川养老与老年健康服务蓝皮书”的成果。同时，本报告也受2018年四川省促进健康服务业发展补助资金和四川省中医药管理局科研项目（2018KF016）经费支持。十余个地市州，行政管理机构、企业、事业单位等三十余个单位，行政管理者、专家、工作人员、志愿者等一百余位相关人员共同参与，对本报告的调研、基础资料的收集和写作给予了大力支持和帮助。

在本报告的编写过程中，成都医学院、四川省社会科学院、四川省卫生健康信息中心以及同行专家学者都付出了很多心血，我们在此向他们表示衷心的感谢！也感谢四川养老与老年健康协同创新中心为本报告出版提供的大力支持。我国的老年健康事业正在蓬勃发展，中国的健康老龄化道路也会越走越宽，希望本报告的出版以及系列丛书的跟进，能够不断地为老年健康行业的决策者和实践者提供参考和借鉴，为打造一个健康老龄化和老龄友好型社会做出我们的贡献。

唐　平　余小平

2021年6月于成都

目　录

CONTENTS

总论篇

养老与老年健康服务需求篇

养老服务篇

老年健康服务篇

总论篇

第一章　研究概况

当前，我国老龄化进程不断加快，人口老龄化已成为我国社会面临的突出问题。老龄化带来的生活照料和医疗保障等相关问题，给家庭和社会都造成很大压力，必须采取相应的措施积极应对这一挑战。四川省已进入深度老龄化社会，呈现规模大、程度深、增速快的特点。因此，如何应对老龄化社会及不断增加的老年健康养老服务需求，已成为值得关注的社会问题。

一　研究背景

老龄化不仅是我国的重要国情，也是21世纪世界性的难题。有效应对人口老龄化问题，关系国家的发展全局，也关系亿万老百姓的福祉。党的十九届四中全会提出，要“积极应对人口老龄化，加快建设居家社区机构相协调、医养康养相结合的养老服务体系”。习近平总书记曾说，“古人讲，‘夫孝，德之本也’”[①]。中国人自古以来就提倡尊老爱幼，倡导老吾老以及人之老、幼吾幼以及人之幼。我国已然步入老龄化社会，让老年人老有所养、老有所依、老有所乐、老有所安，关系到社会和谐稳定。我们要在全社会大力提倡尊敬老人、关爱老人、赡养老人，大力发展老龄事业，让所有老年人都能有一个幸福美满的晚年。

根据第七次全国人口普查（以下简称“七普”）结果，我国60岁及以上人口为2.64亿人，占全国总人口的18.70%，其中65岁及以上人口为

---

① 《习近平：在2019年春节团拜会上的讲话》，央广网，2019年2月3日，https://baijiahao.baidu.com/s?id=1624449474871652068&wfr=spider&for=pc。

1.91 亿人，占总人口的 13.50%。与 2010 年第六次全国人口普查（以下简称“六普”）相比，60 岁及以上人口的比重上升 5.44 个百分点，65 岁及以上人口的比重上升 4.63 个百分点。① 我国人口的老龄化速度不断加快、程度不断加深。四川省的人口老龄化问题更加突出，不仅进入早，而且速度快、程度深，四川在 1997 年就已经进入老龄化社会。② 根据“七普”数据，四川 60 岁及以上人口占比为 21.71%，比全国平均水平高 3.01 个百分点，在全国排第七位，也就是说与全国绝大多数省份相比四川的老龄化程度更深、老年人口规模更大，已经进入深度老龄化阶段。

根据全国老龄办的预测，到 2023 年中国老年人口数量将增加到 2.7 亿人，与 0～14 岁少儿人口数量相等。到 2050 年老年人口总量将超过 4 亿人，老龄化水平将上升到 30% 以上，其中 80 岁及以上老年人口将达到 9448 万人，占老年人口的 21.78%，到 2051 年老年人口规模将达到峰值 4.37 亿人，约为少儿人口数量的 2 倍，老龄化水平基本稳定在 31% 左右，80 岁及以上高龄老人占老年总人口的比重将保持在 25%～30%，进入深度老龄化的平台期。③ 据四川省老龄办预测，最迟在 2027 年，四川省 60 岁及以上老年人口将达到总人口的 1/4 以上；最迟在 2036 年，60 岁及以上老年人口将达到总人口的 1/3 以上。④ 人口老龄化形势非常严峻，前景不容乐观。

数据显示，2018 年中国有超过 1.8 亿老年人患有慢性病，患有一种及以上慢性病的老年人比例高达 75%，失能、半失能老年人约 4000 万人，还有一部分老年人存在精神和心理问题。按照中国 2018 年人均预期寿命 77 岁、健康预期寿命 68.7 岁计算，75% 的老年人有 8 年多的带病生存时

---

① 《第七次全国人口普查公报（第五号）——人口年龄构成情况》，国家统计局网站，2021 年 5 月 11 日，http://www.stats.gov.cn/tjsj/tjgb/rkpcgb/qgrkpcgb/202106/t20210628_1818824.html。

② 按照联合国传统标准，60 岁以上老年人口达到总人口的 10%，或 65 岁以上的老年人口达总人口 7%（新标准），就是“老龄化社会”，超过 14% 为“老龄社会”。

③ 《全国老龄办常务副主任李本公在全国养老服务社会化经验交流会议上的讲话》，百度文库，2006 年 7 月 14 日，https://wenku.baidu.com/view/ab260c05a0c7aa00b52acfc789eb172dec639975.html。

④ 《省老龄办完成四川未来 30 年人口老龄化预测课题》，四川省人民政府网站，2012 年 12 月 12 日，http://www.sc.gov.cn/10462/10464/10465/10574/2012/12/12/10239735.shtml。

间，老年人整体健康状况不容乐观。进入老年后患病时间早，带病时间长，直接影响老年人的生活质量。[①] 2018年，四川省60岁及以上自理能力受限的“失能/半失能”老年人近200万人，与2010年相比增加了7.2%。根据相关预测，到2050年四川省身体状况表现为“不健康”的老年人口数量将达到1200万人，其中，失能或半失能的老年人口数量也将超过300万人。[②] 从四川省老龄人口的发展历程来看，目前四川省不仅已经成为深度老龄化地区，而且还正处于高速老龄化时期，老年人口数量多年持续保持快速增长态势。随着老年人口规模扩大，尤其是高龄、失能与半失能、慢性病患病老年人口的不断增长，老年人该如何健康地颐养天年已是社会各界高度关注的问题。加快发展四川省老年健康服务是一项重要任务，不仅有利于对接老年群众多样化、多层次、差异化的健康需求，也对健康四川的建设具有重大意义。

总的来说，受经济发展水平、计划生育政策、人口生命周期等因素影响，与其他国家和其他省份相比，四川省人口老龄化具有绝对数量大、超高龄化、健康素养水平较低、空巢化、城乡分化等典型特点，对四川社会经济可持续发展产生了深刻的影响，也带来了很大的压力，表现为养老服务市场缺口大、医疗保障压力大、养老保障压力大。应对人口老龄化危机的核心是解决老年人的“养老”和“健康”问题，合称老年“康养”问题，因此，研究四川省养老服务和老年健康服务十分必要和迫切，为此成都医学院和四川省社会科学院联合组建课题组，开展四川省养老和老年健康服务研究。

二 研究设计

本报告旨在梳理四川养老与老年健康服务发展过程和现状，分析存在

① 《中国60岁及以上老年人口约2.49亿 将实施老年健康促进行动》，“国际在线”百家号，2019年7月30日，https://baijiahao.baidu.com/s?id=1640449230815951467&wfr=spider&for=pc。

② 《2018四川人口老龄化与健康养老状况分析报告（全文）》，中商产业研究院网站，2018年8月3日，https://s.askci.com/news/hongguan/20180803/1614591127728.shtml。

的问题，提出对策建议，为加快构建和完善四川养老与老年健康服务体系和提高服务质量、提升老年服务水平提供决策参考。

（一）抽样情况

根据四川省养老规划的“一核两带三区”的空间布局①，课题组采取立意抽样的方式，选取了10个县（区）进行实地调研和问卷调查。在康养创新发展的核心区选取了成都市青羊区、成都市新都区、雅安市雨城区；在以南（西南医科大学）、北（川北医学院）两大医学中心为支撑的四川盆地康养发展带，选取了乐山市峨边县、泸州市江阳区、遂宁市大英县、广安市广安区；在以大巴山脉为主体的秦巴生态森林康养服务业集聚区，选取了广元市朝天区；在以安宁河谷为主体的攀西阳光康养服务业集聚区，选取了攀枝花市米易县；在以藏羌地区为主体的川西民族特色康养服务业集聚区，选取了阿坝州松潘县。

每一个县（区）选取4个社区，一般农村社区2个、城市社区2个（在成都市青羊区和新都区则没有农村社区，全部为城市社区），进行实地调研。每一个县（区）选择2~5个养老机构，其中至少有1个公立养老机构和1个民办养老机构，进行实地调查。进行抽样问卷调查时，在每一个社区和养老机构按照年龄排序，随机抽取社区养老、居家养老和机构养老的老年人，在每个县（区）抽取社区养老、居家养老、机构养老的老年人各140人，合计每个县（区）420人。在松潘县要求藏族和羌族人口不少于300人。通过上述抽样，合计抽取到4200名60岁及以上老年人，其中社区养老、居家养老和机构养老的老年人数均为1400人（见表1-1）。

① 《四川省医疗卫生与养老服务相结合发展规划（2018—2025年）》提出构建“一核两带三区”的空间发展格局。“一核”以成都为核心，包括德阳、绵阳、眉山、雅安和资阳等成都平原地区，发挥医养结合高端优质资源集聚的优势，形成带动、辐射全省医养结合创新发展核心区。“两带”以成南广高速公路为界，以南、北两大医学中心为支撑，推动形成四川盆地南、北两大医养结合发展带。北带以川北医学院为中心，包括南充、遂宁、广元、达州、广安、巴中等地；南带以西南医科大学为中心，包括泸州、乐山、内江、自贡、宜宾等地。“三区”以康养为特色，构建以安宁河谷为主体的攀西阳光康养服务业集聚区、以大巴山脉为主体的秦巴生态森林康养服务业集聚区、以藏羌地区为主体的川西民族特色康养服务业集聚区。

表 1-1　问卷调查地点及人数分布

单位：人

调查地点		调查对象：60 岁及以上老年人口			
		社区养老	居家养老	机构养老	合计
一核	成都市青羊区	140	140	140	420
	雅安市雨城区	140	140	140	420
	成都市新都区	140	140	140	420
两带	乐山市峨边县	140	140	140	420
	遂宁市大英县	140	140	140	420
	泸州市江阳区	140	140	140	420
	广安市广安区	140	140	140	420
森林康养区	广元市朝天区	140	140	140	420
阳光康养区	攀枝花米易县	140	140	140	420
民族特色区	阿坝州松潘县	140	140	140	420
	合计	1400	1400	1400	4200

（二）研究方法

报告综合运用了文献研究法、问卷调查法、深度访谈法和观察法。

文献研究法主要是对四川养老和健康服务的年鉴资料、人口统计数据、卫生健康报告、养老和健康服务的政策文献进行分析梳理。

问卷调查法主要用于对抽取的老年人和机构进行问卷调查。老年人问卷有 54 个问题，包括个人基本情况（7 个问题）、居住环境和家庭情况（11 个问题）、健康状况与服务需求（15 个问题）、养老服务需求（10 个问题）、机构养老服务基本情况和满意度（11 个问题）。养老机构服务的供给情况问卷有 43 项内容，包括基本情况（10 项）、机构设施（5 项）、工作人员（3 项）、养老服务开展情况（8 项）、入住者情况（14 项）、财务状况（3 项目），主要通过访问机构负责人获得相关信息。

深度访谈法是对重点人物开展深度访谈，包括 10 个被调查县（区）卫健委负责人和民政负责人 20 人、被调查县（区）内抽取到的养老机构负责人 25 人，合计获得 45 份访谈个案资料。

观察法是指课题组深入养老机构、日间照料中心、社区老人服务活动中心、老年病医院、老年护理医院进行实地观察。

（三）报告结构

在综合运用上述研究方法的基础上，形成了本研究报告。全书共分为六篇。第一篇为总论篇，包括第一章至第四章，主要介绍研究概况和四川人口老龄化特征、对经济社会发展的影响，以及养老和老年健康服务总体上存在的不足，试图让读者对四川养老服务的概况和紧迫性有一个整体性的认识。第二篇为养老与老年健康服务需求篇，包括第五章和第六章，主要结合文献资料和问卷调查数据，阐述四川省老年人口的需求特征和需求内容，这是提供有针对性建议的前提。第三篇为养老服务篇，包括第七章至第九章，主要阐述四川居家养老、社区养老、机构养老的发展历程，特别是运用课题组的调查资料阐述发展现状。第四篇为老年健康服务篇，包括第十章至第十二章，主要介绍四川老年公共卫生服务、老年医疗服务和医养融合发展的历程与现状。第五篇为养老产业篇，包括第十三章和第十四章，主要介绍四川养老产业的发展历程和现状，以及发展经验。由于发展养老产业是满足更多个性化需求和高水平需求的重要途径，因此本报告将其单独列为一篇。第六篇为对策建议篇，包括第十五章至第十八章，集中阐述四川养老和老年健康服务面临的机遇与挑战、国内外可资借鉴的经验以及对四川的启示，然后分别对四川健康养老服务、老年健康服务和养老产业发展提出了建议，与第二篇、第三篇相呼应。

三　养老服务概况

（一）养老服务的相关概念

养老服务是不同供给主体将不同内容、质量和价格的养老产品和服务，以不同的方式供给不同需求老年群体的过程，[①] 目的是增强老年群体的幸福感，提升老年群体的生活满意度。

1. 养老服务

从近年来有关“养老服务”的政策与学术研究来看，对养老服务的概

① 席恒：《养老服务的逻辑、实现方式与治理路径》，《社会保障评论》2020 年第 1 期。

念有多种解释，其中普遍被认可的观点有以下两种。广义的养老服务是指为满足老年人的特殊需求而提供的物质、医疗、精神、文化等方面的服务和产品的总和。狭义的养老服务指老年人由于身体机能下降而倍加依赖的家政、陪护照料、精神慰问等生活性照料服务。[①] 本报告采用广义观点，即养老服务是指以老年人为目标人群，为其提供生活、物质、医疗、护理、娱乐等方面的服务，既包括政府提供的基础性福利服务，也包括民办机构提供的市场化服务。

2. 需求和供给主体

老年群体作为养老服务的需求主体，是指60岁及以上的全体老年人。养老服务供给主体包括政府、经济组织（企业和个体户）、社会组织和家庭网络，不同主体分别承担不同责任。政府在养老服务中承担决策和组织协调责任：应对人口老龄化发展的挑战，合理配置养老资源，使用行政手段动员经济组织、社会组织和家庭等供给主体参与养老服务过程，培育敬老和孝老社会文化。经济组织受利益驱动，在养老服务中的责任是研发适合老年人需要的产品和项目，发展养老产业，履行社会责任，满足不同老年群体的需求。社会组织承担社会责任，在养老服务中以公益为导向，以微利为动力，以专业化为支撑，以生活化、便捷化和个性化为特点，以弥补政府和市场供给不足为优势，为老年群体提供社会化服务。家庭作为最基本的社会单位，家庭网络中的配偶、子女以及其他亲属承担道义责任，是养老服务得以实现的最重要的载体和具体承担者。

3. 养老需求

养老需求的特殊性伴随着老年人身体机能不可逆转的退化产生，养老服务构成了养老需求的基本内容，主要包括：生活照护服务、卫生保健服务、医疗护理服务、心理慰藉服务、临终关怀等。生活照护是对老年人日常生活饮食起居的照护，年龄越大需要的服务内容越多。卫生保健服务包括组织老年人定期开展健康管理，建立健康档案，开展老年疾病防控知识宣传、普及健康知识和健康教育，为老年人提供保健、疾病预防、心理健

① 零春晴：《我国老年人健康养老服务需求满足程度及其影响因素分析——基于2015年中国健康与养老追踪调查》，硕士学位论文，广西医科大学，2019。

康、健康指导等综合干预和居家康复护理服务。医疗护理主要包括定期常规体检，慢性病常规治疗，慢性病急性期入院治疗，突发疾病的抢救，相关药品、医疗用具、食宿的提供。心理慰藉是指老年人需要更多的关怀、理解、认同、尊重、沟通和陪伴，以达到身心健康。临终关怀是对生存时间有限的老年人提供护理，减轻其生理痛苦和心理恐惧，以改善其余寿质量，体现社会的人文关怀。

4. 养老产品

养老产品专指满足老年人需求的适老产品，可以分为日常用品、辅助用品、医疗护理产品、身体检测产品和养生器材等五类。其中，日常用品是老年人在日常生活中所能用到的、专门根据老年人的特点设计的生活用品，如厨房用品、卧室用品、卫浴用品、电子数码产品、运动产品等；辅助用品是对弥补老年人身体机能衰退起到辅助作用的产品，如轮椅、助行器、助听器、拐杖、坐便椅和身体护具等；医疗护理产品是老年人专用的家用医疗器械和保健器械，如牵引矫正产品、各种理疗仪器、康复器具、呼吸机、护理床和急救产品等；身体检测产品是身体机能各项健康指数的测量产品，如血糖仪、血压计、心率仪、测脂仪、体重秤等；养生器材是延缓老年人衰老，增强身体各部分机能，保持老年人健康的产品，如按摩器、足疗用具、健身器材等。[①] 中国人口老龄化速度的不断加快和规模的不断扩大也促进了养老产品的细分和消费市场的发展。

5. 养老方式

目前，居家养老、社区养老和机构养老是我国主要的社会养老方式，其中，处于基础地位的是居家养老，处于依托地位的是社区养老，处于补充地位的是机构养老。我国一般将其概括为“9073”养老格局，即 90% 的老人在社会化服务协助下通过家庭照料养老，7% 的老人通过购买社区照顾服务（日间养老）养老，3% 的老年人入住养老服务机构集中养老。

居家养老与家庭养老有差别，家庭养老是以家庭为单位，老年人在家里接受主要来自家人和本人的生活照护、心理慰藉、医疗服务等的养老方式。与传统的家庭养老方式相比，现代居家养老强调根据不同老年群体需

① 席恒：《分层分类：提高养老服务目标瞄准率》，《学海》2015 年第 1 期。

求的差异性，政府或机构有针对性地上门为老人提供餐食、家政、医疗、护理、心理慰藉等具体服务，是社会养老服务的一种类型。

社区养老是以居家养老为基础，以社区为依托，结合社会养老机构，由社区承担养老服务责任的养老方式，具体表现为三种形式。一是日托式养老服务，由社区日间照料中心为老年人提供日间照料服务，既缓解了家庭在白天无人照顾或无力照顾老人的难题，也满足了老人居家养老的要求，增强老年人家庭团聚和情感交流的归属感。二是社区综合养老服务中心，利用社区配套设施，建立集生活照料、家政服务、助餐服务和文化娱乐等多种服务于一体的社区综合养老服务中心，为社区老人提供便利性、人性化服务，让社区成为居家养老的支撑。三是社区机构养老，融合居家、社区和机构养老方式，把养老机构的服务引入社区，在社区中实现在家养老。通过改造利用社区现有公共设施或闲置物业资源，因地制宜地发展嵌入式、小规模、多功能、专业化的专为老年人提供就近介护预防、居家安养、短期寄养和长期托养等服务的社区托养方式，满足老年人在社区原地养老，离家不离社区的要求，缓解机构养老供需矛盾。

机构养老是老年人离开家庭到机构养老的养老方式，以养老机构为核心，集中为老人提供生活照料、医疗护理等服务。目前，我国养老机构性质多样，具体有公办、民办、公建民营、民办公助和政府购买服务等。

（二）我国养老服务的发展历程

新中国成立以后，我国养老服务经历了一个曲折发展的过程，大致可以划分为四个阶段。①

1. 孕育发展阶段（1950～1977 年）

这个时期的养老服务属于社会福利范畴，还没有形成独立的服务形式，基于城市单位制和农村人民公社的计划经济形式，由政府开办的福利性养老机构（敬老院、光荣院），提供生活照护型粗放式养老服务，服务对象主要包括“五保”老人、孤寡对象以及优抚对象等困境老人。

2. 探索发展阶段（1978～1999 年）

改革开放以后，我国开始探索社会养老问题，与养老服务相关联的老

① 参见杨根来《新中国养老服务 70 年发展历史脉络》，《中国社会报》2019 年 9 月 30 日。

龄工作机构、养老机构、老年法规和管理规章首次出现。老年人福利服务和养老机构提供的服务迎来新发展。

1982 年，我国开始关注老龄化问题，成立全国老龄工作委员会。1994 年，由民政部等十部委联合发布了《中国老龄工作七年发展纲要（1994—2000 年）》，标志着我国养老服务体系建设进入国家政策统筹的计划阶段，政府组织在养老服务领域的主导地位开始发挥作用。1996 年，中国第一部老年人权益保障法——《中华人民共和国老年人权益保障法》（主席令第 73 号）颁布。

3. 体系化发展阶段（2000～2011 年）

根据联合国制定的标准，1999 年我国正式进入人口老龄化国家行列，并为应对此问题采取了一系列积极措施，开始推进养老服务体系建设。养老服务在内容、政策法规、技术标准等方面均有长足发展。

在政策法规方面，2000 年，中共中央、国务院制定了《关于加强老龄工作的决定》，民政部等部委颁布了《关于加快实现社会福利社会化的意见》。2008 年，全国老龄办、国家发改委等 10 个部门联合发布了《关于全面推进居家养老服务工作的意见》。在体系建设方面，2006 年，第二次全国老龄工作会议首次提出建立“以居家养老为基础、社区服务为依托、机构养老为补充”的“三位一体”中国特色养老服务体系，并得到广泛认可。逐渐形成了著名的“9073”养老格局，也有的地方提出“9082”格局，但都是在此基础上的微调。

4. 快速发展新时代（2012 年至今）

党中央、国务院高度重视养老服务工作，反复强调要积极应对人口老龄化。十八届三中全会提出“加快建立社会养老服务体系和发展老年服务产业”[①]，十九大提出“构建养老、孝老、敬老政策体系和社会环境，推进医养结合，加快老龄事业和产业发展”[②]。2011 年，《社会养老服务体系建设规划（2011—2015 年）》首次提出社会养老服务体系的内涵和定位、指

① 《十八大以来重要文献选编》（上），中央文献出版社，2014，第 538 页。

② 习近平：《决胜全面建成小康社会 夺取新时代中国特色社会主义伟大胜利——在中国共产党第十九次全国代表大会上的报告》，人民出版社，2017，第 48 页。

导思想和基本原则、目标和任务、保障措施等。2017 年，《“十三五”国家老龄事业发展和养老体系建设规划》提出“以居家为基础、社区为依托、机构为补充、医养相结合”的养老模式，实现从“三位一体”到“四位一体”的转型。从居家、社区到机构，从公办到民办，从兜底服务、基本服务到高端服务，养老服务模式不断丰富创新，多层次供给的格局正在加快构建。

近年来，党委领导、政府主导、社会参与、全民行动有机结合的养老服务供给体系正在我国逐渐成形。为老年人提供多元化、多层次、价格合理、方便可及的惠民养老服务，更好地发挥市场的资源配置作用，社会养老力量在其中扮演着越来越不可或缺的角色。当前我国的养老服务的顶层制度体系基本成形，供给体系逐步完善，养老产业的发展环境不断优化，养老服务水平正在快速提高。

四 老年健康服务概况

健康是老年人拥有独立自主地位和社会参与能力的前提。随着我国人口老龄化程度不断加深，我国政府对老年人口的健康问题的重视程度越来越高。从 20 世纪中后期开始，人口老龄化成为全球趋势，中国 60 岁及以上老年人口的规模也从 1953 年的 4000 多万人，增长到 1980 年的 8000 多万人，再到 2020 年的 2.64 亿人，老年人口增长速度很快。同时，随着我国医疗技术的进步，疾病谱也从新中国成立初期的以传染病为主转向以老年心血管病等老年多发病为主，为适应形势，卫生健康部门开始聚焦老年人健康问题。

（一）老年健康服务的理念

健康养老，主要是指以基本养老服务为基础，在提供生活照料、精神慰藉的同时，着重提供疾病诊治护理、健康检查、大病康复、临终关怀等医疗服务的养老方式。随着老年人口总人数，特别是高龄、失能以及半失能和慢性病老年人口的不断增加，新的健康养老需求也不断出现，健康养老服务需从“健康”角度重新审视公共卫生服务在人口老龄化过程中发挥的作用，医养结合型健康养老模式也开始受到关注与重视，并得到了较快发展。

2017 年，国家卫计委联合多个部门制定了《“十三五”健康老龄化规划》，指出中国健康老龄化的实施路径是从生命全过程的角度，对所有影响老年健康的因素进行综合、干预，改变了过去养老服务政策大多针对单一环节、单一领域的不足，成为指导老年健康服务的新理念。2018 年，国家卫健委新设老龄健康司，整合老龄工作，为老年健康服务提供了强有力的组织管理保障。2019 年，国务院把老年健康促进列为实施中国健康行动 15 个重大专项行动之一，将老年健康服务落实到行动层面。

（二）老年健康服务的内容

2019 年，国家卫生健康委员会同国家发改委、教育部、民政部、财政部、人力资源和社会保障部、国家医保局、国家中药局等 8 个部门联合印发了《关于建立完善老年健康服务体系的指导意见》（国卫老龄发〔2019〕61 号），把健康教育、预防保健、疾病诊治、康复和护理服务、长期照护服务、安宁疗护服务六个方面的内容正式纳入老年健康服务，明确了老年健康服务的范围。

第一，健康教育。健康教育主要面向老年人及其照护者，利用多种方式和媒体媒介，为其开展包括营养膳食、运动健身、心理健康、伤害预防、疾病预防、合理用药、康复护理、生命教育和中医养生保健等内容的健康教育活动，灌输健康生活理念和方式，提高老年人健康素养，尤其强调中医传统理念对老年人健康教育的重要性。广泛开展科普活动，宣传健康养生养老文化、知识和政策，在老年大学和老年教育机构开设健康教育课程，营造健康养老社会氛围。

第二，预防保健。预防保健是指通过建立健全老年健康危险因素干预体系、疾病早发现早诊断早治疗体系、失能预防三级预防体系，降低普通老年人患病风险和患病损害。威胁老年人健康的因素包括重点慢性病、神经退行性疾病、失能、意外伤害、精神障碍、营养结构不均衡等。针对老年健康威胁因素，可以依托家庭医生签约服务，重点为老年人提供生活方式和健康状况评估、体格检查、辅助检查和健康指导，加强对老年人健康管理和评估，把围绕慢性疾病和神经退行性疾病特点开展早期筛查、早期干预及分类管理作为疾病早发现早诊断早治疗的手段。针对预防老年人的失能，可以通过加强适老环境建设和改造，改善老年人营养状况，开展心理健康状况评估、随访管理等，实施失能预防项目，加强失能预防宣传等方式进行防范。

第三，疾病诊治。疾病诊治强调合理布局养老医疗资源和改变治疗模式。其中，健全的基层医疗卫生机构是基础，老年医院和综合性医院是核心，教学科研机构是支撑，在教学医疗机构中应增设老年医学科，以提高老年医疗资源的可及性、专业性和便捷性。治疗模式的改变主要是指从以疾病为中心的单病种模式向以患者为中心的多病共治模式转变；在保障老年患者科学用药的同时，促进优质医药资源向社区、家庭延伸。

第四，康复和护理服务。康复和护理服务是指为有康复需要的老年患者提供早期、系统、专业、连续的康复和护理服务。依托康复和护理两条路径开展：一是依托居家养老、社区养老和机构养老等主要养老方式，形成老年人专业护理网络；二是依托医疗机构，增设康复医学科，提高基层医疗卫生机构的康复、护理床位占比，丰富老年人康复资源。

第五，长期照护服务。长期照护服务主要是针对失能、半失能老年人，为其提供长期照护服务。在不同的养老方式中有不同的服务供给方式。居家养老主要是依托基本公共卫生服务项目的上门服务，为失能、半失能老年人开展健康评估和健康服务。社区养老主要通过护理院（站）、护理中心、社区卫生服务中心、乡镇卫生院等医疗卫生机构以及具备提供长期照护服务能力的社区日间照料中心、乡镇敬老院等养老机构，为失能、半失能老年人提供长期照护服务。机构养老主要是支持各类医养结合机构接收经济困难的高龄失能、半失能老年人，扩大护理人员规模、提高护理能力和人员稳定性。

第六，安宁疗护服务。安宁疗护服务是指为疾病终末期老年患者提供疼痛控制及其他症状控制、舒适照护等服务，为患者家属提供心理支持和人文关怀，缓解患者及家属痛苦。目前，我国安宁疗护基础设施、安宁疗护中心、安宁疗护病区和床位等尚不完备，正在探索安宁疗护服务与家庭、社会和机构相结合的工作机制和收费制度。

（三）我国老年健康服务的发展历程

有学者收集了148份1984～2020年4月颁布的与老年健康服务相关的中央层面的法律法规、通知公告等政策类文件，分析了中国健康养老服务政策发展演变的过程，① 从政策层面反映中国老年健康服务的发展脉络，四川的老年健康服务也在这一背景下展开。

1. 起步酝酿阶段（1984～2008年）

1985年，我国出台了第一部针对老年人健康服务的政策文件——《卫生部关于加强我国老年医疗卫生的工作意见》，提出从老年病防治、方便老年就医、加强中医老年医学工作、培养人才及促进科研交流等五个方面开展老年医疗卫生工作。2000年，我国正式进入老龄化社会以后，中共中央、国务院出台了《关于加强老龄工作的决定》，其中"老有所依"仍然是主要的政策目标，并明确提出"完善老年医疗服务网络，为老年人提供医疗保健服务，特别是社区医疗保健服务，提高老年人的生活质量和健康水平"。为了更好地推进这一决定，2001年卫生部制定了《关于加强老年卫生工作的通知》，通过加强政府领导，推动医疗卫生机构积极为老年人开展慢病防治工作，做好老年疾病知识宣传、人员培训和老年病的防治研究等工作并给出了具体的实施建议。可见，这一阶段我国的老年健康服务关注的内容从单纯的老年病治疗转变为以老年病预防和保健为主，服务供给主体从单纯的医院等专业医疗机构发展到社区卫生服务，把老年卫生服务列为社区卫生服务的重要内容，目的是帮助老年人就近解决大部分基本健康问题。

2. 快速发展阶段（2009～2016年）

为了实现医疗资源合理配置，我国从1994年开始正式试点医疗体制改革，但中国的医疗体系仍然以二、三级医疗机构为主体，基层医疗服务非常薄弱，医疗体制改革困难重重，这也制约了老年人健康服务事业的发展。2009～2016年，一是大力发展基层卫生体系并依托基层医疗机构开展老年健康体检、慢病管理工作。2009年卫生部出台了《关于促进基本公共卫生服务逐步均等化的意见》，在国家基本公共卫生服务项目中增加了老

① 裴城阳、胡琳琳、刘立远：《我国老年健康服务政策的发展演变与未来建议》，《中国卫生政策研究》2020年第11期。

年健康管理、慢病管理等内容，提出以城乡基层医疗机构为依托向65岁以上老年人提供健康档案、健康管理，向高血压和糖尿病人提供慢病管理等服务，并从体系建设、经费保障、绩效改革、组织领导等方面为该项工作提供保障，借此改变健康管理工作落地实施难，仅停留在政策层面的状况。二是大力加强慢性病防控。2012年，卫生部印发了《中国慢性病防治工作规划（2012—2015年）》，将慢性病防控列为老年健康服务体系的重要内容。2017年，国务院办公厅进一步印发了《中国防治慢性病中长期规划（2017—2025年）》，要求慢性病防治工作要与居家、社区、机构养老密切配合。三是老年健康服务体系向医养结合方向延伸。伴随持续增加的失能、半失能老年群体和老年慢性疾病患者，越来越多的老年人同时需要医疗健康服务和生活照料服务，不再单纯地满足于单一的养老照料或者生活照料。

2013年，国务院出台了《关于加快发展养老服务业的若干意见》，首次提出积极推动医养结合发展。2015年，卫生计生委等部门又联合出台了《关于推进医疗卫生与养老服务相结合的指导意见》，医养结合的重点任务得到明确，医养结合试点工作纷纷开展起来。医养结合是将医疗与养老资源整合，集医疗、照护、生活等服务于一体的新型养老模式。[①] 虽然中共中央、国务院是在2016年的《"健康中国2030"规划纲要》中才明确了医养结合的发展原则，但在2000年，山西省太原市已率先开展了医养结合的实践探索，2011年民政部也提出了养老机构要发展医养结合的建议。近年来，我国医养结合事业不断发展，已经初步形成了较为成熟的医养结合养老模式。[②]

截至2019年年底，全国范围内被报告两证齐全的医养结合机构已经达4795家，通过签约开展合作的医疗与养老机构有5.64万对。[③] 在新的发展阶段，中国的老年健康服务事业有了长足进步。首先，老年健康服务的内

① 张莹、刘晓梅：《结合、融合、整合：我国医养结合的思辨与分析》，《东北师大学报》（哲学社会科学版）2019年第2期。

② 朱孔来、朱孟斐、姜文华：《对医养结合模式的实践探索和对策建议》，《山东社会科学》2020年第7期。

③ 《2019年我国卫生健康事业发展统计公报》，国家卫健委规划发展与信息化司网站，2020年6月6日，http://www.nhc.gov.cn/guihuaxxs/s10748/202006/ebfe31f24cc145b198dd730603ec4442.shtml。

容得到拓展，针对老年健康服务的前端和后端，即对老年健康管理、老年病预防保健到老年病治疗三个环节都进行了设计，增强了政策的可操作性。其次，老年健康服务供给主体更加多元，除政府、医疗机构外，家庭、社区和养老机构在老年健康服务中的主体性地位得到强化，老年健康服务社会化发展趋势显著。最后，老年健康服务的理念开始发生变化，不再局限于“医”，而是倡导具有中国特色的新养老模式——医养结合。

3. 系统整合阶段（2017 年至今）

老年疾病重在预防，重在对发病前到发病全程的控制，医养结合的实践重点是老年疾病的治疗和生活照料的结合，对疾病预防、健康管理的作用有限。1987 年世界卫生大会提出了健康老龄化的概念，2015 年世界卫生组织首次发布了《关于老龄化与健康的全球报告》，把健康老龄化进一步定义为“发展和维护老年健康生活所需要的功能发挥的过程”[①]，强调对生命质量的投入是一项促进人力资本可持续发展的战略性投资，核心目标是围绕老年人医疗保健和健康问题，提高老年人的生命质量，突出老年人的生命和自由，缩短带病生存期，延长健康预期寿命，目的是把健康老龄化作为应对全球老龄化趋势的战略手段。随着我国老龄化程度的不断加深，政府也接受了这一理念，将健康老龄化纳入国家发展的整体布局，希望通过提升全社会健康预期寿命扭转人口老龄化对健康服务资源的挤压，促进健康老龄化的中国化。

① 杜鹏、董亭月：《促进健康老龄化：理念变革与政策创新——对世界卫生组织〈关于老龄化与健康的全球报告〉的解读》，《老龄科学研究》2015 年第 12 期。

第二章　四川省人口老龄化特征*

四川省地处中国西南内陆，是我国的资源大省、人口大省和经济大省，同时也是以“人口多、底子薄、不平衡、欠发达”为基本省情的西部农业大省。早在20世纪90年代末期，四川省就率先步入老龄化社会，超过全国老龄化水平。[①] 如今，四川省已成为深度老龄化地区，作为人口大省，四川省的老年人口基数大，老化速度快、程度深，未来必然会面临由持续加深的老龄化带来的各类挑战。

一　人口老龄化特征

（一）老龄人口规模大

2000年，四川省常住人口中60岁及以上人口就已经达到938.5万人，占总人口的10.91%，其中65岁及以上人口为623.2万人，占总人口的7.24%，高于2000年全国6.96%的平均水平。[②]

2010年，四川省常住人口已经达到8042万，居全国各省区市第4位，常住人口的老龄化程度也居全国前列。2010年，四川省60岁及以上的老年人口达1311多万人，比2000年增加372.5万人，占全省人口总数的16.30%，高出全国3.04个百分点；65岁及以上人口数量为880.7万多人，比2000年增加257.5万人，占全省总人口的比例为10.95%，比全国

---

* 本章数据除特殊标注以外，均整理计算于各地区统计局年度统计数据。

① 按照国际通行划分标准，当一个国家或地区65岁及以上人口占比超过7%时，意味着该国家或地区进入老龄化；达到14%，为深度老龄化；超过20%，为超老龄化社会。

② 《关注四川省老龄化》，华夏经纬网，2012年8月1日，http://www.huaxia.com/jxtf/jrsc/xwsc/2012/08/2981463.html。

8.87%的水平高2.08个百分点；年龄中位数为37.9岁，比2000年提高了7.4岁；老年人口与少年儿童（0～14岁）人口的比值为64.6%，已经大大超过2000年33.5%的水平，人口老龄化速度加快。

2018年，四川省60岁及以上与65岁及以上的人口规模继续保持增长态势，老龄人口规模持续扩大，均列西部地区第1位、全国第2位。这一年，四川省常住人口达8341万人，其中60岁及以上人口达到1762.5万人，比2000年增加824万人，占人口总量的21.13%，比全国平均水平高3.25个百分点；65岁及以上人口数量为1181.9万人，比2000年增加了558.7万人，占人口总量的14.17%，人口绝对数量仅次于山东，居全国第2位，人口占比仅次于辽宁、上海和山东，居全国第4位。① 四川省60岁及以上与65岁及以上的老龄人口分别比全国老龄人口规模排名第1位的山东省少374.5万人和329.1万人，而高出排名第3位的江苏省79.9万人和52.4万人（见图2－1）。从老年人口的结构来看，四川省老年人口的性别比例比较均衡，无显著的性别结构差异；但是，在四川省老年人口的年龄结构中，80岁及以上高龄老年人口占比相对较高，约12%，且规模常年维持在200万人以上。参照联合国通用标准，当一个国家（地区）65岁及以上人口数量占比达到14%及以上，就说明该国家（地区）是深度老龄化社会。

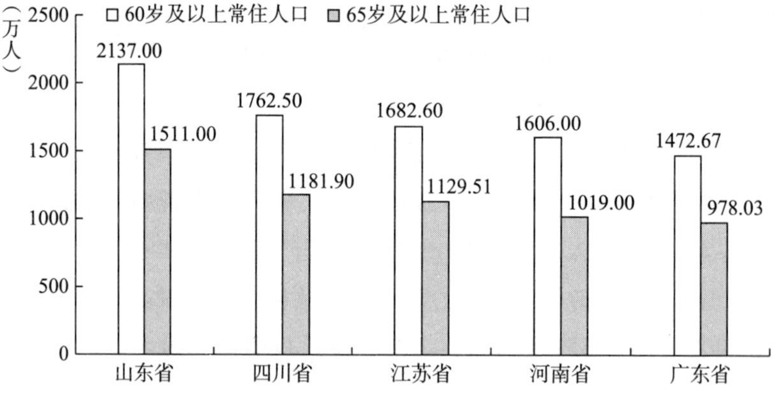

图2－1　2018年全国老年人口规模排名前5位的省份统计

资料来源：根据2018年全国各省统计局公报数据整理而得。

① 《四川老龄人口比例首次超过14%　65岁及以上老人数量全国第二》，闽南网，2019年3月19日，http://www.mnw.cn/news/china/2142370.html。

2020年，四川省60岁及以上人口规模上涨至1816.4万人，占常住人口的21.71%，老龄人口规模排名下降一位，次于山东省和江苏省，居全国第3位；65岁及以上人口总量则上升至1416.8万人，人口规模超过江苏省，但仍次于山东省，稳居全国第2位（见图2-2）。[①]

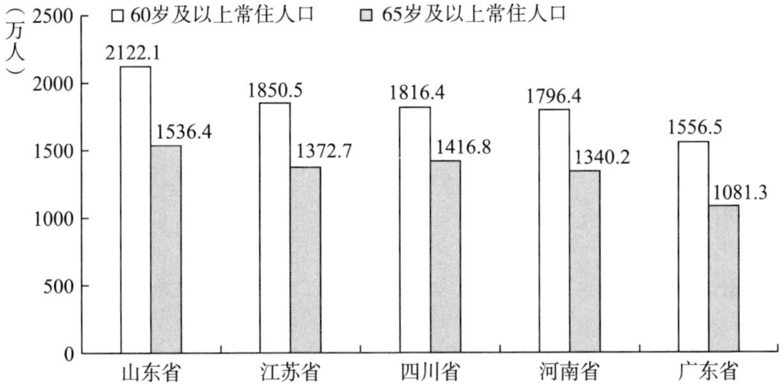

图2-2　2020年全国老年人口规模排名前5位的省份统计

资料来源：国家统计局第七次人口普查数据。

（二）老龄化速度快

四川省老龄化速度逐年加快，低龄老年人的增速有所减缓，而高龄老年人的增速维持在高水平。2018年，四川省60岁及以上老年人口所占总人口的比例，比2017年的21.09%增加了0.04个百分点；65岁及以上老年人口规模为1181.9万人，占比14.17%，比2017年的13.94%增加了0.23个百分点。2020年，四川省60岁及以上的人口占常住人口的比重为21.71%，65岁及以上的人口占常住人口的比重高达16.93%，老龄人口比重与2010年相比，分别上升了5.42个百分点和5.98个百分点（见图2-3）。

2010~2020年，四川省60岁及以上老年人口净增505万人（见图2-3），65岁及以上老年人口增加了约536.1万人。从横向比较来看，与全国同期平均水平相比，10年前，四川省60岁及以上的老年人口所占总人口的比例仅比全国水平高0.58个百分点，65岁及以上的老年人口也仅比全国平均

① 《全国各省份最新老龄人口数据汇总》，搜狐网，202年6月5日，http://www.sohu.com/a/470613448_762454。

水平高 0.49 个百分点，但是到了 2017 年四川省老龄人口的增长速度就已经居全国首位，其中 60 岁及以上与 65 岁及以上的人口占比已分别比全国平均水平高出 3.79 个百分点和 2.55 个百分点，老龄化速度之快可见一斑。

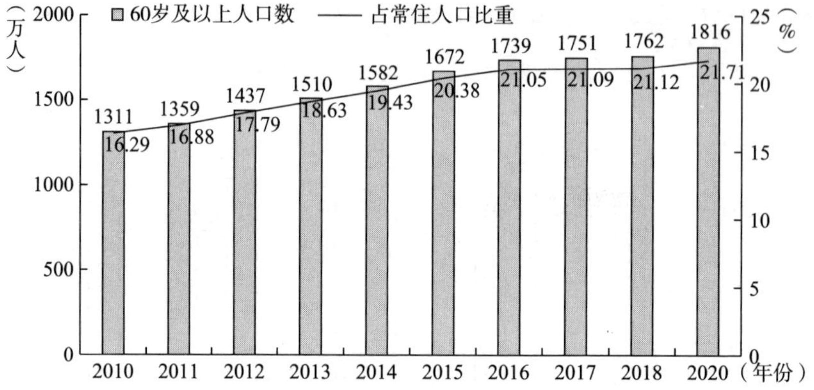

图 2－3　2010～2020 年四川省老年人口变化趋势

注：缺 2019 年老年人口数据。

资料来源：四川省民政厅。

从全球范围来看，发达国家从人口转变的完成到老龄化，再到深度老龄化的进程长达近一个世纪。四川省从 2018 年正式从老龄化社会发展成为深度老龄化社会，是我国“未富先老”“未备先老”的典型。

（三）老龄化程度深

截至 2018 年年底，全国已经有 6 个省市进入“深度老龄化社会”，分别是辽宁、山东、上海、四川、重庆和江苏，其中四川省 65 岁及以上老年人口占比达 14.17%，居全国第 4 位，仅次于辽宁、山东和上海（见图 2－4）。

而到了 2020 年，全国已有 12 个省市步入深度老龄化阶段，这些省市主要位于东北、华北和长江流域地区，分别是辽宁、吉林、黑龙江、天津、山东、安徽、湖南、湖北、江苏、上海，以及西南地区的重庆市和四川省。其中，辽宁省和重庆市的 65 岁及以上人口的比重分别高达 17.42% 和 17.08%，位居全国前两名；而四川省 65 岁及以上人口的比重仅次之，达 16.93%，超越了山东省和上海市，居全国第 3 位（见图 2－5）。

从全国范围来看，四川省的老龄化程度明显高于全国平均水平。2018 年，四川省 60 岁及以上老年人口占总人口的比重高于全国平均水平 3.23

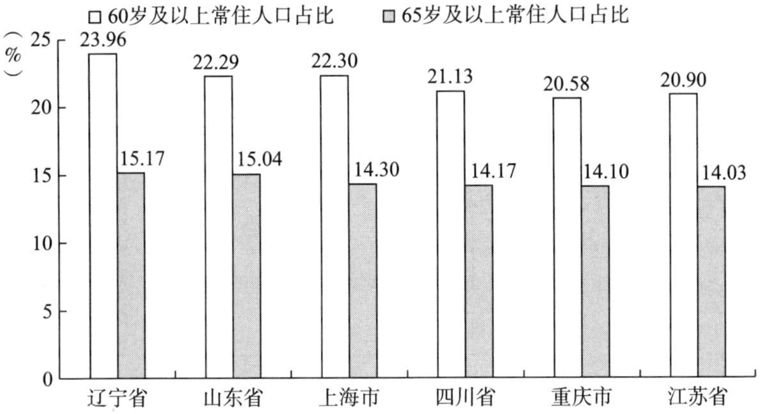

图 2－4　2018 年全国深度老龄化省市老年人口统计

注：受数据限制，上海市为 2017 年数据。

资料来源：根据 2018 年各省市统计局统计公报整理。

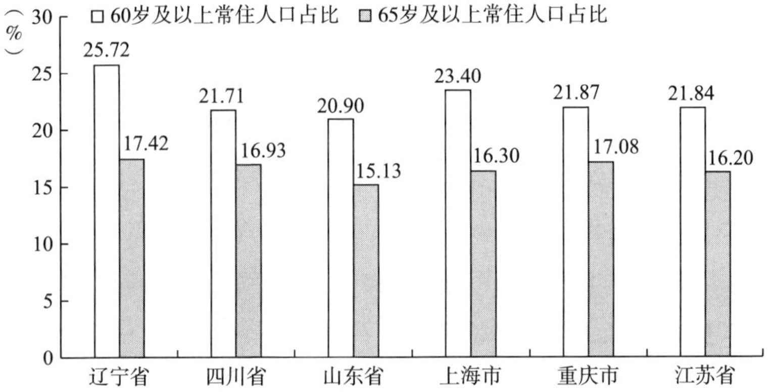

图 2－5　2020 年全国深度老龄化省市老年人口统计

资料来源：2020 年国家统计局第七次人口普查数据。

个百分点，65 岁及以上老年人口的比重也高出全国平均水平 2.27 个百分点。2020 年，四川省 60 岁及以上老年人口占总人口的比重高于全国平均水平 3.01 个百分点；65 岁及以上老年人口的比重也高出全国平均水平 3.43 个百分点（见图 2－6）。

（四）高龄化、失能化加速

随着四川省老龄化趋势的深入发展，全省的高龄老年人口也必然随之不断增长。近年间，四川省 80 岁及以上的老年人口规模均维持在 200 万人以上。值得注意的是，高龄老年人口的增长，也会伴随失能/半失能老年

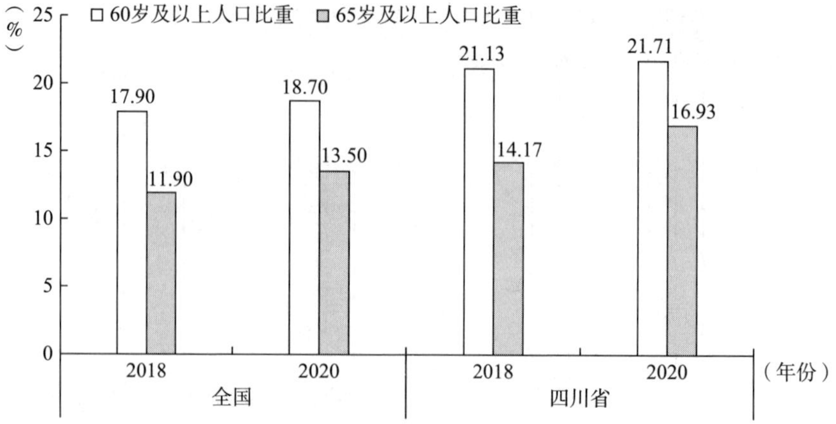

图 2－6　2018 年与 2020 年四川省老年人口比重与全国平均水平的比较

资料来源：2018 年国家统计局和四川省统计局公报数据；2020 年全国第七次人口普查数据。

人和慢性病患病老年人口的持续增加。2018 年，四川省的高龄老年人口规模是 243.23 万人，占常住人口的比重为 2.9%，相较于 2010 年净增 91.92 万人，年均增长率为 6.12%。高龄老人占老年人口的比重分别为 13.80%（60 岁及以上）和 20.58%（65 岁及以上），相较于 2010 年上升了 2.30 个百分点和 3.38 个百分点。到了 2020 年，四川 80 岁及以上人口有 263.80 万人，占常住人口比重为 3.15%，比 2018 年增加了 20.57 万人，高龄老年人口比重相较于 2018 年提高了 0.3 个百分点。高龄人口占老年人口的比重分别为 14.52%（60 岁及以上）和 18.62%（65 岁及以上）（见图 2－7）。

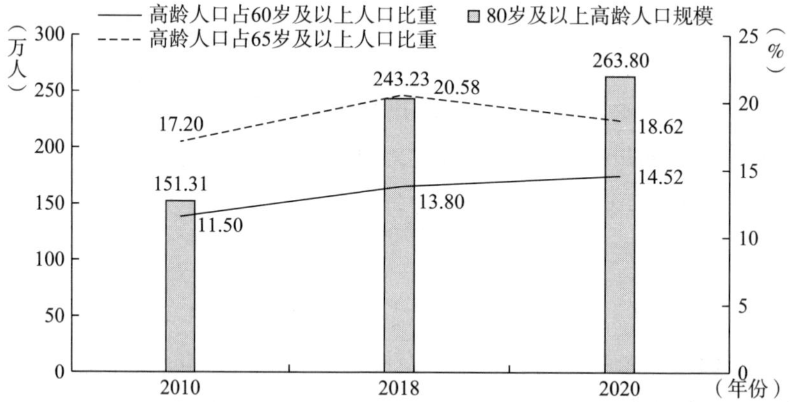

图 2－7　2010 年、2018 年、2020 年四川省高龄人口的比较

资料来源：四川省民政厅。

2018 年，四川省 60 岁及以上自理能力受限的失能/半失能老年人有近 200 万人，占老年总人口数量的 11.2%，即 10 个老年人中就有 1 个失能/半失能老年人，这一数据与 2010 年相比增加了 7.2 个百分点。随着人口老龄化程度的不断加深，未来全省的不健康、高龄和失能/半失能老年人口规模将逐年上升。四川省高龄老年人口及失能/半失能人口数量的持续扩大，必将带来养老服务需求的膨胀，成为四川省养老工作中亟待解决的问题。

（五）城乡差异较大

四川省老龄化还呈现明显的城乡差异，农村地区的人口老龄化程度远高于城镇地区。2018 年，四川省农村地区 60 岁及以上老年人口占农村总人口的 27.5%，而城市地区 60 岁及以上的老年人口占比为 15.3%，比农村地区低 12.2 个百分点（见图 2－8）。

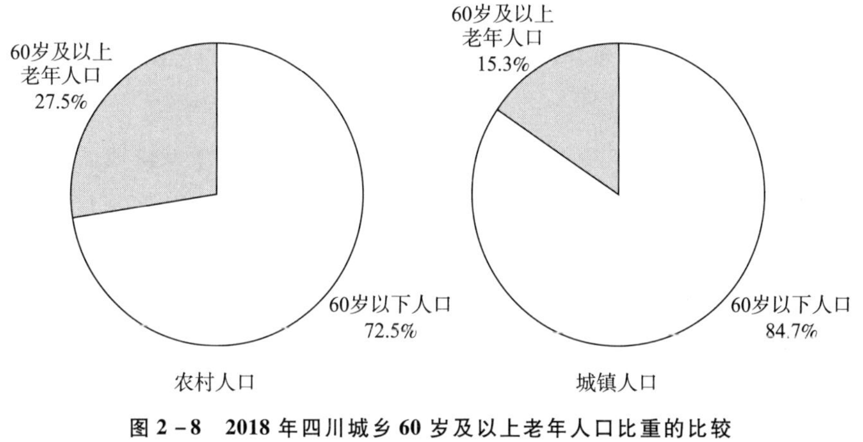

图 2－8　2018 年四川城乡 60 岁及以上老年人口比重的比较

资料来源：四川省民政厅《基于四川养老服务体系建设供需现状的思考与对策》，2019 年 6 月。

另外，四川省农村地区老年人口的增长速度也高于城镇地区。2010 年，四川省城镇地区 60 岁及以上的老年人口占城镇总人口的比例为 13.5%，而农村地区 60 岁及以上老年人口的比重为 18.2%，比城镇老年人口占比高 4.7 个百分点；到 2015 年，城镇地区 60 岁及以上老年人口比重增长至 16.1%，而农村地区 60 岁及以上老年人口比重则上升至 22.8%，比城镇地区老龄人口占比高出 6.7 个百分点。2010～2018 年，四川省农村地区 60 岁及以上老年人口所占比重增长了 9.31 个百分点，而城镇地区 60

岁及以上老年人口比重增长了1.8个百分点（见图2-9），由此可见，8年间四川省农村地区老年人口的增长速度远高于城镇地区，农村老龄化的发展速度和程度较城镇地区更为紧迫与严峻。

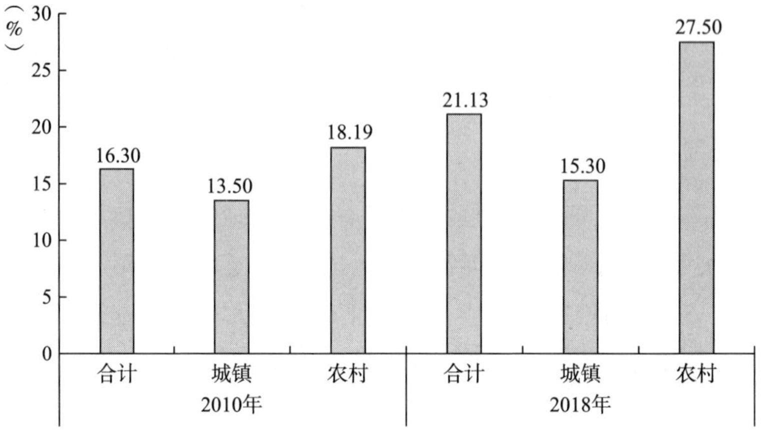

图2-9　2010年和2018年四川城乡60岁及以上老年人口比重的比较

资料来源：四川省民政厅。

同时，四川省农村地区老年人口的失能化水平也高于城镇地区。华西医院“老年医学中心”的抽样调查数据显示，在全省75岁及以上的老年群体中，农村地区老人的失能和半失能率为81.4%，远高于城镇地区的53.8%，这充分说明四川省人口老龄化在速度、程度和应对难度方面，农村地区相对于城镇地区更为严峻。

（六）地区发展不平衡

四川省老龄化程度在地区之间也存在较大差异。2020年“七普”统计数据显示，资阳（28.19%）、自贡（27.34%）、南充（26.00%）、德阳（25.81%）、内江（25.23%）、遂宁（25.19%）等16个市州的老龄化率超过20%，14个市州高于全省平均水平（21.71%）。其中，老龄化程度最高的城市是资阳市，60岁及以上老年人口占人口总数的比例近1/3，高达28.19%；而老龄化程度低于全省平均水平的有甘孜、阿坝、凉山、宜宾、雅安、成都、攀枝花7个市州，其中，老龄化程度最低的甘孜州比老龄化程度最高的资阳市低了16.83个百分点（见图2-10）。

此外，受经济社会发展状况的影响，四川省“五大经济区”的老龄化

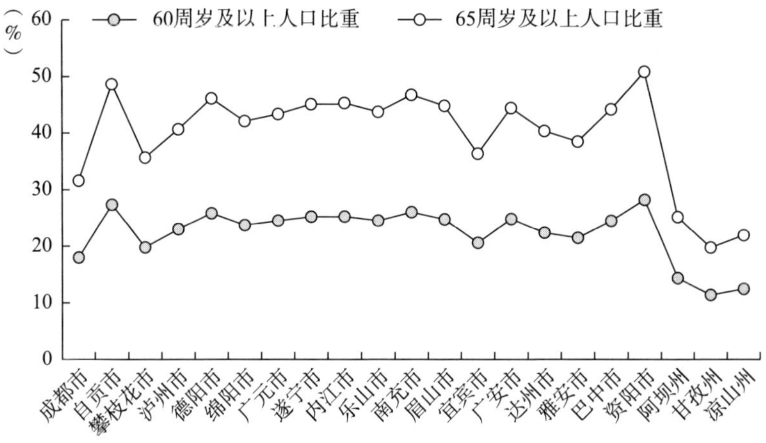

图 2－10 2020 年四川省各市州老龄化水平的比较

资料来源：2020 年全国第七次人口普查数据。

程度也存在一定差异。其中，成都平原经济区的老龄化程度最高，65 岁及以上的老年人口占总人口的比重高达 15.93%；第二是川东北经济区，65 岁及以上老年人口比重为 15.35%；第三是川南经济区，65 岁及以上老年人口比重为 14.91%；第四是攀西经济区，65 岁及以上老年人口比重为 10.65%；而川西北生态经济区的老龄化程度最低，65 岁及以上老年人口比重仅为 8.35%，比老龄化程度最高的成都平原经济区低 7.58 个百分点（见图 2－11）。由此可见，四川省老龄化存在明显的区域性差异。

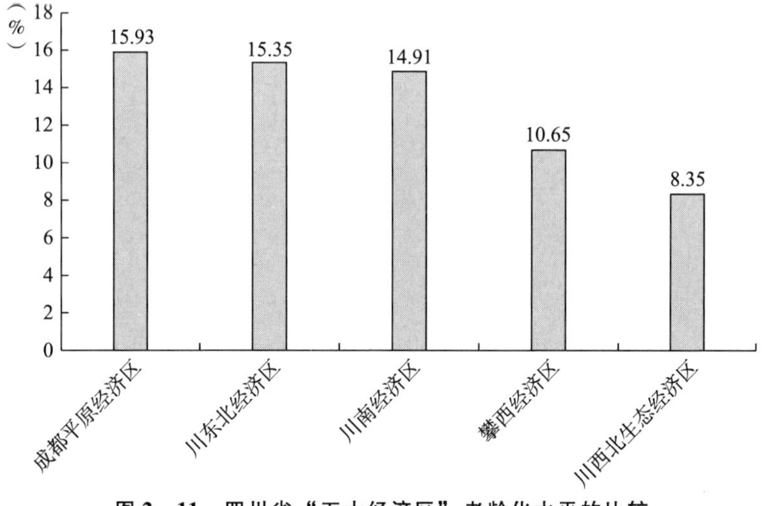

图 2－11 四川省“五大经济区”老龄化水平的比较

资料来源：四川省民政厅。

二 人口老龄化特征成因

（一）人口基础数量巨大，出生率低，自然增长率低

四川省是人口大省，人口基础数量巨大，尤其是计划生育政策实施后，人口出生率和自然增长率长期低于全国平均水平，因此人口老龄化的速度快、程度深。自20世纪80年代我国实行人口发展的计划生育政策以来，四川省在人口数量控制方面做出了突出的贡献。长期在城镇地区执行稳定的计划生育政策。除了少数民族地区的少数民族人民可以生育二孩外，在广大农村地区同样普遍实行计划生育政策。通过30多年来较为严格的计生政策实施，四川省人口出生率和生育率都大幅度下降。2000年四川省人口出生率为10.47‰，2010年四川省的人口出生率下降到8.93‰，2010年与2000年相比人口出生率下降了1.54个千分点。2016年二孩政策放开后，社会生育意愿释放，2017年四川省人口出生率达到近10年的最高值11.26‰，但也仅比2000年增加0.79个千分点，无法扭转人口出生率不断下降的趋势。低出生率、低自然增长率、高人口基数势必导致四川省老龄化的快速发展。

（二）经济社会发展，人口预期寿命大幅增长

随着经济社会的发展，四川省医疗水平和条件也显著提高，表现为人口平均预期寿命的大幅度增长，这为四川省的老龄化快速发展提供了基础条件。2000年，四川省总的平均预期寿命为71.74岁，其中男性的平均预期寿命为69.79岁，女性的平均预期寿命为73.89岁；2010年，四川省总的平均预期寿命为74.75岁，其中男性的平均预期寿命为72.25岁，女性的平均预期寿命为77.59岁，分别比2000年延长了2.46岁和3.7岁；2018年，四川省总的平均预期寿命为77.1岁，其中男性的平均预期寿命为74.34岁，女性平均预期寿命80.34岁，分别比2000年延长了4.55岁和6.45岁；2020年，四川省总的平均预期寿命为77.3岁，人口平均预期寿命逐年增长。另外，四川省被誉为“天府之国”，宜居的气候条件与人文环境、先进的医疗卫生水平，吸引了许多外省老年人口定居成都养老。这也是四川省老龄化程度持续加深的原因之一。

（三）中青年劳务输出人口比重较大

四川省不仅是人口大省，也是人口输出大省，长期处于净流出状态。由于人口流动规模较大，四川省常住人口老龄化的程度比户籍人口老龄化程度更加严重，即实际老龄化程度更深。改革开放后，四川省大量农民工外出务工，人口流动和农村劳动力转移规模逐年扩大，是全国排名最靠前的农村劳务输出大省。据统计，2000 年全省流出省外的农村外出务工经商人员大约为 600 万人，到 2010 年，增加到 1050 万人。“六普”显示，2010 年四川省外出务工半年以上人口数量达到 2091.37 万人，其中，省内 1040.82 万人，省外 1050.55 万人。四川以农民工为主体的流动人口中，15～44 岁的青壮年劳动力所占比例最高，达 64.17%。2014 年，四川省人口迁移有回流趋势，到 2017 年、2018 年，随着农民工回流潮和省内经济社会的发展，四川省流出到省外的人员分别降到 998 万人和 995 万人，省外流入人员分别为 128 万人和 130.4 万人，但流出人口远远高于流入人口的基本格局没有改变。2020 年，四川省共有 895.03 万名农民工外出务工，农民工回流趋势持续，但四川的外出务工的人口规模仅次于安徽省（1399.2 万人）和湖南省（1233.9 万人），位列全国第 3 名，仍是外出务工人口较多的省份之一，因而加剧了四川省人口老龄化的发展。

（四）欠发达地区在发达地区就业定居人数猛增

2010 年，四川省户籍人口中农业人口有 6646.1 万人，占到总人口的 73.8%；非农人口有 2355.2 万人，占到总人口的 26.2%。按照常住人口统计，四川人口城镇化率为 40.18%，低于全国平均水平 8.5 个百分点。2018 年，四川省户籍人口中农业人口有 5850.3 万人，占到总人口的 64.1%，比 2010 年下降了 9.7 个百分点；非农业人口有 3271.5 万人，占到总人口的 35.9%，比 2010 年上升了 9.7 个百分点。按照常住人口统计，四川人口城镇化率为 52.29%，比 2010 年提高了 12.1 个百分点，但仍低于全国平均水平 7.29 个百分点。无论是以户籍人口还是常住人口计算，四川农业人口规模仍然较大，四川省仍然是一个农业大省。由于城乡发展、地区发展的不均衡，相对于城市来说，农村是相对欠发达地区，农村大量的青年劳动力受城市拉力影响外出务工，且由相对不发达地区向相对发达地区迁移，因此，农村地区的人口老龄化程度明显高于城镇地区，同时带来“空巢老人”“留守老人”“留守儿童”等家庭社会结构失调问题。农村地区留守老年人养老问题凸显，为城乡统筹的推进带来了许多严重的挑战。同时，绝大多数在省外务工的农民工，在退休年龄阶段由于生活习惯或是生活成本，大都会选择“回流”到家乡，即四川省内的农村，这一人口流动特征使四川农村老龄化、空心化程度更加严重，也加重了四川省的社会养老保障、医疗保险和社会救助等方面的压力。

三 老龄人口的发展趋势

相关研究预测，四川省总人口数量呈现先增加后减少的变化趋势，总人口数量依次在2022～2024年达到峰值，分别为9392.4万人（2022年）、9418.3万人（2023年）和9427.9万人（2024年）。[①] 但在总人口峰值过后，四川省总人口数量则呈下降态势，预计2050年最低降至7478.2万人。其中，四川省老年人口的数量在2010～2040年年均增长率达2.22%左右，65岁及以上的老龄人口规模将在2040年前后达到峰值，届时老年人口数量将达1618万人，且65岁及以上人口与同期的60岁及以上人口相比呈上升趋势。而到2050年前后，四川省老年人口的数量随总人口发展趋势相应下降至1530.8万人，但老龄化系数仍然持高，达19.53%。另外，四川省老龄办研究预测，2027年，四川省60岁及以上的老年人口将占总人口的1/4以上；而2036年，60岁及以上老年人口的数量会达到峰值，这一老龄人口的数量将占总人口的1/3以上。[②]

四川省历来高度重视人口老龄化及由此引发的一系列问题，并密切关注四川人口结构的优化发展。为保障老年人晚年生活实现“六个老有”，四川省已经连续5年将养老服务纳入省委、省政府民生工程项目实施，推动相关工作部署落地落实和发展。因此，四川省人口老龄化的发展趋势对

① 陈威杰、吕盛鸽：《四川省人口老龄化系数中长期预测》，《统计与决策》2013年第1期。

② 《省老龄办完成四川未来30年人口老龄化预测课题》，四川省人民政府网站，2012年12月12日，http://www.sc.gov.cn/10462/10464/10465/10574/2012/12/12/10239735.shtml。

养老政策的制定与实施具有重要的意义。

（一）四川省老年人口规模预测

1. 未来5年间四川省老年人口状况

2025年，从老年人口总量来看，四川省60岁及以上的老年人口将由2020年的1816.4万人增长至1976.2万人，其中，65岁及以上的老年人口将由2020年的1416.8万人增长至1432.4万人，80岁及以上的高龄老年人口将由2020年的250.7万人增长至310.8万人。从人口负担系数来看，2018年，65岁及以上的老年人口占人口总数的比重是14.2%，老年抚养比为20.4%，相当于平均4.89个劳动年龄人口赡养1个老年人；而到了2025年，65岁及以上老年人口占人口总数的比重将增长至17.4%，与2018年相比提升了3.2个百分点，老年抚养比也将增长至27.8%，高于2018年7.4个百分点，这相当于平均3.6个劳动年龄人口赡养1个老年人。由此看来，未来5年间，四川省老龄人口持续增长，养老赡养负担不断加重。值得注意的是四川省农村地区的65岁及以上老年人口比重将在2023年超过20%，这说明农村地区的老龄化面临更加严峻的局面。[①]

2. 未来10年间四川省老年人口状况

2030年，四川省65岁及以上的老年人口将达到1783.3万人，比2018年的1181.9万人增长了601.4万人，比2020年增长了366.5万人。同时，四川省65岁及以上的老年人口所占人口总量的比重将达到20.1%，比2018年增长了近6个百分点，这标志着四川省未来10年间人口老龄化的程度将持续加深，且会领先于全国平均水平5年步入超老龄化社会。另外，2036年前后，四川省60岁及以上的老年人口总数会迎来峰值，届时老年人口规模将达到2609.3万人，老年人口所占总人口的比重也将达到33.0%左右。这表明2036年后，四川全省范围内每3个人中就会有1个是老年人。另外，预测数据显示，四川省高龄老年人的规模将逐年上涨，到2035年，全省高龄老年人数量将升至555.7万人，其中“失能/半失能”老年人口数量也将超过300万人；而到2037年，高龄老年人口数量将达到

① 马少春：《四川省农村人口老龄化趋势预测与影响分析》，《智富时代》2018年第7期。

峰值，占老年总人口的比重是 18.96%，届时，在老年人群中，每 5 个老年人中就有 1 个高龄老人。由此可见，未来 10 年间，四川省老年人口负担系数持续增长的同时，高龄老年人、“失能/半失能”老年人的日常照护、医疗卫生、精神慰藉、临终关怀等需求也将随之迅速增长。

3. 未来 30 年间四川省老年人口状况

2050 年，四川省老年人口的增速虽然开始趋缓，但是由于四川省人口基数大，届时 60 岁及以上老年人口会增至将近 3000 万人。其中，65 岁及以上的老年人口也将达到 2124.7 万人，相较于 2018 年增长 942.8 万人，老年人口所占总人口的比重也提升至 25.7%，比 2018 年提高 11.5 个百分点。① 同时，2050 年前后，四川省的非健康老年人的数量也将突破千万人，达到 1200 万人。随着全省老年人口高龄化和失能化的加剧，老年照护需求问题将更加严峻，而养老服务供给不足、城乡发展不平衡、服务队伍专业化程度不够高等问题将成为四川省养老工作中的重要难题。

总体看来，四川省的老年人口在未来 10 年间将继续保持高速增长，在 2035 年前后将达到峰值，之后增速逐渐趋缓，但四川省是人口大省，即使老年人口增速趋缓，老年人口的比重还将不断提升，在未来 30 年内，老年人口的规模仍将持续扩大。这意味着四川省养老问题的严峻性和紧迫性在未来很长一段时间内都将存在。

（二）四川省未来老年人口特征

1. 增速渐缓但规模持续增长

未来 30 年，四川省老年人口增长速度将随着时间的推移而逐渐放缓，但是老年人口总体规模仍将呈现逐年增长的态势。未来 20 年，四川省老年人口的年增长率约是 2.2%，增速相较于前期开始趋缓，但是 65 岁及以上老年人口的增速反而高于同一时期 60 岁及以上老年人口的增速，这说明未来四川省老龄化的规模增长趋缓，但是老龄化程度在不断加深。

2. 老年人口高龄化程度持续加深

四川省老年人口将保持高龄化的发展趋势。“六普”结果显示，2010

---

① 《2018 四川人口老龄化与健康养老状况分析报告（全文）》，中商产业研究院网站，2018 年 8 月 3 日，https://s.askci.com/news/hongguan/20180803/1614591127728.shtml。

年，四川省60岁及以上老年人口为1310.7万人，占人口总数的16.3%，其中，老年人口中有195.7万人为80岁及以上的高龄老年人，占老年人口总数的14.9%。回顾四川省进入21世纪以来的高龄老年人口规模的发展，其总体呈现显著的逐年上涨趋势，且并没有随着老龄人口的增速减缓而放缓。预计到2035年，四川省80岁及以上的高龄老年人口数量将增长至555.7万人，而到2037年，高龄老年人口规模将达到峰值，约占四川省老年人口总数的20%。老年人口高龄化的发展，必然会带来社会养老服务需求剧增，社会扶养负担加重等问题。

3. 区域间老龄化程度差异持续扩大

四川省地区、城乡间老龄化程度的差异将持续扩大。首先，四川省的老龄化呈现西部老龄化程度低、中部老龄化程度高的明显差异。四川中部的资阳市、眉山市等地区的老龄化程度普遍较高，65岁及以上老年人口均占该地区人口总数的12%以上；而四川西部的少数民族地区，大都属于高原地区，其老龄化程度相对较低，65岁及以上老年人口总数仅占当地人口总数的7.5%左右，低于中部地区4.5个百分点。另外，四川省农村地区适龄劳动人口外流严重，加之城市化的发展进程的不断推进，未来四川省的老龄人口分布仍是城市老年人口少而农村老年人口多。区域内老龄化的差异性发展，必然影响地区养老服务体系的全面建设进程，应采取统筹、协调、均衡的推进策略。

4. 老年家庭空巢率持续上升

随着老龄人口规模的扩大及家庭核心化的持续发展，未来四川省老年家庭的空巢率也将持续上升。经济社会发展伴随家庭小型化发展，以及独生子女一代父母的老化，预示着中老年空巢家庭将越来越多，且空巢家庭的空巢期越来越长。四川省中老年空巢家庭将成为常态化，并成为构成家庭结构的主要模式。2010年，四川省纯老家庭人数为22.5万人，与2005年相比，人口数量增加了约19万人，增幅约26%，其中，独自居住老年人口的增幅约11%，人口数量增加了约1.8万人。[①] 民政部的数据显示，

---

① 《省老龄办完成四川未来30年人口老龄化预测课题》，四川省人民政府网站，2012年12月12日，http://www.sc.gov.cn/10462/10464/10465/10574/2012/12/12/10239735.shtml。

我国城乡空巢家庭的比例已超过半数，部分大中型城市的空巢家庭比重已高达70%。[①] 从民政部发布的数据和当前四川省家庭人口数量的发展趋势来估计，未来四川省的纯老年空巢家庭以及独居老年人家庭的规模仍将持续扩大。

5. 失能/半失能老年人口比重持续增长

2018年，《四川省健康状况白皮书》显示，四川省人均预期寿命已达77.1岁，其中男性74.34岁，女性80.34岁，平均预期寿命高于全国水平。[②] 随着人口预期寿命的增长，老年人口高龄化趋势不断演进，四川省失能/半失能老年人口的比重也将持续增长。2010年，四川省曾对7个市县的18个养老机构的近100名老年人进行调查走访，其中，失能/半失能老年人的比例竟高达近四成。当然，这与失能/半失能老年人更有意愿居住养老院相关，调查的比例可能不能真实地反映出实际的失能/半失能老年人的比例。但是，根据相关预测，2050年，四川省身体状况表现为“不健康”的老年人口数量将达到1200万人，其中，失能/半失能的老年人口数量也将超过300万人。[③] 这说明虽然四川省的人口平均预期寿命在不断延长，但老年人口带病生存或自理能力受限状况下生存的期限也在相应延长。因此，在增加人均预期寿命的同时，增加老年人口的健康余寿，是未来健康养老发展的重中之重。

6. 人口老龄化形势严峻

发达国家都是在经历了漫长的人口转变后，在基本实现现代化的情况下渐入人口老龄化社会，属于现代化伴随逐步老龄化的“边富边老”状态。但是，四川省和中国绝大多数省份相似，都是在社会经济发展不均衡、不充分的状态下快速进入老龄化甚至是超龄老化社会的，属于典型的老龄化超前于现代化的“未富先老、未备先老”的状态。而且，四川省的

① 《习近平为何如此重视人口老龄化？我国老年家庭空巢率50%》，网易，2016年2月24日，https://www.163.com/news/article/BGJ2AU2D00014AED.html。

② 《四川发布2018年健康状况白皮书：人均期望寿命增至77.1岁》，“红星新闻”百家号，2019年1月16日，https://baijiahao.baidu.com/s?id=1622822786008225017&wfr=spider&for=pc。

③ 《2018四川人口老龄化与健康养老状况分析报告（全文）》，中商产业研究院网站，2018年8月3日，https://s.askci.com/news/hongguan/20180803/1614591127728.shtml。

老龄化无论规模还是速度与程度均高于全国平均老龄化水平，且与区域工业化、城镇化同步发展，与经济转型、文化转型和社会转型交织进行，与城乡二元格局和区域发展人均收入差异等问题相互耦合，加剧了老龄化及其派生问题的复杂性。因此，四川省在应对人口老龄化及其相关问题时，常有准备不充分、处置不到位的紧迫感，亟须建立起全覆盖、多层次、易协调的养老服务体系，以积极应对人口银色浪潮的袭来。

第三章　四川省人口老龄化对经济社会发展的影响

人口老龄化是国家或地区经济社会发展的必然结果和重要标志，同时，也会给国家或地区带来经济、社会、文化等方面发展的一系列影响。2000年，我国在刚刚迈过低收入门槛后，用了不到20年的时间就从成年型社会过渡到老年型社会。对比西方发达国家来看，法国进入老龄化用了115年，瑞典用了85年，美国用了60年，英国用了45年，我国老龄化速度更快。而作为中国人口大省的四川又先于全国3年就进入了老年型社会。由于人口基数大、流动性强，以及计划生育政策的实行和人口预期寿命的延长，四川省的人口老龄化水平一直遥遥领先于全国平均水平，表现出底部老龄化与顶部老龄化问题共存的态势，这对四川省的经济发展、民生保障、社会治理和家庭发展都带来了巨大的挑战。正确认识人口老龄化发展所带来的各种社会问题，采取积极有效的对策，平衡经济发展水平与劳动人口的关系，对于四川省经济的良好可持续发展，保障与改善民生，构建社会主义和谐社会都具有重要的现实意义。

一　对经济发展的影响

（一）人口老龄化对经济发展的消极影响

四川省是我国人口大省，也是西部地区的经济大省。2020年，四川省地区生产总值为48598.8亿元①，位列全国第6位。与此同时，其老龄化

---

① 《2020年四川省国民经济和社会发展统计公报》，四川省人民政府网站，2012年03月15日，http://www.sc.gov.cn/10462/10464/10465/10574/2021/3/15/199bb4028ba84d5580d3403ad49bafe1.shtml。

程度也居全国前列。四川省于 1997 年在欠发达的经济条件下步入了老龄化社会，20 余年来，老年人口比重持续攀升，社会被抚养人口增多，直接导致抚养系数提升和社会负担加重，对经济发展产生极大的消极影响。

一是人口老龄化使劳动年龄人口比重下降，导致劳动力供给和劳动参与率下降，影响了经济发展所必需的劳动力资源的供应，表现为社会生产能力不足。2020 年，四川省的总抚养比高达 49.32%，已接近数量型人口红利 50% 的临界点，其中，老年抚养比为 25.28%，并自 1964 年后逐年上升（见图 3－1）。这表明四川省劳动年龄人口的比重降低，传统的数量型人口红利即将消逝。[①] 从另一个角度来看，根据市场供求关系的规律，劳动力资源不足，而经济发展对于劳动力的需求却有增无减，这就会发生劳动力薪酬提升的连锁反应，继而提升劳动成本。

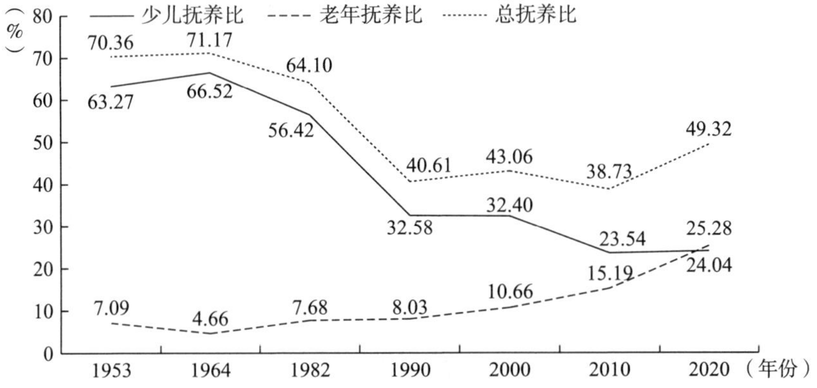

图 3－1　1953～2020 年四川省人口抚养比

资料来源：四川省统计局。

二是人口老龄化会降低劳动生产率。由于劳动力本身出现老龄化发展，年长劳动者的身体机能、创新能力等将难以满足新兴产业的发展和产业结构调整的需要，即出现劳动力素质老龄化的问题，直接导致劳动生产率下降。劳动力供给不足导致劳动成本提升，但劳动生产率却反而下降，这对地区经济发展是双重阻碍。

三是人口老龄化会带来社会投资、储蓄和消费能力的下滑。一般情况

---

① 《从人口看四川发展：常住人口增加 3700 万，男女性别比日趋平衡》，世界人口网，2021 年 7 月 8 日，https://www.renkou.org.cn/china/sichuan/2021/307744.html。

下，人们在劳动适龄期，会为未来的养老而增加储蓄，以为老年时期提供生活消费保障。而在进入老年期后，人们退出了劳动生产领域，收入必然降低，成为“消费型”人口，并动用曾经的积蓄支付养老、医疗等服务的费用。老年消费人口的大量增加，会改变社会消费结构，造成需求不断增加但供给十分有限的问题，从而产生供不应求的社会矛盾，加重社会供养负担。同时，随着老龄化趋势的不断推进，社会资源的配比就会失衡，用于固定领域消费的比重将持续增长，不利于资本的积累和投入，削弱经济发展的内在动力。另外，老年人虽然是消费型人口，但随着老龄化程度的加深，其需求范畴将会减缩，支付能力也会下降，消费水平也会停留在一个较低的阶段，阻碍市场经济活力和丰富性的激发。

四是人口老龄化的加剧持续加重政府财政支付压力。从收入方面看，老龄化社会导致社会活力下降，即相当规模的人口退出劳动生产领域，成为被扶养人群，此时经济增速将逐渐放缓，极大地影响政府税收和财政收入。从支出方面看，老年人口的增长会扩大社会对医疗、卫生、养老等社会服务支出的需求，政府则在养老金支付、医疗卫生事业发展、养老福利设施建设、养老服务体系构建等方面加大支出，从而减少了生产和其他设施的投资规模。政府消费基金的大量投入意味着用于经济建设的支出会大大缩减，进一步影响社会扩大再生产和经济的稳步发展。

（二）人口老龄化对经济发展的积极影响

前文所述，四川省人口老龄化所带来的社会负担加重、劳动人口比重下降、经济活力受损等问题，是四川省未来一个阶段的重要省情。人口老龄化虽然对经济发展有诸多消极影响，但其作为一个长期的周期事件，对四川省产业结构、消费结构、社会经济效益等也具有一定的刺激与促进作用。

第一，人口老龄化能够促进老年产业的发展。老年人口数量的大幅增长，势必增加与老年人相适应的服务及商品需求，为老年产业的发展提供契机。同时，随着国家在老年人社会保障和相关消费方面投入的不断增加，“银发经济”的潜力逐渐凸显。老龄化的加剧将拉动老年用品、家政服务、医疗卫生、食品药品等方面的消费，推动老年产业的蓬勃发展。

第二，人口老龄化能够促使产业结构转型升级。劳动力资源的减少有利于资源、资本和技术密集型产业的发展，推进经济结构的战略性调整，加快新型工业化和城镇化的进程，以产业结构升级促进经济的可持续性发展。同时，老年人消费市场的扩大也极大地刺激了老年产品智能化的发展，从而进一步促进养老服务模式的升级创新和老年市场的持续扩大，最终形成新经济形态下的全新服务业。

第三，人口老龄化给养老金融产业和理财市场带来了发展机遇。作为家庭的长者，老年人拥有家庭资本的优先支配权；同时，老年人又是社会的资深公民，是社会储蓄的极大占有者。因此，当他们收入降低，又难以再次进入劳动市场时，必然会对社会金融产品产生旺盛的需求，其形式以储蓄、商业养老保险、信托、基金等为主，一方面能够增加老年人收入，另一方面则为养老增添保障。在此契机下，能够为老年人提供金融规划、咨询和服务的机构，将迎来前所未有的大好发展机遇。

第四，人口老龄化能够加快完善社会保障体系，促进社会养老服务机制的建设。人口老龄化带来的严峻性和紧迫感能够增强全社会的责任感和使命感。首先，要清醒地认识到完善社会养老保障体系是解决日益突出的老龄化问题的关键；其次，夯实应对人口老龄化深化发展的物质基础，构建完备的养老服务设施，提升养老服务功能及拓展养老服务领域，增加养老服务内容等，是解决人口老龄化相关问题和保持经济良好发展的重点。

二　对民生保障的影响

近年间，尤其是在新冠肺炎疫情全球流行的背景下，保障基本民生成为社会各界广泛关注的问题。保障民生的工作重点是对就业、教育、住房、医疗、社保等与居民生活息息相关问题的关切。而民生保障的关键在于保障不同年龄阶段公民对公共产品的需求。因此，一个国家或地区的人口年龄结构对区域内民生的保障和改善有密切影响。然而，四川省的人口年龄结构已属于深度老龄化阶段，而且以老龄化伴随高龄化、失能化，家庭养老功能弱化和“未富先老”等为鲜明特征。老年人口对民生相关公共产品的需求主要集中在医疗健康、养老服务和社会保障方面。日益严重的人口老龄化会改变社会代际关系，造成居民消费需求的不断改变，这势必影响四川省对应的民生财政支出结构，给民生建设带来巨大的压力。

（一）社会养老保障支付压力日益增大

一方面，目前正在执行的现收现付制养老保险体系需要相对年轻的人口结构予以支撑，而老年人口抚养比的不断上升使领取养老保险的人口规模不断扩大，而缴费人口不断减少，导致养老保险基金收支失衡，加重其可持续发展的压力。根据中国社会科学院世界社保研究中心的预测，我国养老金支出所占 GDP 的比例，将由 2019 年的 5% 上升至 2050 年的 8.9%，这标志我国"负债型"养老金已成必然趋势。① 然而，四川省已经连续 15 年调整企业退休人员的基本养老金，稳步提高养老保险待遇水平。2019 年，四川省全省参加基本养老保险的总人数已达 6069.1 万人，比 2018 年增加了 303 万人。从养老保险基金的收入与支出来看，截至 2019 年年末，四川省城镇职工基本养老保险基金总收入为 3093.8 亿元，其中，征缴收入比 2018 年减少了 200.5 亿元，中央财政转移收入增加了 59.6 亿元；基金总支出为 3021.2 亿元，比 2018 年增加了 390.5 亿元。企业职工基本养老保险金收入为 2508.3 亿元，其中，征缴收入比 2018 年减少了 181.9 亿元，中央财政转移收入增加了 49.9 亿元；基金总支出为 2416.2 亿元，比 2018 年增加了 356.5 亿元。城乡居民基本养老保险基金总收入为 246.7 亿元，其中，个人缴费收入为 93.0 亿元，比 2018 年减少 1.0 亿元；基金总支出为 204.0 亿元，比 2018 年增加了 3.7 亿元。② 由此看来，面对四川省的老龄化发展趋势，现行养老金制度出现收不抵支的状况已不可避免，这必将为财政支出和国民经济带来沉重压力，亟须加快发展多层次、多支柱的养老保险体系，从"负债型"养老金制度向"资产型"养老金制度过渡。

另一方面，企业年金和职业年金等补充性养老保险发展滞后，以个人

---

① 《当养老金遇上老龄化，"百年之虑"当用这条"百年大计"》，"人民政协网"百家号，2021 年 3 月 9 日，https://baijiahao.baidu.com/s?id=1693764551077752449&wfr=spider&for=pc。

② 四川省人力资源和社会保障厅、四川省统计局：《2019 年四川省人力资源和社会保障事业发展统计公报》，四川省人民政府网站，2020 年 7 月 9 日，http://www.sc.gov.cn/10462/10464/10797/2020/7/9/bff0119742a8464b8c030dec2b67c202.shtml。

年金为代表的商业养老保险发展不充分，同时社会互助养老保障和养老慈善事业刚刚起步，难以发挥其应有的补充性作用。比如按现行的养老金政策 60 岁计划年龄不变，2022 年四川省领取居民基本养老金的人数将超过 2000 万人，这部分人基本以基础养老保险金为主，届时养老服务支出将主要依靠子女赡养和财政补贴。

（二）加快推进多层次社会养老服务体系建设

当前四川省老年人口总量大、增速快，老龄化与高龄化、空巢化、家庭小型化等现象叠加，对社会养老服务的供给提出了更高的要求。社会养老服务除了保障老年人的基本生活之外，还需要为老年人提供心理、文娱、医学等诸多方面的专业护理服务。而现实的情况是四川省养老服务队伍的整体专业素养偏低，从业人员的职业规划、建设等机制均比较滞后，现有养老服务体系还不能适应养老事业发展的客观需求。养老机构、床位和专业人员的匮乏已经成为四川省解决养老服务问题的瓶颈。因此，加快推进多层次的养老服务体系建设已成为四川省养老事业发展迫在眉睫的重要问题，需利用有效资源发挥最大效益，努力建成布局合理、功能完备、服务周到、管理规范的养老服务供给网络，为日益增长的老年人养老需求提供优质、便捷的服务。高质量保障老年人的晚年生活成为保障民生的重要一环。

三 对社会治理的影响

人口老龄化已是社会治理进程中不可回避的现实问题。四川省的老龄化发展极不平衡，具体表现为地区发展不平衡、城乡发展不平衡以及老年群体内部结构不平衡。四川省老龄化的发展趋势及其非均衡性特征所引发的经济、社会和政治问题给现代化社会治理带来了较大的治理困境及压力。

（一）四川省老龄社会治理面临双重发展趋势

四川省已是深度老龄化社会，严峻的人口老龄化形势大幅提高了全省医疗卫生和社会养老服务的需求，同时也对社会公共事务管理提出了更高的要求，从而给社会资源的再分配、代际伦理价值重建以及社会组织构建与引导等方面带来了挑战。四川省的老龄社会治理面临双重发展趋势：一是老龄化发展趋势产生的社会问题与现代化社会治理之间的矛盾，二是满足老年群体对其晚年生活的美好需求已成为现代化社会治理的重要任务。

首先，在城镇地区，老年人退出劳动领域后成为不被单位管理、不被家庭束缚相对自由的人群；同时，伴随城镇化的进程和人口流动的加快，越来越多的老年流动人口随子女迁居大中型城市，这些地区的老年群体规模由此逐步扩大。庞大的老年群体已成为城市重要的社会利益群体，老年人对社会保障与服务、公共安全与权益保护等社会资源的分配和享有方面的诉求也将越发强烈，这必然导致社会利益诉求格局随之发生深刻变化。以成都市为例，2018 年成都市老龄化率为 19.28%，低于全省平均水平的 21.13%，但老年人口规模达 315 万，居全省首位。老年人的日常生活空间主要在社区，这一特征将推动社会治理体系重心向基层转移，同时给人口管理和公共服务带来更大压力。另外，在社会参与不足的情况下，由于老年人的主动性和能动性得不到充分发挥，部分老年人可能会出现思想消极、信仰迷失等心理问题，对家庭和社会的稳定发展造成阻碍。

其次，在农村地区，青壮年外出务工是四川农村快速老龄化的重要原因。青壮年外出务工、大量老年人留守在家，导致老年群体区域空间结构失衡，农村人口老龄化呈现规模大、程度深、高龄化、留守化，甚至农村空心化等显著特征。农村养老模式开始由传统家庭供给式养老向老年人自给自足式养老转变。调查数据显示，四川省农村地区中青年外出务工已是普遍现象，其中外出务工人员占本村户籍人口比重超过六成的村就有 501 个，甚至个别村外出务工人口的比例高达 90%，成了名副其实的“空心村”，这直接阻碍正常的农业生产，以及相应的公共设施建设和公共文化活动的有效进行。在农村养老模式转变过程中，适应农村社会、家庭结构的新型养老模式和支持体系尚不健全，基于农村现实情况的老龄社会治理正处于治理效能与治理路径亟待提升和优化的过渡阶段。

（二）人口老龄化对治理体系现代化进程提出挑战

第一，人口老龄化能够推进社会治理体系改革。在全省范围内通过战略方向调整，将政策、资源等更多地向涉老社会事务和社会关系倾斜，以适应深度老龄化背景下社会治理体系和治理能力的现代化需要。目前，四川省的老龄社会治理还存在治理理念、制度变革以及资源整合等相对滞后的问题。一是对老龄化社会以及老龄社会治理缺乏共识；二是现有的制度模式及改革措施与快速发展的人口老龄化态势不相符；三是老龄社会治理的资源整合能力不足，表现为没有充分挖掘多元的老龄社会治理主体，忽视农村老龄社会治理资源，未重视地区间老龄社会治理的互补因素等。

第二，人口老龄化能够促进社会治理政策创新。近年来，四川省老龄政策越来越趋向与经济、社会、文化、政治的高度融合，注重养老服务相关部门在制定老龄政策中的协同性。养老服务部门间的协作网络建设已初见成效，但整合治理政策体系的系统性和规范性还稍显不足。一是老龄社会治理政策的碎片化。须重视全省范围内老龄政策体系在宏观层面的顶层设计，提升政策的落地性和可操作性，解决区域间的协同治理政策不足的问题，增加针对农村地区的治理政策。二是老龄社会治理政策的功利化。在养老服务全面推进、提质增效的过程中，不应只注重政策的制定和执行，还应重视政策的评估及优化。三是老龄社会治理政策的局限性。老龄社会治理政策应跳出“以老年人谋老年政策”的限制，增强老龄社会治理政策支持的系统性。

第三，人口老龄化能够提升老龄社会治理水平。当前的老龄社会治理应与信息大数据时代同步。但是现阶段四川省的老龄社会治理并未与数字社会的快速发展相适应。老年人的相关数据没有被很好地整合与运用，例如，养老需求与养老服务间的“数字鸿沟”、供需不相匹配的问题，老年人的“健康状况”数据与“养老能力评估”间的信息割据等，进一步凸显智能化治理架构的缺失。另外，当前的老龄社会治理与法治社会的推进也不相适应。我国老龄政策多而法规少，十八大以来，中央及各部委出台了300多项涉老政策文件，但少有老龄政策上升到法律层面。目前，国家只有一部《中华人民共和国老年人权益保障法》，但仍缺乏实施条例及配套的行政法规，这直接导致了老龄政策的刚性不足，治理效能衰减。由此可见，为了保障老龄社会治理的效能，国家层面应积极推进老龄法律体系的构建。

四　对家庭发展的影响

老年人是社会的资深公民，也是家庭的权威长者，老年人的问题关乎四川省经济社会发展全局，也关乎千万家庭的福祉。因此，四川省在应对人口老龄化及其问题时，首先要推进社会治理体系与治理能力的现代化进程，同时要清楚认识到家庭是解决人口老龄化问题的关键。2010～2018年，四川省65岁及以上老年人口占总人口的比重从10.95%上升至14.17%，老年人口抚养比也从15.19%上升到20.44%，高出全国16.8%的抚养比水平3.64个百分点，相当于从平均6.58个劳动年龄人口赡养1个老年人变成平均4.89劳动年龄人口赡养1个老年人，人口老龄化的加速发展使老年人口社会负担系数明显加大，家庭压力日益沉重。

（一）人口老龄化对家庭赡养能力造成巨大冲击

由于目前社会养老体系尚不完善，四川省的养老模式仍然以子女赡养的居家养老为主。因此，在老龄化的强势冲击下，家庭责任被迫强化，家庭是受老龄化问题影响最直接的单位构成。当前，独生子女一代成为家庭的中流砥柱，又在家庭结构小型化及“三孩政策”实施的背景下，一对夫妇一般需要赡养4个老人并抚养1～3名孩子，家庭照护的负担骤然加重。尤其是城市双职工家庭，在“工作—家庭”中抉择，既需应对繁重的工作任务，又需面临“赡老抚小”的照料义务，使传统的家庭赡养功能遭受极大冲击。另外，家庭赡养能力中家庭对于养老的支付能力占据了很大的比重。在现有的社会经济条件下，若家庭收入维持不变而老年家庭成员增多，大部分家庭将因难以有效满足老年人的养老需求而导致家庭生活水平下降、家庭代际矛盾加剧。此外，当前我国社会保障制度尚不完善，乡村医疗保障体系还存在一定缺口，老龄化会对我国居民家庭消费支出产生一定的抑制作用，主要表现为教育、文娱、衣食住行等消费支出的下降和家庭医疗支出的大幅提升。由于农村地区养老保障和设施条件均不如城镇，因此相较于城镇家庭，农村家庭受到的冲击会更加严重。人口老龄化对家庭消费造成的冲击不仅不利于人力资本积累和家庭发展，也给我国经济消费驱动的现实需要带来了挑战。

（二）人口老龄化对家庭代际结构变化产生影响

人口老龄化会改变家庭代际结构及家庭规模。每一个老年人都有其归属的家庭，而区域范围内的老龄化发展趋势，势必会导致一个特定家庭中的老年家庭成员数量增多。一方面，如果没有分门立户，则产生家庭多代融合、家庭规模扩大的现象。由于我国自20世纪80年代初期就实行“一对夫妇生育一个孩子”的独生子女政策，时至今日出现了大量“4－2－1”甚至是“8－4－2－1”的家庭结构模式，使得在家庭成员中有子代、父代、祖代甚至是曾祖代的多代家庭成员，而且代际的扩张会带来家庭成员数量的膨胀。这样的家庭结构，不仅对家庭伦理、道德及婚姻关系造成影响，而且会使单位家庭中的养老、代际沟通、亲子教育、和谐家庭等问题日益凸显。另一方面，如果遵循家庭规模小型化发展趋势，采取以婚姻关系为纽带的核心家庭构成，那么又会产生老年人的日常生活照料难以保障、精神慰藉问题难以解决的困境。以目前四川省的社会经济发展水平看，老年人养老的经济支持和精神慰藉在很大程度上仍然依靠家庭的供给，因此，四川省亟须加快构建多层次、多元化的养老服务体系，充分集聚、发挥个人、家庭和社会在养老资源上的优势，为家庭减负，实行个人自养、家庭供养和社会扶养的有机结合。

第四章　四川省养老与老年健康服务的总体情况

四川省老龄化在“十三五”期间迎来了快速发展期，诸多挑战并进，四川省各界不惧困难，积极应对，坚持改革创新，着力推动养老服务发展转型，关注养老需求，针对服务体系短板进行提档升级，已经初步构建了多层次养老服务和老年健康服务体系，即以居家为基础、社区为依托、机构为补充，将医疗服务与健康养老相结合的养老服务体系。总而言之，四川省在应对老龄化加速发展的过程中，不断补短板、增质量、求创新、重发展，使全省广大老年人的幸福感、安全感、获得感持续增强。

一　养老与老年健康服务的现状

当前，四川省养老服务基本实现了养老服务模式、老年健康服务以及养老发展机制的三大转变：一是从补缺型福利服务向民生型大众服务转变，受惠群体由特殊困难老年人延伸至所有老年人；二是从单一的服务形式向多层次的养老服务形式转变，由机构集中照料为主转变为由居家、社区、机构相辅相成的体系化照料形式；三是从政府主办向市场开放的转变，由社会力量广泛参与和竞相发展来替代养老服务传统的公办发展机制，给予养老产业更大的生存空间。

（一）养老服务政策体系及工作机制逐步完善

四川省委、省政府高度重视老龄事业发展和养老服务体系建设，将养老服务体系建设纳入全省经济社会发展规划总体布局进行系统谋划，并且连续5年将养老服务工作纳入省委、省政府民生工程加以推动落实，养老服务业成为国民经济和社会发展的重要组成部分。2014年以来，在发展规划、设施建设、机构责任险、政府购买服务、金融支持等方面出台了《关于加快发展养老服务业的实施意见》（川府发〔2014〕8号）、《四川省五大新兴先导型服务业发展工作推进方案》（2014）、《关于加强老年人关爱服务体系建设的意见》（2015）、《关于进一步加强老年人优待工作的实施意见》（2016）、《四川省"十三五"老龄事业发展和养老体系建设规划》（2017）、《四川省老年教育发展规划（2017—2020年）》、《关于全面放开养老服务市场提升养老服务质量的实施意见》（川办发〔2018〕5号）、《四川省医疗卫生与养老服务相结合发展规划（2018—2025年）》（川办发〔2018〕78号）、《关于推进四川养老服务发展的实施意见》（川办发〔2020〕9号）等60多个政策文件，修订公布了《四川省老年人权益保障条例》（2018），具体涵盖养老服务各个领域，初步建立了以省政府系列规范性文件为主干，以涉老职能部门工作方案、养老服务行业标准等为支撑的政策法规体系。

健全党委领导、政府主导、部门负责、社会参与的养老服务工作机制，及时协调解决养老服务业发展中的重大问题。成立由省政府分管领导任组长、省直相关部门参加的四川省养老健康服务业发展推进小组，建立省养老健康服务业推进工作"每月一报"制度，充分发挥养老服务厅际联席会议作用，各级政府和有关部门各司其职，主动作为。将养老服务政策落实情况纳入政府年度绩效考核范围，对落实养老服务政策积极主动、养老服务体系建设成效明显的，在安排有关养老服务财政补助和基础设施建设资金、遴选有关试点项目等方面给予倾斜。

（二）居家养老服务的兜底作用得以发挥

2014年起，四川省建立了政府购买居家养老服务制度，仅2014～2018年，各级共投入资金27亿元，其中省级投入10.35亿元。按照每年不低于300元/人的标准，为特殊困难老年人提供居家养老服务，包括助医、助浴、助洁、助餐、助行等服务。据统计，截至目前已累计服务1100万人次。全省各地推进"互联网+养老"，始终把居家服务信息平台作为城乡社区公共服务综合信息平台的重要内容和居家社区养老的有效载体持续推进，四川省本级已建成养老服务信息平台，其中，建成居家养老服务信息平台的市、县已达到88.9%。信息服务平台链接线下2万多个服务资源，为约220万名老年人提供养老服务，包括基本生活起居照料、家庭保洁助餐、心理健康咨询、生理健康管理、紧急救助等。居家服务的线上线下“O2O”模式也已初步形成。同时，还推进针对80岁及以上的特殊困难老年人家庭的适老化改造，该项目惠及15000户特殊困难高龄老年家庭。目前，四川省城镇地区的居家养老覆盖率高达90%，农村地区的居家养老服务覆盖率也达到了50%，居家养老服务的兜底工作成绩斐然。①

（三）社区养老服务的支撑作用得到夯实

2014～2017年，四川省委、省政府着力推进建设“城乡社区日间照料中心”民生项目工程。自该项目推进以来，全省已共计建成9805个城乡社区日间照料中心、5070个农村互助养老幸福院、303个省级养老服务社会化示范社区。与2014年相比，全省的社区养老服务设施数量和城乡社区日间照料中心的数量得到显著增长。其中，社区养老服务设施增长了近3.5倍，城市地区的社区养老日间照料中心的覆盖率达六成以上，农村地区的社区养老日间照料场所的覆盖率也逾四成。老龄化程度较高的成都、泸州等地探索建立低偿便利的“社区长者餐厅”，为有需要的老年人提供助餐服务。同时，绵阳、遂宁、宜宾等地也探索建成了“社区养老服务综合体”，形成了社区“15分钟养老服务圈”。其具体表现为将老年人的日间照料中心、嵌入式养老机构、养老服务便民站点相结合，融“互联网+养老”“医疗+养老”等功能为一体；另外，在运营过程中，积极引导社会组织、志愿者等加入社区养老工作，培育了诸如“泸州小蚂蚁”“遂宁尊爱”等一批极具专业性的为老服务社会组织。总体来看，四川省的社区养老服务建设主要是从养老基础设施建设和养老人才队伍培养两个方面来有效推进，目前，社区养老服务的支撑作用已初见成效，基本满足了部分老年人离家不离社区、就地就近养老的需求。

---

① 四川省民政厅：《基于四川养老服务体系建设供需现状的思考与对策》，2019年6月。

（四）机构养老的服务质量得到提升

四川省机构养老服务质量参差不齐，一直是制约养老机构发展的瓶颈。鉴于此，自 2017 年起，四川省在全省范围内开展养老机构服务质量建设专项行动，意在通过此次专项行动，进一步提升养老机构的服务能力和服务质量。专项行动累计安排专项资金 10.06 亿元，具体包括公办养老机构的适老化改造、养老机构和服务设施消防系统的提档升级改造。专项行动的实施结果是 390 家不合格的养老机构被依法关停，全省范围内养老机构管理服务质量类指标的合格率达九成以上，而不达标的养老机构需全部实施整治直至合格。公办及民营养老机构必须各司其职，协调推进。其中，公办养老机构要发挥托底和示范作用，实行公办养老机构的民营改革试点，增强其服务功能。公办养老机构改革后，有 145 家养老机构实行公建民营，向全社会提供养老床位 21000 张。同时，四川省大力推进养老服务领域的社会信用体系建设，通过标准化考量构建养老服务机构的“红黑名单”，以社会信用的累积实施管理。另外，为支持和引导社会力量参与养老服务体系建设，2014 年以来，省级财政安排养老服务业发展补助资金近 8 亿元支持民办养老机构的床位建设，对新建民办养老机构按照 1.1 万元/张的标准给予建设补助，并从 2018 年起实施了民办养老机构运营补贴，通过降低民办养老机构建设成本和运营成本的方式支持民办养老机构建设运营。

2018 年，四川省养老机构的数量居全国第 1 位，各类已建成的养老机构数量共计 3512 个，其中，民办养老机构的数量大幅增长，达 902 个，占各类养老机构总数的 25.7%；可使用的养老床位达 507000 余张，其中，民办养老机构的床位达 116800 余张，占全省可使用养老床位的 23.0%。与 2014 年相比，四川省各类养老机构数量共计增加 400 余个，增长了 12.9%；新增养老床位 120000 余张，增幅高达 31.0%。总体来看，四川省养老机构从数量到质量都有了大幅提高，机构养老服务规范化水平得到明显提升。

（五）医养结合协同发展模式初步构建

“医养结合”是一种新型养老服务模式，将现代医疗服务技术与养老保障模式有效结合，是“有病治病、无病疗养”养老保障模式的创新，已成为政府、社会高度关注热点。2018 年，四川省政府出台了《四川省医疗卫生与养老服务相结合发展规划（2018—2025 年）》（以下简称《规划》）。其在全国综合性医养结合中长期发展规划中首屈一指。《规划》初步构建了四川省医养结合发展的空间格局，即“一核两带三区三中心”，以成都为“核心”，以川北医学院（北带）和西南医科大学（南带）为“两带”，以攀西阳光康养区域、秦巴生态森林康养区域、川西民族特色康养区域为“三区”，以医养结合的全生命周期商业健康保险、人才培养和养老产品研发转化为“三中心”，确立更加完善的老年医疗卫生服务网络。同时，《规划》还明确提出支持各地本着“便利、完善、高质”的原则，在有条件的养老机构内设置医疗机构，或者鼓励养老机构以委托经营、外包服务等形式，引进医疗机构参与养老机构的运营与服务；同时，还支持社区卫生机构、各级综合医院等医疗卫生机构与养老机构建立合作关系，积极探索养老办医、医疗办养、养护结合的服务模式，基本打破了“养老不医护”“治病不养老”的局面。

《规划》实施以来，在养老机构方面，2018 年四川省已有 96 个养老机构内设医疗卫生机构、94 个医疗机构内设养老床位以及 1833 对医疗机构和养老机构建立起长期合作关系。全省医养结合服务机构共计 2023 家，其中，具有“医疗 + 养老”功能的床位共计 52000 张，专业护理型床位 100000 余张，每千名老年床位数增长至 30 余张。在医疗机构方面，四川省内设立老年病专科病房的二级以上的综合性医院已逾三成，数量达 231 个。在家庭医疗资源方面，四川省家庭医生的签约率已接近六成（56.2%），65 岁及以上老年人的健康管理率也逾五成（52%）。另外，成都市是首批“长期护理保险制度”试点地区，出台了《成都市长期照护保险失能照护服务项目和标准（失智）》，为全市 800 万名城镇职工购买了长期照护保险，惠及 20000 余名重度失能人员。由此可见，四川省医养结合协同发展的基本格局已形成，目前虽然在起步阶段，但正在向着专业化、规模化、标准化方向发展，也势必走向社会化和产业化。

（六）养老服务人才队伍建设

1. 搭建专业教育体系平台

四川省高度重视养老服务人才的培养，在专业教育培养计划中将养老服务人才队伍的培育列为重要内容。四川省在高等院校、职业院校设置养老服务相关专业，在其课程体系中开设养老服务相关课程，致力于培养老年服务管理、老年疾病护理、老年医疗康复、老年心理学、老年社会工作、老年食品科学等专业人才。同时，构建以“校企联合”等方式的养老服务人才双向培养转化机制，一方面鼓励相关专业毕业生毕业后顺利从事养老服务工作，另一方面为企业定向培养后备人才打开通道。

据统计，2018 年，四川省高等院校开设养老服务相关专业的试点逾 250 个，招录在校学生 135000 人，专业设置以“健康服务”、“健康管理”及“中药学”等为主；四川省职业学校开设养老服务相关专业的试点有 133 个，招录在校学生 110000 人，专业门类多达 23 个。

2. 加强专业养老服务人才培训

四川省养老服务业人才短缺已是不争的事实，因此，四川省将养老服务技能培训项目纳入全省城乡就业培训的范围，以期培育更多的养老服务人才。按照就业培训规定，培养养老服务人才应根据职业培训补贴政策予以落实，并设立一定数量的公益性岗位，吸纳农村剩余劳动力以及城镇地区就业困难人员，通过专业技能的培训使其从事养老服务工作。截至 2018 年，四川省大力推进“百千万养老人才队伍建设工程”的实施，已举办相关职业培训班 45 期，培训养老从业人员 20000 余人次。随着一系列养老人才培训计划的完成，目前四川省的专业养老护理人员已达 30000 人。同时，相关职业培训已实现全省范围内市州、区县民政部门养老服务业务骨干以及市州、区县一级养老机构负责人的全覆盖。

3. 完善养老从业人员职业激励机制

从健康养老服务的长期发展来看，从业人员职业稳定性与养老服务专业人才的数量和质量保障同等重要。因此，四川需要完善的养老从业人员职业激励机制以稳定人才队伍。首先，在全省范围内探索建立“养老护理员从业年限补贴”，首次将其纳入省级财政支持范围，对从业满一定年限的养老护理员，根据年限给予一次性就业补贴，增强养老护理员的职业稳定性；其次，研究制定“养老护理员职业技能等级评定标准”，对养老护理人员的专业性进行分级评定，并以此为契机探索建立养老护理人员职业技能等级的差异性待遇评定机制；再次，增强养老护理人员的职业认同感，执行养老护理人员的职业认定、注册考核、职称评定等制度，养老机构和养老服务组织聘用的养老护理人员应享受与医疗卫生机构或福利机构从业人员同等的福利待遇，享有参加继续教育培训、职业技能培训等权利；最后，完善养老服务从业人员的关爱体系和褒奖机制，以此激发养老从业人员的职业荣誉感和自豪感。

（七）大力促进养老服务产业发展

1. 康复辅助器具助力养老服务产业发展

从全国范围看，四川省是康复器具需求最旺盛的省份之一。统计数据显示，四川省超过三成的老年人口、近九成的残疾人口以及三成以上的各类疾病患者，均有使用康复器具的需求。目前四川省老年护理的痛点之一就是老年照护强度高，而康复辅助器具的使用能有效降低老年照护工作的强度。老年人的基本养老需求决定了养老产业发展的方向。因此，四川省紧紧围绕多元化的养老需求，立足于“生产、学习、研究、应用”相结合的发展理念，重视养老产品开发的技术性和应用性，鼓励、引导企业研发和生产老年护理产品、康复辅助器具等，着力培育一批养老产业的驰名品牌、龙头企业，并逐步建立产业链长、覆盖领域广的养老产业集群，同时，不断推进健康养老产业的信息化、智能化、应用性发展，促进适老产品的推广利用和服务供给。据不完全统计，2018 年，四川省康复辅助器具产业规模约 10 亿元，康复辅助器具生产装配企业有 33 家，其中规模以上企业有 6 家。由此可见，四川省在构建养老服务产业新模式、培养养老服务产业新业态等方面已初见成效。

2017 年 8 月，四川省在全国率先制定《四川省人民政府关于加快康复辅助器具产业发展的实施意见》，为康复辅助器具产业发展提供强有力的政策保障。通过建立民政厅牵头、省直相关部门参加的加快发展康复辅助器具产业厅际联席会议制度，攀枝花市国家康复辅助器具产业综合创新改革试点有序推进，成都温江区“三医融合”优势明显，资阳“中国牙谷”建设初见成效，电子科技大学、四川省康复辅具技术服务中心、四川省八一康复中心等一批研发和装配机构专业化能力逐渐凸显。2019 年民政厅、省发展改革委、经信厅、财政厅联合印发的《四川省康复辅助器具产业实施规划（2019—2021 年）》，必将进一步促进康复辅助器具产业发展，推进健康四川建设迈上新台阶。

2. “养老 +” 新业态蓬勃发展

在积极老龄化的理念倡导下，当代老年人的养老已经不同于传统养老的“颐养天年”，而是追求老年人的全面发展。因此，养老服务也应更具多层次及多元性。首先，养老服务要和金融、文化、旅游、餐饮、健康等产业融合发展，形成“养老 +”的新业态，拓展异地旅居养老、文化养生养老等新型养老模式。当前，四川省已基本形成以本土自然禀赋和文化资源为载体的“养老 +”模式，例如阳光康养、森林康养、生态康养等，并同步加快发展在金融、教育、旅游、餐饮等行业中嵌入养老服务。同时，四川省构建了“健康养老服务业重大项目储备制度”，形成省级健康养老服务重大项目 100 多个。其次，为了推进“养老 +”新业态的蓬勃发展，四川省着力引导社会资产有序进入养老服务领域，初步形成了养老产业市场的开放格局，例如举办养老事业博览会等，吸引各类社会资本进入健康养老行业。目前，健康养老产业股权投资基金规模已达 30 亿元，其中，超过 10 亿元是带动的社会资本。

3. 养老产业市场开放格局初步形成

养老服务不仅要保障公平，还要注重效率。只有充分加强政府和市场的合作，发挥政府“看得见的手”和市场“看不见的手”的双重作用，才能让“养老事业”与“养老产业”相辅相成、相互促进。因此，政府应引导社会资本有序进入养老服务领域，充分发挥市场主体的主动性和创造性，促进健康养老产业市场主体多元化、健康养老产品和服务多元化，从而满足不同层次、不同消费水平的老年人的需求。

2018 年，四川省政府办公厅印发的《关于全面放开养老服务市场提升养老服务质量的实施意见》使养老产业的发展迎来黄金期。2019 年，《四川省智慧健康养老产业发展行动方案（2019—2022 年）》的出台，进一步促进了四川省智慧健康养老产业的培育发展。从 2017 年起，四川连续举办三届中国（四川）老龄事业暨养老服务业博览会，与以色列、日本、瑞士等境外知名企业签订多个战略协议，央企、外资、险资、民资纷纷加入健康养老行业，日本礼爱、荷兰博祖宾等一批外资养老企业落户四川，中法合作的成都国际智慧养老服务示范社区项目落地成都，泰康、远洋、置信、川投等一批大型企业布局四川高端养老服务，养老服务产业市场开放化格局初步形成。

二 养老与老年健康服务存在的不足

（一）居家养老服务发展相对滞后

现阶段，四川省养老服务体系建设的基本思路是以居家养老服务为核心，以社会化养老服务为补充。居家养老服务的实现模式主要由政府通过购买服务的方式为特殊困难老年人提供兜底性服务，社会通过市场调节的方式为普通老年人提供社会化服务，以及公益组织提供志愿服务作为补充而构成。社会化养老服务通过社区服务实施，是社区社会保障体系的重要组成部分，也是老年人独立生活的重要支柱。目前，四川省居家养老服务处于政府扶持推动阶段，这种政府积极参与、强力推动的模式虽然在设施建设、功能设置方面成效显著，但从长远看不能为居家养老提供足够的支撑条件，还存在诸多问题。

1. 市场运作不力兼社会力量参与不足

居家养老服务扎根于老年人家门口，维持熟人网络，既能满足老年人地缘心态要求，也能补充家庭养老资源，是将传统家庭照料向社会转移的养老模式。现阶段，四川省居家养老服务普遍以政府引导为主，社会组织参与居家养老服务发展仍存在一定的体制和政策障碍，导致养老服务承接主体发展不充分、联动性不强。同时，养老服务的社会性和公益性与社会力量所关注的营利性存在的偏差，导致社会力量参与动力不足。另外，承接养老服务的社会组织存在自身先天发展不足、筹资渠道单一、专业能力较差的问题。因此，四川省众多地区的居家养老服务广泛存在社会力量培育不足、服务水平较低、市场运作手段缺失等问题，不能有效承接政府购买的服务项目和内容，致使政府购买服务作用发挥不好。

2. 养老服务供给与需求不匹配

随着社会发展以及老年群体的异质性特征凸显，居家养老服务需求多样化、分层化的趋势也日益凸显。“居家养老”对“社会养老”的需求主要包括生活照料、休闲娱乐、精神慰藉、医疗服务、法律援助等。目前，从整体而言，四川省老年人需求较大且利用率较高的养老服务类别有文娱休闲活动、健康养生项目、上门助疗、老年教育和助餐送餐等服务。但是，随着老年人的继续老化，其逐渐成为高龄或行动受限的老年人，那么由于生理弱势对于“助医”“助餐”的需求将不断增加，而对于娱乐休闲和文化教育的需求则相应不断减少；同样，根据老年群体的群内异质性差异，不同性别老年人的服务需求也存在较大不同。但是，目前四川省居家养老服务的供给存在数量不足、质量较低及结构上趋同的问题，服务项目多以基本生活照料和家政服务为主，专业化的康复服务、医疗保健和护理等功能性服务严重不足。另外，缺乏对老年人需求、身体状况、支付能力的综合评估，导致居家养老服务供给的精准度较低，不能有针对性地按需提供个性化服务。

3. 兜底服务与有偿服务有失均衡

居家养老服务包括政府购买的兜底服务，也包括老年人为自己购买的有偿服务。二者相较而言，政府购买服务相对容易推动，也更容易见成效。在四川省居家养老服务项目中进展最快、宣传最多的都是政府购买服务。例如，四川省每年为符合条件的200万名特殊困难老年人提供助餐、助洁、助浴、助医、助急等服务，而支付方式均是政府购买。这无形中会形成居家养老服务就是政府购买服务的印象，致使居家养老服务在实践中被狭义化，影响有偿服务的推广和发展。另外，受传统消费观念的影响，多数社会老年人难以接受有偿服务，比如全省每年仅有20万名社会老年人接受居家养老有偿服务。由于社会老年人消费少，服务承接主体的成本无法降低。部分中标服务组织为谋取利润，采取“一站式、一次性”服务或选择老年人消费开支较大的服务项目，实施“一锤子买卖”，导致居家养老有偿服务难以推广的恶性循环。

4. 服务监管与评价体系尚不完善

加强居家养老服务监管评价体系建设，对提升居家养老服务质量、满足老年人需求，营造社会主体平等参与、公平竞争的市场环境有极为重要的意义。现阶段，四川省居家养老服务的准入、退出和第三方评价机制尚不完善，监管评价流于形式，造成居家养老服务行为难以规范、质量难以保障。第三方监管薄弱、缺少便捷投诉渠道、未形成多元化的监管机制是阻碍全省居家养老服务推广与发展的壁垒。因监管不到位，2018 年四川省财评中心抽样调查结果显示，全省居家养老服务满意度仅为 47.1%，与政府购买服务绩效评价的要求相差甚远。另外，省内部分地区居家养老服务的效果评价存在“走过场”问题。缺乏规范化、标准化的绩效评估，因而难以获得有效的服务反馈，以致无法有针对性地改进和提升服务质量。

（二）社区养老服务尚未完全释能

社区养老模式就是以社区为载体，整合各种社区资源，利用社区服务就近、便民等优势，为老年人提供基本日常照料、病期康复护理、精神慰藉、心理疏导、助餐助医、生活照料、康复护理、紧急救助等服务。据调查，四川省大多数老年人仍愿意居家就近养老，而社区养老就是居家养老和机构养老的有效补充。老年人可根据自己的养老安排、身体条件和养老需求等，选择全日制、日间制和上门式的社区养老服务，其运行模式更为灵活，顺应了老年人养老不离家的意愿。因此，发展社区养老服务是养老服务体系建设中重要且基础的工作。目前，四川省社区养老服务基本满足了少部分老年人就近就地养老的需求，使居家养老和机构养老实现了有效转介，但还需进一步的科学布局，引进服务主体、精准服务内容、创新服务方式、提升服务能力，最终实现社区养老服务从无到有、从有到优的深化发展。

1. 设施点位布局规划有失合理

“十三五”期间，四川省重点推进社区养老服务的发展，尤其是大力布局养老设施建设，因此，四川省社区养老服务点位数量迅速增长，适老化改造也成绩斐然，形成了集“五助”居家养老服务、老年教育、社区互助养老等为一体的综合式多功能社区养老服务机构，将居家、社区、机构三种养老模式进行融合发展，不断涌现“喘息服务”“时间银行”等新型养老功能。但是，建设初期未能科学规划社区养老的服务半径和服务功能，以及大多数点位为完成建设任务“重建轻用”和采取“挂牌”“共享”的建设方式，导致社区养老服务资源碎片化，与社区养老服务设施建设的功能定位相差甚远，远不能满足特殊困难老人就近养老的服务需求。农村社区养老服务更是受到规划布局、经费支持、运营主体、传统观念等因素的影响，导致推进社区养老服务举步维艰。相关调查结果显示，三成以上的老年人步行至最近的社会养老服务设施需要20分钟以上。因此，不合理的建设布局和不专业的建设方式是省内社区养老服务未能发挥作用的重要原因。

2. 服务功能配置错位、偏离定位

社区养老服务的最大优势就是将社区内的各种优势资源予以整合，以就近便利的方式为社区内的老年人提供康复理疗、日常起居、代办事务、预防保健、紧急救助等与养老相关的服务。但是，目前四川省的大多数社区养老服务由于运营经费不足、服务意识淡薄、人才短缺等因素，面临服务功能过于单一、供给资源配置错位等突出问题。在服务质量方面，普遍存在服务层次低、服务时间短、服务专业性差等问题；在服务项目方面，以助餐、娱乐、家政等服务为主，缺乏智慧养老、康复医疗、老年教育等服务链接，缺少心理疏导、精神慰藉等个性化的服务内容，不能满足广大社区老年人个性化、多样化、精细化的养老服务需求。另外，社区养老服务内容、服务行为和服务标准还缺乏相应的规范和统一的标准，部分社区尤其是农村社区，社区养老服务功能严重窄化，日间照料中心甚至成为“棋牌室”“娱乐室”的代称，导致社区养老服务功能严重偏离定位。

3. 公共服务运行模式仍占据主导

在我国老龄事业发展的初始阶段，养老服务的定位就是“政府包办”的福利性事业，但随着我国经济社会的转型，养老服务也进行了产业化、市场化的转变。2011年，养老服务迎来了市场全面开放的新阶段。四川省积极顺应养老服务的转型发展并果断采取行动，将养老服务业的发展作为重要内容纳入产业调整和经济转型的政策议程中，政府权责是发挥“保基本”“兜底线”的作用，并通过简政放权等一系列做法，从顶层设计、政策规划、政策执行和配套等多个方面，激发社会活力，促进市场环境公平有序，让社会各界力量成为养老服务产业发展的主体力量。但是，在实践过程中，由于长期受“政府引领”“政府扶持”的思想影响，“市场化”的概念更多的是和养老产业结合在一起，而在养老服务方面被淡化。其结果就是政府在养老服务领域中职能与定位产生偏差，政府或是包办或是以绝对主导的身份直接参与养老服务市场的供给，使“养老服务本身就是福利产品”的观念深入人心，并由此引发两方面的问题。一是诸多优惠政策难以落地贯彻；二是模糊了参与养老服务的社会力量的主体地位，影响其主动性和积极性。目前，四川省社会养老服务体系的构建依然是以政府为主体，有76%的社区养老服务场所是由政府主导运营，“社会兴办、市场运作”并未得到很好的落实。而政府过度地扶持也会导致养老机构运营组织产生经营惰性，再加之养老服务行业投资高、周期长、回报慢、风险大，社会主体更是不敢扩大经营，被动发展思想严重，阻碍了社会养老服务的市场化、产业化的转型发展。

4. 现行管理体制资源分割严重

现阶段，四川省社区养老服务的现行管理体制存在资源分割、建管脱节的问题。民政部门、卫健部门以及人社部门等都在社区分设养老服务场所。例如，民政部门在社区设立以老年人日常照料、救急救困为核心的基层为老服务组织机构，为社区内的老年人提供服务；卫健部门则以老年人的医疗卫生保健为核心在社区设置医疗卫生服务处所，为老年人提供医疗卫生服务，实行家庭医生签约制度和建立老年人健康档案等；人社部门以社区居民社会保障为核心设立服务部门，针对老年人的服务是保障社会养老保险的落地和高龄、特困老年人的补贴到位等事项。由此可见，各个部门都有其具体的工作归属和权责侧重，但是每个部门的工作都置于社区，就会出现形式一体但管理分割的体制，部门间各司其职而难以建立起相互联动的协作机制，导致社区为老服务资源配置不均衡、资源不足与资源浪费的问题共存。目前四川省社区养老服务体系的建设主体虽然多元但管理分割严重，为老服务力求“面面俱到”而忽视“多方整合”，着重“锦上添花”而淡化“需求导向”，最终导致社区养老服务未能很好地发挥基本养老的功能。

（三）机构养老服务供需结构失衡

在居家养老和社区养老服务尚不完善的现阶段，机构养老在社会化养老中发挥着“支撑”和“补充”养老服务的重要作用。随着老龄化的发展、市场有效需求增加以及政府对民生问题的重视，四川省机构养老服务实现了蓬勃发展。但是，供需结构不优、社会资本参与度不高、服务质量偏低的问题依然突出。机构养老作为构建养老服务体系中的重要一环，必须坚持“量”“质”并举、结构均衡、配置合理，才能有力推进多层次养老服务体系的建设。

1. 基础型照护与专业型护理结构性矛盾突出

受老年人身体状况和自理能力的影响，不同的老年人对机构养老有不同的服务需求。对于失能、半失能和高龄老年人而言，生活照料叠加专业护理的功能性专业服务是第一需求；对于自理老人而言，基础型的生活照料是主要需求；而对于活力老人来说，充实和丰富的生活内容、精神上的情感支持和心理慰藉则显得尤为重要。但从目前四川省机构养老的现状来看，在服务内容和种类上存在较大的供求矛盾，集中表现为基础型照护与专业型护理服务的结构性矛盾。现阶段，由于机构养老的功能分类尚缺乏规范性，四川省的护理型床位仅有 10.17 万张，占养老机构床位总数的 26.3%，远不能满足省内自理能力受限老年群体的康复护理需求。与此相反，基础性照护床位由于市场有效需求低而空置率高，形成难以平衡的供给结构性矛盾。

2. 公办养老机构与民办养老机构供求失衡

社会发展离不开资源的基础性作用，资源是任何社会组织发展的第一要素。社会资源配置不均衡，向公办养老机构倾斜。与公办养老机构相比，民办养老机构获得的资源十分有限。市场未能形成科学的资源调节机制，是民办养老机构发展的主要瓶颈。公办机构的申办经费由国家财政补贴，因此收费相对偏低，在需求旺盛的城市主城区和老年人集聚区，“一床难求”“排队入住”的现象十分普遍。而民办养老机构由于运营成本高而形成了“收费水平偏高”“大量资源闲置”的艰难局面。另外，养老机构资源配置问题不仅体现在养老机构的兴办性质上，还体现在城乡养老机构的运营过程中。在农村地区，养老机构普遍存在规模小、点位散、管理乱、服务差的问题，加之受到传统养老观念的影响，低偿代养社会老年人的数量十分有限，导致大量养老床位闲置，养老资源未得到充分利用。

3. 民办养老机构生存难和社会老年人支付能力低

民办养老机构的运营资金主要来源于个人或私企，前期投入大、运营风险高和回本周期长的特点，导致对金融资本的吸引力不足，金融机构对营利性养老机构的支持薄弱。因此，民办养老机构大都因体量小、收费高而无法形成规模效益，难以在养老这个长效、微利的行业中生存，更无法满足主流社会养老需求。调查结果显示，四川省民办养老机构仅有902个，大都集中在市场需求较大的成都地区，而且民办养老机构的床位数也十分有限，仅占养老机构床位总数的1/3，这与“十三五”规划要求的50%相差较远。而且，民办养老机构三成亏损、五成持平、仅两成盈利的运营现状，严重影响投资者信心和社会投资活力。与此同时，养老机构运营成本高和老年人支付能力不强并存，以2019年成都市为例，民办养老机构照料自理能力受限老年人的一般工费成本在3000元/月以上，但是城镇退休职工的养老金平均仅为2325元/月，而城乡居民养老保险支付老年人的养老金平均仅为566元/月。可见，老年人现有的收入水平难以覆盖民办机构养老成本，民办养老机构的生存极为困难。

4. 整体服务质量偏低与安全风险隐患较大

当前，四川省的养老机构普遍都存在机构人员松散、流动性大、管理理念落后的现象，尚未形成一套科学的运行机制和服务模式。另外，养老机构在服务体系建设方面缺乏相关理论基础，服务方案欠规范、服务方式粗放简单、质量监管机制建立不足，导致机构养老服务质量偏低、服务功能错位等。同时，四川省大多数养老服务机构建设年代久远，安全问题突出。虽然经历了多次整改，仍存在诸多隐患。特别是四川省机构养老的标准化、规范化建设还处于起步阶段，养老机构的“质量基准线”、“质量等级线”和“安全红线”均在推进过程中，加之老年人属于健康层面和社会适应方面的弱势群体，养老机构照护安全风险隐患比较突出。相关调查结果显示，四川省每年约15%的养老机构都在不同程度上出现了护理责任事故，少数机构还存在损害老年人权益的现象，个别地区也出现了非法集资建设养老项目的案件。

（四）医养结合服务处于起步阶段

四川省是全国范围内率先制定医养结合发展中长期规划和目标的省份。

根据长期规划部署，四川省的医养结合已经起步，且正向着专业化、标准化、产业化的方向发展。但是，由于医养结合服务推进的时间有限，仍普遍存在医养资源结合不充分、保障落实不到位、支撑政策不健全等问题。因此，促进医养结合协同发展就是要消除体制壁垒、协调政策冲突、突破机制障碍，同时，注重医疗资源和养老资源的衔接整合。

1. 服务部门间的壁垒尚未消除

从当前四川省医养结合服务推进的实际情况看，受制度分设和行业差异等因素的影响，医养结合服务部门存在“政策碎片化”“管理部门化”的问题。对老年人来说不可分割的“生活照料”和“医疗护理”却在行政管理划分上毫不相关。医养结合涉及民政、卫生、人社和老龄办四条主线，而四条主线又分立而治，必然导致管理分割、资源分散、政策落实难的问题，造成各项服务资源融合不够、缺乏有效衔接。另外，医疗和养老在融合发展时，存在主体权责并重的问题。例如，医养结合服务机构的日常运行要接受卫生、民政、人社、公安等多个部门的管理；而养老机构和医疗机构在土地规划上属于不同类别，规划建设要求也存在差别。这不仅增大了医养结合机构的运营难度，变相提高了准入门槛，也严重影响了养老、康复、医疗服务融合发展的整体性和连贯性。

2. 医养结合的服务边界界定不清

“医养结合”顾名思义就是“医养一体化”，其发展模式就是将养老照护、医疗康复和健康养生融为一体，突出老年人最关注的医疗健康服务问题，把养老机构的照护功能和医疗机构康复功能相结合的新型养老服务模式。医养结合养老服务发展的关键在于界定“医”与“养”的服务边界，即以老年人的需求变化为核心，厘清养老照护和医疗护理的服务项目。但是，当前四川省很多医养结合服务机构并不能做到契合本地区人口结构、结合实际养老需求推行医养结合服务。对医养结合养老服务认识不清、边界不明，直接影响养老服务项目的推进。片面地将“医养结合”理解为“养老院里办医院”或者“医院里办养老院”，二者都存在服务内容不完善的问题。“养老院里办医院”是重养轻医，重点关注的是老年人的日常生活照护，而淡化医养的治疗康复功能，只实施简单的医疗检查护理工作，并没有将医疗功能置于与养老照护功能同等的地位；“医院里办养老院”

是重医轻养，重点关注的是老年人疾病的治疗和康复，而忽视老年人的社会活动、日常交往、精神慰藉等服务内容，从而造成了医养结合养老机构的服务融合度不高、需求达成片面、市场接受程度低、可持续发展能力差等问题。

3. 机构间的转诊渠道尚未打通

现阶段，四川省的医养结合正处于医、养服务融合发展的初级阶段，为了便于医养资源的整合，现阶段有四种主要的整合推广方式：一是在医疗机构中增加养老服务，二是在养老机构增置医疗服务，三是实现医疗机构与养老机构的合作发展，四是医疗机构嵌入社区与家庭。由于行业差别和制度分设等因素，当前四川省医养结合机构比较普遍的运行模式是医疗机构与养老机构合作，签订双向转诊协议，建立医养联盟。但是，其实双向转介的绿色通道并未畅通，双向转诊协议停留于表面，特别是三级医疗机构本身就存在医疗资源紧张的问题，根本无法满足养老机构老年人的紧急治疗需求。另外，随着医养结合养老服务市场的精细化发展，老年人的照料与医疗需求会根据身体状况的变化而发生改变。这需要在医院、护理院、养老机构、社区和家庭等多种类型医养结合机构中建立多层次、可流动的服务体系，形成互联互通的服务网络。而目前四川省的医养结合服务尚未形成动态服务转介机制，缺乏机构间畅通有效的转诊渠道。

4. “医”“养”资源缺乏有效衔接

医养结合服务的内涵就是实现“医”和“养”完全融合的一体化服务。但是“医”“养”资源的相对独立、衔接不力，造成了医养结合流于形式或者“医不懂养、养不懂医”的难题。比如，四川省的基本公共卫生服务与居家社区养老服务的结合就有明显的脱节问题，社区医疗机构公共卫生业务形式大于内容；而家庭医生的高签约率也存在“被动签约”的问题。与此同时，在居家社区医养结合方面，社区是整合医疗资源的重要平台，但是多数社区却表现出医养结合资源衔接不力，生活照护服务和医疗护理服务条块分割、功能分散的问题。此外，居家社区养老服务机构不适用于《医疗机构管理条例》和《医疗机构基本标准》的要求，无法获得医疗资质，医护人员难以实现执业注册。“医”“养”资源衔接不到位，导致医养结合服务呈现形式上的“整合”、内容上的“分立”，偏离医养结合养老服务的目标定位。

5. 支付保障体系支撑不足

在医养结合养老服务的发展中，社会医疗保障起着关键性的作用，比如，医养结合机构是否是医保定点单位，是否存有足够的医保资金额度，对于医养结合机构的运营能否顺利至关重要。但是，目前四川省很多医养结合养老机构不是医保定点单位，医保定点申办存在一定难度，这无疑加重了机构和患病老年人双方的经济负担，对机构发展的制约也很大。另外，医保资金定额不足。医养结合机构服务的对象绝大多数是老年人，平均住院天数更长、均次费用更高，而医保额度却没有得到相应的增加。医保定额管理和老年患者需要报销的医疗费用额度不符，导致医保定额报销资金缺口大。同时，医保支付项目未能契合医养服务的实际，养老机构内设的医疗机构与普通医疗机构在报销比例上存在较大差距。比如养老机构内设的医疗机构中住院老年人的床位费、护理费、器械费等必要支出均不在医保报销范围，而普通医疗机构中的住院老年人却可使用医保报销。这严重打击了在养老机构申办医疗机构的积极性，不利于医养结合服务的全面发展。

6. 医疗机构内设养老服务主动性不强

医养结合服务虽然是融合发展，但“医”和“养”也有各自定位，其中医疗服务是基础，养老服务是核心。就老年人本身而言，不同阶段的老年人对“医”和“养”的需求不同。在以“医”需求为主的模式中，通常以医院为依托，面向失能半失能、失智等老年人提供刚需专业照护功能；而在以“养”需求为主的模式中，通常是以养老机构为载体，为需要日常照料、社会活动、精神慰藉的老年人提供必要服务，二者都是医养结合项目中的重要内容。然而，从大型医疗机构的视角看，目前四川省各大医院的主要业务和精力都集中在面向全体社会成员的常规性医疗服务上，在医疗资源配置方面，全省的医疗资源均比较紧缺，多数大型医院在增设老年病科、康复医疗科和兴办护理院的权衡中，呈现出积极性不高、主动性不强的特征。从基层医疗机构的视角看，虽然基层医院是最适合增设养老服务的机构，但是也呈现积极性不高的特征。一方面，由于基层医疗机构是政府全额拨款的公益类事业单位，其自主运营的权力受限，在其内部设置养老院并非易事；另一方面，老年人是健康高风险群体，易发生医疗纠纷；同时，养老服务行业劳动强度高而利润低，基层医疗机构体量小难以承受。这些都对全面促进医养结合形成阻力。

7. 长期照护险尚处于探索阶段

四川省成都市于 2016 年被纳入长期照护保险的全国首批试点城市，目前，试点推广已见成效，得到了国家的充分肯定和参保群众的普遍好评。2021 年 2 月，经过调研、测算和广泛征求意见，省医保局联合财政厅、省税务局印发《关于省本级基本医疗保险参保人员参加成都市长期护理保险制度试点的通知》，在不新增四川省试点城市情况下，将省本级基本医疗保险参保人员统一纳入成都市长期护理保险制度试点范围。长期照护保险是一项新型的社会保险制度，被形象地称为养老服务的“助推剂”，主要是保障长期无自主能力人员，尤其是重度失能老人的基本生活。长期照护保险的实施是完善社会保障体系的重要举措，能够解决养老机构购买资金难题，引导居家社区护理服务力量加快形成，提高医疗与养老服务的结合效率。但是由于受政策“门槛”高和医保基金运行情况的影响，其覆盖范围尚不完全。与此同时，现阶段尚未建立稳定的筹资机制和财政补贴机制，长期照护保险的运行缺乏稳定性和可持续性。

（五）养老服务人才队伍缺乏职业性发展规划

随着老年人对养老服务多元化、多层次、多种类需求的不断增长，养老服务人才不足以及专业性不强的问题日益凸显。从整体看，四川省养老服务人才队伍职业体系尚未真正建立，养老服务从业人员激励政策还不够完善，养老服务专业人员的职业发展空间受到一定制约，难以满足养老服务需求，这是困扰四川省养老服务业全面发展的重要原因。

1. 专业护理人才数量紧缺，结构失衡

养老服务行业的人才结构应由专业型人才、战略型人才和管理型人才构成。从职业功能上划分，包括照护人才、技术人才和管理人才。从服务场域上划分，包括居家护理人才、社区护理人才和机构护理人才。其中，专业的护理人才是养老服务人才中最基础的构成。目前，四川省的养老机构护理人员共计 28000 余人，缺乏人才结构归属的评定标准，按照护理人员相对应的照料老年人的比例计算，四川省缺乏各类养老护理人员 200000

人以上。另外，从护理人员的结构看，四川省养老护理人员多为40～50岁的女性，青年护理人员、男性护理人员十分缺乏。

2. 从业人员职业素养不高，流动性大

养老从业人员的专业素养是养老服务质量的保障。从当前的整体情况来看，四川省养老服务行业的管理人员和护理人员均普遍存在职业素养偏低、管理经验与专业能力不足的问题。从职业经历来看，养老从业人员中相当一部分养老管理人员是退休人员或下岗职工；而养老护理人员则多为有家政服务经历的城乡闲散劳动力，且大多是因为年龄过大在劳务市场不具优势而转行从事养老护理服务工作。由此可见，养老行业十分缺乏具备专业知识的养老管理人才和具有护理经验的照护人员。根据相关数据，四川省养老服务人员中护理专业毕业的人员占比仅为5%。另外，由于养老护理工作繁重、待遇偏低，四川省养老从业人员普遍存在从业时间短、流动性大的问题。据统计，从业10年以上的养老服务人员不足15%，而从业时间低于5年的养老服务人员占从业人员总数的70%左右。

3. 养老服务工作主体认同感差，收入较低

长期以来，养老服务工作在社会大众眼中是没有技术含量和专业技能的低端服务业，整体的职业认同偏低。同时，对养老服务是传承中华孝老文化、体现社会主义现代文明重要举措的认识不足，低估了养老服务工作的社会职业性，认为养老服务工作门槛低、前景不佳、发展有限。另外，对养老服务人员吃苦耐劳、奉献爱心的公德意识认识不足，忽视了养老服务工作的公益性和崇高性，缺少对养老服务从业人员应有的尊重和理解。由此导致了许多养老服务从业人员职业归属感不强、社会荣誉感偏低、工作成就感缺乏，从而从业意愿较差。此外，职业认同偏差也是养老服务从业人员待遇偏低、动摇职业选择的原因之一。现阶段，四川省大部分养老护理人员的月收入低于3000元，扣除社会保障自付部分后月收入普遍低于2000元，远低于全省城镇就业人员月收入5393元的平均工资水平。

4. 人才队伍建设工作不完善，培养层次单一

经过近年来全面推进多层次养老服务体系建设的实践，四川省各级部门已经深刻认识到当前制约全省养老服务业发展的重要因素就是人才队伍建设短板。因此，四川省一方面集中力量强化养老服务专业人才的培训，

另一方面加强高校和职业院校养老服务相关专业建设，同时积极推进“百千万养老人才骨干队伍建设工程”顺利进行。但是，在人才培养和职业发展方面仍存在不足。一是在人才结构方面，重视护理型人才的培养，对战略型和管理型人才培养涉及偏少，针对不同类型机构养老发展的支撑仍显乏力。二是在人才教育方面，重视对年轻人的学历教育以及对现有从业人员的职业教育，而对实践类人才，比如老年人家属、普通的家庭照顾者等，以及对老年人护理或有情感维系或有照料经验的群体关注较少。三是在职业发展上，重视护理专业的职业化发展，但对跨专业、非专职类的人才发展缺乏关注。养老服务业发展除了需要大量专业护理人才外，还需要足够的老年产品研发、机构运营、市场营销、品牌推广等跨专业人才，二者合力才能推动养老事业和老龄产业的快速发展。

（六）养老服务政策制度支撑仍需加强

养老服务政策制度体系的健全是保障养老服务业健康发展的关键。从整体上看，四川省现阶段出台的一系列养老服务相关的政策制度有力推动了养老服务体系的快速发展。但是随着老年群体多层次、多样化养老需求日益增长，相关政策还存在不完善、不健全的方面，需针对健康养老服务体系建设中的遗留问题和遗漏问题，进一步厘清政府、市场、社会、家庭的权责功能，完善养老服务体系建设中的政策体系和实施机制。

1. 政策制定系统性和操作性不强

养老服务管理牵涉多个国家行政部门，导致养老服务多头管理、权责不清、各自为政的问题比较突出。在政策制定层面，由多个部门集聚的政策碎片化问题明显，政策内容也多有重叠、交叉和冲突的现象；在政策操作落实方面，各个部门对政策的解读、立场、认知或略有不同，导致执行层面缺乏政策协同，难以形成政策落实的统一标准，也难以确定政策操作的责任主体。

2. 优惠和支持政策落实有偏差

近年来，四川省出台有关养老服务优惠支持的政策包括土地保障政策、人才培养和就业政策、政府补贴政策、金融支持政策、税收优惠政策等20余项，但在实践过程中，有些优惠政策对养老服务，尤其是民办养老机构支持十分有限，出现相关优惠和支持政策制定多、落实少且落实有偏差、不到位的问题，导致优惠政策推广不力，支持力度不足。

一是土地划拨政策落实难。土地划拨政策往往形同虚设，成为养老服务领域吸纳社会资本的制约因素。例如，四川省自贡市有62家民办养老机构，却无一享受土地划拨用地政策。究其原因，是政府有关土地拨划政策中的“民办养老机构可使用农民集体所有的土地”，与现行的《土地管理法》所规定的“集体土地属于农民集体所有，不得出让转让”相互冲突，导致社会资本无法取得土地权属，不能办理相关产权登记，无法实际掌握自由资本，同时也无法得到银行的贷款支持。

二是信贷支持政策落实难。由于养老服务业具有投资大、收益低、见效慢的特点，对金融资本吸引力不足，金融机构对养老服务业的支持十分薄弱。以民办养老机构为例，特别是非营利性的民办养老机构，其属性不清、产权不明，与金融机构的贷款资格不相符，因此无法获得金融机构支持；而营利性养老机构也由于抵押权执行难度较大，金融机构的贷款供给意愿也非常小。

三是优惠政策力度不够大。四川省对于民间资本兴办的各类养老机构和服务设施给予众多优惠支持政策，但是部分政策存在优惠力度不够大的问题，对养老机构的吸引力和支持力均不强。比如，相关政策给予养老机构与居民家庭的水、电、气同价的优惠措施，但是由于阶梯价格政策的实行，对于养老机构远高于普通居民家庭的用水、用电量来说，政策优惠的力度则大大削弱。

四是优惠政策落实不到位。现阶段社区养老服务机构可持续发展难度大的原因之一是服务设施场地租金成本过高，市场主体负担较重。为了支持社区养老服务健康发展，相关优惠政策要求国有资产无偿或低偿用于社区养老，但是政策实施后却难以达到预期。比如，成都市高新区、郫都区探索采取公建民营的方式免费使用社区闲置房、公服配套设施等国有资产开展社区养老服务，这种模式虽然大大降低了社区养老服务机构的运营成本，但是与国有资产保值增值的相关规定存在矛盾，而难以在全省全面推广。由此可见，优惠支持政策落实难、力度不大等问题，是养老服务机构压力重重、动力不足的重要原因。

养老与老年健康服务需求篇

第五章　四川省养老与健康服务供需主体

供给与需求是养老与健康服务的两端，老年人是养老与健康服务的需求主体，不同年龄、不同性别、不同健康状况以及不同职业角色、不同收入水平、不同地域的老年人在养老需求方面会呈现一定的差异。供给的主体是政府、企业以及社会组织，它们扮演着不同的角色。因此，对供给与需求主体的分析十分必要，只有把握住供需主体的特征，才能把握相应的供需平衡。

一　养老与健康服务需求主体

在既有的研究成果中，学者从社会分层①及消费行为②的不同视角分析发现，不同收入水平、不同健康状态、不同社会地位的老年人对养老与健康服务的需求存在巨大差异，同时消费需求的代际特征也非常显著，老年家庭与年轻家庭的消费结构明显不同。因此，养老与健康服务的发展情况与老年人口数量、分布以及群体异质性密切相关。为了构建全面且多层次的养老与健康服务体系满足老年人差异性的养老需求，必须剖析养老与健康服务的需求主体，根据主体的需求，拓展社会养老与健康服务的功能，调整养老与健康服务的内容，提升养老与健康服务的质量。分析需求主体的差异性可以将经济能力、健康状况和地域分布作为综合性指标。第一，

① 袁妙彧：《社会分层视角下老年人对养老机构地址与设施的需求选择——以武汉市14个城市社区的调查为例》，《湖北经济学院学报》2021年第4期。

② 田青：《中国老年人群体消费结构、需求特征和行为决策研究》，经济科学出版社，2020，第21～22页。

老年人占有的经济资源可直接反映出他们购买养老服务的能力，同时，经济收入也是老年人养老生活能否得到高水平保障的首要评估因素。第二，老年人健康状况的差异对养老服务的需求能产生最直接的影响，按照健康水平的不同，可将老年人划分成为自理老年人、介助老年人和介护老年人，不同健康水平的老年人的养老需求层次是完全不同的。第三，居住环境对于老年人的生活习惯养成有着至关重要的作用，因此，地域分布的差异也会影响老年人的养老需求。四川省的老年群体主要是以城乡分布不均、区域差异大、失能化水平高为特点，下文将以四川省老年群体的特征分析四川省养老与健康服务需求主体的主要特点。

（一）老年人口的经济状况

1. 经济能力

四川省统计局发布的《四川老年人口健康状况和生活来源大调查》的数据显示，四川省绝大多数老年人的生活来源是家庭其他成员供养和自己的劳动收入，有 39.8% 的老年人需要家庭成员供养，36.04% 的老年人通过自己的劳动收入养老，依靠养老金养老的老年人比例为 17.94%。[①] 另一份调查数据《四川省城乡老年人生活状况研究报告》显示，四川省 66% 的老年人没有养老积蓄，平均用于养老的积蓄约为 3.5 万元。[②] 同时，老年人的平均日常收支都维持在一个较低的水平，2016 年，四川省老年人的平均固定月收入为 1098 元，而月均各项支出总和为 270 元。2019 年，成都市城镇企业退休职工月平均养老金为 2325 元，城乡居民养老保险参保老年人月平均养老金为 566 元。在严峻的就业形势和高涨不下的生活成本压力下，无论城市还是乡村，很多年轻人都极度依赖父母的经济支持。相关数据统计结果显示，城市地区有 30% 左右的年轻人有“啃老”行为，而 65% 的家庭存在“啃老”问题，其中购置房/车、置办婚礼、照看孙辈等大额经济支出，将家庭财富由父代向子代转移，直接影响甚至制约了老年

① 《四川老年人口健康状况和生活来源大调查》，四川省人民政府网站，2013 年 11 月 27 日，http://www.sc.gov.cn/10462/10464/10465/10574/2013/11/27/10286867.shtml。

② 《四川老人幸福吗？养老钱平均 3.5 万 86% 患有慢性疾病》，四川省人民政府网站，2016 年 12 月 14 日，http://www.sc.gov.cn/10462/12771/2016/12/14/10407454.shtml。

群体的消费支出与消费决策行为。

同时，四川省老年群体的经济能力差异较大，大部分老年人的积蓄较少，老年群体作为养老服务的需求主体，消费能力差异较大。因此，以四川省老年人口的经济能力来看，老年人的晚年生活面临比较严峻的挑战，老年人作为养老服务需求主体的消费能力尚未达到一个较高的水平。

2. 社会保障

《四川省城乡老年人生活状况研究报告》数据显示，四川省绝大多数老年人参加社会保险的类型是基本养老保险和基本医疗保险，购买商业保险的老年人比例仅为3.4%。[①] 在养老保障方面，四川省养老金的覆盖率为86.8%，其中，女性领取养老金的比例偏低，低于男性近2个百分点；在医疗保障方面，基本医疗保险的参保率较高，老年人至少参加一种医疗保险的比例为98.6%，其中参加城乡基本医疗保险的比例为52.1%，这是参保覆盖率最广泛的保险类型。由此看来，四川省老年人的社会保险参保以广覆盖为主，但保障的程度维持在较低水平。

（二）老年人口的健康状况

1. 老年人口健康状况的年龄差异性

《四川省老年人口健康状况和生活来源大调查》数据显示，四川省老年人口的健康状况总体良好，自评表述为“不健康”的老年人口占比仅为19.02%，其中生活不能自理的老年人口占比为3.31%（见图5-1）。但是老年人口随着年龄的增长健康状况相应下降。在60~69岁的低龄老年人中，健康老年人的比例为89.74%，不健康的老年人占比仅为10.26%，其中生活不能自理的老年人占比为1.20%；在70~79岁的中龄老年人中，健康老年人的比例为61.25%，不健康的老年人占比25.86%，其中生活不能自理的老年人占比为3.83%；在80~89岁的高龄老年人中，健康老年人的比例降至56.29%，不健康老年人的比例升至43.71%，其中生活不能自理的老年人占比为11.18%；在90岁及以上的超高龄老年人中，健康老年人的比例再次下降到42.75%，不健康老年人的比例超过了半数，达

---

① 《四川老年人口健康状况和生活来源大调查》，四川省人民政府网站，2013年11月27日，http://www.sc.gov.cn/10462/10464/10465/10574/2013/11/27/10286867.shtml。

57.25%，其中生活不能自理的老年人比例也超过了两成，高达25.25%。①

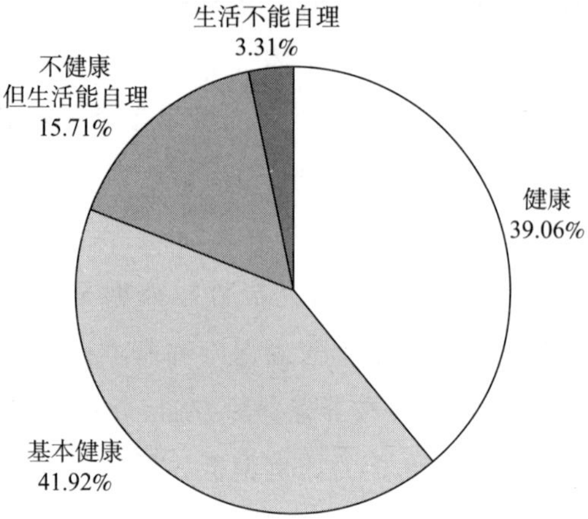

图5-1 四川省60岁及以上老年人口的健康状况

资料来源：《四川老年人口健康状况和生活来源大调查》，四川省人民政府网站，2013年11月7日，http://www.sc.gov.cn/10462/10464/10465/10574/2013/11/27/10286867.shtml。

2. 老年人口的患病率较高、健康素养较差

四川省老年人口的自评健康状况虽然良好，但是《四川省城乡老年人生活状况研究报告》的调查数据显示，各类疾病正在威胁着四川省老年人的晚年生活。在患病率方面，四川省老年人口中至少患有一种慢性疾病的老年人占比为86.0%，每年住院3次以上的老年人占比为4.2%，其中骨质疏松、关节炎、风湿病和腰椎疾病的患病率最高，其次是高血压，再次是胃病和心脑血管疾病；在视听障碍方面，即便有助听设备，但仍有26%的老年人需要提高音量才能无障碍畅听；在健康管理方面，从不进行身体锻炼的老年人占比为45.0%，一年没有体检的老年人占比为41.6%；在患病处置方面，有83.0%的老年人采取就医治疗，而14.1%的老年人选择凭个人经验自行治疗，甚至有2.9%的老年人不做任何处置。② 由此看来，四川省老年人的健康状况的表现是在绝大多数生活自理的情况下带病生存，

① 《四川老年人口健康状况和生活来源大调查》，四川省人民政府网站，2013年11月27日，http://www.sc.gov.cn/10462/10464/10465/10574/2013/11/27/10286867.shtml。

② 《四川老人幸福吗？养老钱平均3.5万 86%患有慢性疾病》，四川省人民政府网站，2016年12月14日，http://www.sc.gov.cn/10462/12771/2016/12/14/10407454.shtml。

同时不注重疾病预防，健康素养也相对较低，这不仅降低了老年人的生活质量，还存在一定的健康隐患。

3. 老年人口健康状况的性别差异性

四川省老年人口具有强烈的内质性差异，在健康方面首先表现为男性老年人口的健康状况普遍优于女性老年人口。调查数据显示，健康老年人口中男性占比为83.16%，比女性占比高出5个百分点；而不健康的老年人口中男性占比为16.85%，其中生活不能自理的老年人口的比例为2.77%，而不健康的女性老年人口占比为21.19%，其中生活不能自理的女性老年人口的比例为3.85%，两组数据都能够说明男性老年人口的健康状况要优于女性老年人口。从人口平均预期寿命来看，2018年，四川全省人均预期寿命为77.1岁，2020年达到77.3岁，其中，男性平均预期寿命为74.34岁，女性平均预期寿命为80.34岁，女性的平均预期寿命要比男性高出6岁。[①] 女性平均预期寿命较长，但健康水平却低于男性，更进一步说明女性老年人的健康余寿不足，处于长期带病生存的状态。

4. 老年人口健康状况的婚姻差异性

四川省老年人口的健康状况与其婚姻状况密切相关，相关调查数据显示，有配偶的老年人的健康状况最优，其次是自行选择婚姻状态的离婚老年人，而未婚和丧偶的老年人的健康状况最差（见表5-1）。特别是丧偶老年人，丧偶给老年人带来了心理的创伤和生活环境的剧变，导致其健康水平直线下降。由此说明，婚姻对老年人的健康具有一定的保护作用。当老年人无法受到婚姻的保护时，作为养老服务需求的主体，他们会因心理和生活状态的变化而产生迫切的精神层面和生活照料方面的需求，这是不容忽视的。

表5-1 四川省老年人口健康状况的婚姻差异性

单位：%

婚姻状况	健康	不健康	
		能自理	不能自理
有配偶	85.85	12.06	2.09

① 四川省卫生健康委员会：《四川人健康白皮书》，搜狐网，2019年1月17日，https://www.sohu.com/a/289671853_99956882。

续表

婚姻状况	健康	不健康	
		能自理	不能自理
离婚	83.29	14.08	2.64
未婚	71.28	24.33	4.39
丧偶	69.62	24.12	6.26

资料来源：《四川老年人口健康状况和生活来源大调查》，四川省人民政府网站，2013 年 11 月 7 日，http://www.sc.gov.cn/10462/10464/10465/10574/2013/11/27/10286867.shtml。

（三）老年人口的地域分布状况

1. 老年人口的空间分布差异性

无论在自然环境条件方面还是在社会经济发展方面四川省各地区均存在较大的差异性，因而人口年龄构成也存在较大的不同。四川省老年人口的空间分布特征总体呈现自东向西梯度式递减的格局。从经济社会发展条件看，在四川省“五大经济区”中，成都平原经济区的老龄化程度最高，属于深度老龄化地区；其余地区老龄化程度由高到低依次是川东北经济区、川南经济区、攀西经济区、川西北生态经济区。这是由于老龄化本身就是社会经济发展的必然结果之一。从自然环境条件看，四川省丘陵地区的老龄化程度最高，其次是平原地区，再次是山区地区。这主要与地区的人口总量和人口流动密切相关。丘陵地区是四川省人口流出的主要地区，中青年人群外迁加深了人口老龄化的程度；而平原地区是四川省经济社会发展条件较好的地区，人口迁出量不大，甚至为省内人口流动的主要迁入地，因此中原地区虽然老龄化程度深但演变趋势起伏较小；另外，四川省的山区地区的人口总量相对较少，人口流动的能力偏弱，受生育政策影响较小，而且产业发展大都以农牧业为主，其人口老龄化是在一个不受外力影响的状态下自然发展的，因此人口结构较为稳定。

2. 老龄化转变类型的地区差异较大

老龄化的发展趋势会由地区的人口总量、人口结构、社会经济条件、文化政策等多种因素的共同驱动而发生变化。四川省的老龄化发展呈现显著的地区不平衡性，因而老龄化的转变类型也存在较大差异。首先，四川省东部地区（包括成都平原地区、川东北地区、川南地区）的老龄化类型较西部地区稍显复杂，其转变类型是由一般程度的老龄化迅速向深度老龄化发展，且不同的发展片区，老化的程度、速度和类型均呈现多样性。其次，四川省的西部地区（包括川西地区和攀西地区）老龄化转变类型表现单一，且演变的速度也相对缓慢。主要的原因在于西部地区为高原山地和民族地区的耦合之地，生育政策相对宽松且人口迁出量也比较少，生育率高、人口结构年轻，属于比较单一的渐进式自然老化地区。

3. 民族地区老年人口需求特征显著

四川省是多民族聚居的省份，民族自治区域土地面积有 30.49 万平方公里，占四川省总面积的 62.9%，是全国第二大藏区、最大的彝族聚居区和唯一的羌族聚居区，有 3 个民族自治州和 3 个民族自治县。[①]《四川省第七次全国人口普查公报（第一号）——全省人口情况》数据显示，2020 年四川省少数民族人口达到 568.8 万人。[②] 受气候条件、地理条件、区位因素、历史文化、社会经济发展程度等多种因素的影响，不同民族的老年群体对养老服务需求的差异较大。从健康状况来看，四川省民族地区地方病与老年慢性疾病交织，老年人的骨关节疾病、高血压等疾病的罹患率较高，心脑血管疾病、肺部疾病、肾病也占一定的比例。在传统文化、情感需求和经济收入的影响下，民族地区以家庭为载体的居家养老仍然占据绝对主导地位，对医疗保健和健康服务的需求比较强烈，而家务整理、陪护服务和送餐服务等生活需求并不多，只有极少数的老人会选择社区养老或机构养老的方式。[③] 因此，四川地区在投入养老资源时必须考虑地方和文化差异，化解政府投入、市场参与和老年人需求间的张力，满足老年人多层次、多样化的养老服务需求。

---

① 《四川少数民族人口变化对城镇化发展的影响》，皮书数据库，2017 年 4 月，https://www.pishu.com.cn/skwx_ps/multimedia/ImageDetail?SiteID=14&type=Picture&ID=9457532&ContentType=MultimediaImageContentType&isHost=null&wordIndex=1。

② 《四川省第七次全国人口普查公报（第一号）》，四川省统计局网站，2021 年 5 月 26 日，http://tjj.sc.gov.cn/scstjj/tjgb/2021/5/26/91f211253f0548b6975c68d233fa6e39.shtml。

③ 高矗群、张开宁：《民族农村地区养老服务供需现状及养老服务体系建设研究》，《卫生软科学》2020 年第 6 期。

二　养老与健康服务供给主体的发展

政府组织、市场主体、社会组织和家庭网络是养老与健康服务的四大供给主体。新中国成立后的很长时间内，包括四川省在内的整个中国地区的养老服务主要依靠家庭组织提供的非正式照料。

（一）养老与健康服务政策供给逐渐系统化

1982 年，中国还没有成为老龄化社会，但在全球老龄化趋势下，中国也开始关注老龄化问题，成立了全国老龄委员会。

1994 年，由民政部、卫生部和全国老龄委员会等十部委联合发布了《中国老龄工作七年发展纲要（1994—2000 年）》（中老联字〔1994〕70 号），标志着中国养老服务体系建设进入国家政策统筹规划阶段，政府组织在养老服务领域的主导地位开始发挥作用。1996 年，中国第一部全面保障老年人合法权益的法律——《中华人民共和国老年人权益保障法》（主席令第 73 号）颁布，指出老年人养老服务主要依靠家庭，政府提供兜底保障，国家建立健全养老保险和医疗保险制度，保障老年人基本养老需求，鼓励社会组织和个人开办养老院，强调家庭养老的重要性，明确国家在养老服务供给方面的主要责任和社会组织扮演的角色。2000 年，民政部、国家计委和财政部等部委又发布了《关于加快实现社会福利社会化的意见》（国办发〔2000〕19 号），指出养老服务发展要走社会化、产业化道路，积极引进社会力量参与养老服务。至此，政府组织、市场组织、社会组织和家庭网络在养老服务中扮演的角色有了较为明确的指南和方向。在国家统一领导下，四川的养老服务也进入政府统筹阶段。

结合四川省实际情况，从 2001 年开始，四川省先后出台了《中共四川省委、四川省人民政府关于进一步加强老龄工作的意见》（川委发〔2001〕19 号）、《四川省老龄事业发展“十五”计划纲要》、《四川省老龄事业发展“十一五”规划（2006—2010 年）》等多个文件，促进老龄事业与经济社会全面协调发展，引导市场力量和社会力量逐步进入养老服务领域。经过近 10 年的发展，2010 年，四川省在完善老年社会保障制度、推进为老服务体系、保障老年人权益等方面取得显著成效，养老服务建设工作政策框架初步形成。加大资金投入，在税收优惠政策、财政补贴和资金倾斜上给予非营利性组织和养老机构更多支持。新建和扩建了多个养老服务机构，养老机构和养老床位不断增加。

2014 年以来，四川省在发展规划、设施建设、机构责任险、政府购买服务、金融支持等领域陆续出台了 60 多个政策文件，2018 年新修订了《四川省老年人权益保障条例》，该条例涵盖养老服务各个领域，初步建立了以四川省政府系列规范性文件为主干，以涉老职能部门工作方案、养老服务行业标准等为支撑的政策法规体系，养老服务工作机制初步建立，养老服务供给主体的权责也逐渐明晰。

（二）养老与健康服务供给主体逐步实现多元化

“十二五”以后，四川省以满足老年人养老服务需求为目标，继续发挥政府的主导作用，从制度设计、统筹规划、政策扶持、资金投入、服务落地和监管、评估等方面，不断提高各级政府养老服务能力。一是对养老服务事业加强领导。全省各级人民政府把养老服务体系建设纳入经济社会发展的总体规划、政府年度重点工作和为民办事项目，建立起以地方政府为主导、以民政部门为主管的养老服务体系建设领导体制和运行机制。二是加大对养老服务事业的资金投入力度。加强对政府兴办的养老机构的经费保障，通过政府购买服务的方式加大对非营利性社会兴办养老机构的培育和扶持力度，为有特殊困难的老年人提供补贴。三是促进对各类养老机构扶持政策的落实。这一时期，四川省为社会养老服务机构提供土地优惠、税收减免以及小额担保优惠等支持政策。四是规范对养老服务行业的管理。在加强管理的同时，降低社会组织、社会主体参与养老服务行业的门槛。五是培育养老服务专业人才。加强对各类养老机构管理人员、护理人员的培训和考核，开发培训课程，提供社区养老服务公益性岗位，帮助更多的农村转移劳动力、零就业家庭人员、城乡低保人员从事养老服务。

“十二五”期间，四川累计创建养老社会化服务示范社区 303 个，新建城乡社区日间照料中心 4711 个，分别新增公办、民办养老床位 9.57 万张、10.08 万张，198 家养老机构设置了医疗机构，城乡居家养老服务覆盖率分别达到90%、50%。[①] 覆盖水平处于西部省份前列，基本实现养老服务供给主体的多元化发展。

（三）养老与健康服务供给主体逐步实现规模化

“十二五”期间，虽然已有更多的市场主体、社会主体参与到了四川省的养老服务事业中，但四川省养老与健康服务供给主体的发展仍然面临三大困境。一是涉老法规系统性、协调性、针对性、可操作性不强。二是有效供给严重不足，养老服务质量不高。截至2016年年底，在四川省公办、民办的3817个养老机构中，仅有882个养老机构内设有医院、卫生所或医务室，占养老机构总数的23%，部分养老机构依靠与邻近医院建立协作机制获得医疗支持，医养融合型养老机构在全省数量还很有限。[②] 三是供给主体分布不均，发展不平衡。农村地区、边远山区、革命根据地、贫困地区和少数民族聚居区缺少多元化养老与健康服务供给主体。

为了有效解决省内养老与健康服务供给主体困境，“十三五”期间四川省采取了多项措施，促进养老与健康服务供给主体的发展和提升。一是转变政府职能，继续发挥政府“保基本、兜底线”的作用，强化政府引导，从法治性、信息化、标准化和规范化等多维度切实加强养老体系建设。采取合作经营、公建民营的形式，吸引市场主体参与农村地区、贫困地区的养老与健康服务事业发展。二是多措并举激发社会主体创造力和活力，让养老与健康服务供给主体更加多元，让养老与健康服务的内容更加丰富、质量更加优良。三是率先试点长期护理保险制度，鼓励开发适销对路的长期护理保险产品，利用商业保险公司满足老年人对不同时间、不同程度、不同层次的长期护理保障的需求，促进养老与健康服务供给主体市场化发展。四是充分利用“互联网+”和大数据技术整合养老与健康服务信息、集成养老资源，不断提高养老与健康服务智能化水平和便捷程度，打通各类服务机构和商业网点，发展养老与健康服务，帮助老年人解决更

① 《四川省人民政府关于印发四川省“十三五”老龄事业发展和养老体系建设规划的通知》，四川省人民政府网站，2021年10月7日，http://www.sc.gov.cn/10462/c103044/2017/11/2/f8cee9303f93440184a3b5c6c17095c3.shtml。

② 《调查丨四川3817个养老机构 仅882个内设有医疗机构》，四川省人民政府网站，2017年9月8日，http://www.sc.gov.cn/10462/12771/2017/9/8/10433106.shtml。

多困难。五是发挥养老与健康服务供给主体综合服务功能，尤其是推动农村敬老院由单一功能向区域养老服务综合体转变，推进农村小型互助式养老机构建设，发动邻居、亲友、志愿服务等社会力量，探索农村互助养老服务，解决养老与健康服务供给主体分布不均的困境。

民政部 2018 年第 4 季度机构数据显示，除港澳台地区外，全国 31 个省区市中，四川省老人和残疾人服务机构数量已经达到 2362 个，位居全国第 1 位，比排名第 2 位、第 3 位的江苏省、山东省分别多 32 个、505 个。[①] 在社区养老方面，四川省建成城乡日间照料中心 9805 个、农村互助养老幸福院 5070 个，创建省级养老服务社会化示范社区 303 个。与 2014 年相比，四川省的社区养老服务设施数量增长了近 3.5 倍，城市社区老年人日间照料场所覆盖率增长到 60%，农村的场所覆盖率增长到 40%。[②] 四川省实现了养老服务供给主体规模和质量的双重提升。

（四）养老与健康服务供给主体逐步实现社会化

尽管四川省已经连续多年鼓励市场主体、社会组织积极参与养老服务，但仍然面临很多问题。一是养老服务政策以“靶向”的“兜底线”或“补特困”居多，广大的普通老年人在购买养老服务时仍然面临“买不到”“买不起”“买不好”“买不安”等四大问题，供需矛盾非常突出。二是四川省进入人口老龄化社会时间早，养老服务需求旺盛，家庭自给能力、购买力差，但参与主体始终局限在专业的养老机构和相关社会组织，家政服务等其他专业化社会主体很少参与到养老服务中，导致养老服务供给活力不足，养老服务质量不高。三是传统的养老服务供给模式已经不能应对越来越严重的老龄化趋势，在实现城市高质量发展和养老问题协调发展的过程中，政府始终占据主导地位，养老服务供给的社会化程度不高。

2019 年，国家发改委联合多个部门印发了《城企联动普惠养老专项行动实施方案（试行）》，并正式启动了“城企联动普惠养老专项行动”，其

---

① 《四川已建成养老机构 3512 个　床位 30.7 万张》，网易，2019 年 12 月 26 日，https://www.163.com/dy/article/F1AU0C4G0514D3UH.html。

② 《四川已建成养老机构 3512 个　床位 30.7 万张》，网易，2019 年 12 月 26 日，https://www.163.com/dy/article/F1AU0C4G0514D3UH.html。

中“城”是指城市政府，由地方政府提供一揽子地方支持政策清单，为行业发展提供助力，“企”是指各类企业，不限所有制形式，不分境内、境外资金，不限企业性质[①]，对凡是纳入专项行动支持的项目，国家发改委将从中央预算内给予每张床2万元的投资补助。以政府与市场主体合作的形式，提供老年人可以负担，服务价格与当地城镇居民可支配收入、退休金、CPI变动等挂钩的养老服务，让普通群众、工薪阶层买得到、买得起。该行动为四川发展养老服务新供给模式提供了思路。

成都市是全国同类城市中较早进入人口老龄化社会的城市之一，人口老龄化水平维持高位，老年人口数量持续攀升，老年人口年龄结构基本稳定，高龄老人占比稍有升高。按照户籍人口计算，2019年成都市60岁及以上老年人口达到316.04万人，占户籍人口的21.07%，老龄化程度高于全国平均水平，接近四川省平均水平。[②] 截至2019年，成都市已经建有养老机构520家，其中有307家民办养老机构、200家社区养老院、21家公建民营养老机构以及12.3万张（含筹建）养老床位；建有2621个城乡社区日间照料中心，覆盖94%的城市社区和50%的农村社区，[③] 被确定为全国首批“城企联动普惠养老专项行动”试点城市。同时，四川省的养老服务市场全面放开，四川省积极支持文化、旅游、餐饮、体育、家政、教育、养生、健康、金融和地产等行业与养老服务业融合发展，创新和丰富养老服务产业模式与业态，吸引企业自愿加入旅居养老、文化养老、健康养老、养生养老等新型消费领域。目前，四川省“养老服务+老年人用品产品”“养老服务+金融”“养老服务+教育”“养老服务+文化”“养老服务+旅游”“养老服务+餐饮”等新业态发展快速。此外，为了实现养老服务的综合性供给、区别性供给，四川持续深化养老服务综合改革，建立并完善了四川省健康养老服务业重大项目库储备制度，现在全省共有

---

① 支持国有、民营、混合所有制等各种所有制形式参与，支持境内资本和境外资本参与，支持营利性和非营利性不同主体参与。

② 《成都市2019年老年人口信息和老龄健康事业发展状况报告》，搜狐网，2020年4月3日，https://www.sohu.com/a/385211321_355475。

③ 成都发展改革委、国家发展改革委：《成都：着力解决养老服务的四大问题》，《中国经贸导刊》2019年第11期。

100 余个养老健康服务业重大项目库储备项目，健康养老产业股权投资基金总规模已达到 30 亿元，带动社会资金投资 10 亿元以上。

（五）养老产业市场开放性格局初步形成

既要保障公平，也要注重效率，是促进养老服务业发展应坚持的原则。只有政府和市场加强合作，才能充分发挥政府“看得见的手”和市场“看不见的手”的双重作用，让“养老事业”与“养老产业”相辅相成、相互促进。因此，政府应引导社会资本有序进入养老服务领域，充分发挥市场主体的主动性和创造性，促进健康养老产业市场主体多元化、健康养老产品和服务多元化，从而满足不同层次、不同消费水平的老年人的养老需求。

养老产业发展黄金时期是伴随 2016 年《国务院办公厅关于全面放开养老服务市场提升养老服务质量的实施意见》的出台而到来的。从 2017 年开始，四川省已经连续举办了三届中国（四川）老龄事业暨养老服务业博览会，不但吸引了国内多家中央企业、外资企业、保险公司、民营企业加入健康养老行业，更是与以色列、日本、瑞士等多家境外知名企业签订了战略协议；泰康保险集团股份有限公司、远洋集团控股有限公司、置信集团、四川省投资集团有限责任公司等一批大型企业在四川布局了高端养老服务，日本礼爱老年介护中心等一批外资养老企业在四川落地，中法合作成都国际智慧养老服务示范社区项目落地成都，四川省养老服务产业初步形成了市场化开放格局。2019 年，四川省经济和信息化厅、四川省民政厅和四川省卫生健康委员会联合印发了《四川省智慧健康养老产业发展行动方案（2019—2022 年）》，进一步促进了四川省养老产业信息技术水平和智能化水平的提升。

第六章　四川省老年人养老需求

国际经验已经证明，人口老龄化会推进一个国家或地区养老服务业的蓬勃发展。当前，四川省的人口老龄化以规模大、速度快、程度深为显著特点，并伴随高龄化、空巢化、城乡倒置的发展趋势。同时，四川省的老龄人口在经济能力、健康状况、空间分布方面存在显著差异性，这必然带来养老需求的差异化发展。从公共服务的视角看，养老服务既需要政府部门的扶持和资助，也需要社会各方力量的参与和市场机制的调节。所以，养老服务的产品和供给，一方面要考察政府、养老机构、社会组织等养老与健康服务供给主体的经济行为的适度性，另一方面也要从养老与健康服务需求主体的角度分析老年人对于养老与健康服务的需求意愿、接受程度和负担能力等，这是推进养老与健康服务这一新型产业良好发展的前提和基础。目前四川省机构养老、居家养老和社区养老的发展还存在较大的上升空间。老龄事业的良性可持续发展，必然要以老年人的需求为主导，通过提供多层次、多样性、个性化的服务以满足其不同需求。这就需要建立一个全面且多层次的健康养老服务体系，针对老年人的需求特征、需求结构、需求规模及需求层次，进行不同的服务项目设计、策划及供给。

一　养老需求的服务类型及主要内容

（一）养老需求的服务类型

根据马斯洛需求层次理论，即人类的需求分为生理、安全、情感和归属、尊重、自我实现五级，将养老需求划分为基本服务、增值服务、衍生服务三类。基本服务：满足老年人最基本生理需求和安全需求的服务，主要涉及养老设施和环境、老年生活照料、老年膳食营养、环境卫生、老年护理、老年医疗、健康管理、老年安全保护等。增值服务：满足老年人情感和归属需求、尊重需求和自我实现需求的服务，涉及满足老年人更高情感和归属需求的精神慰藉和安宁服务等，以及满足尊重需求和自我实现需求相关的休闲娱乐服务、文化教育服务、旅游服务、体育以及委托服务、咨询服务、购物服务、通信服务、交通服务等。衍生服务：涉及养老服务产业向下游市场拓展领域而衍生的养老房地产、养老金融、养老保险等。

（二）养老需求的主要内容

依据老年人的实际需求，医、康、养、护深度融合的综合服务贯穿了老年人的整个生命周期（见图6－1）。养老服务已突破常规的日常照料服务，涵盖老年日用品、康复辅助器械、体育健身用品、老年文化产品、老年金融产品、老年旅游项目等多领域、多门类、多行业相关的衍生产品。具体涉及预防保健、医疗卫生、健康管理、中医养生、智慧养老、生活照料、休闲娱乐、精神慰藉和临终关怀等服务。此外，年龄结构、健康状况、受教育程度、地域分布、支付能力等因素对养老方式选择倾向影响显著。

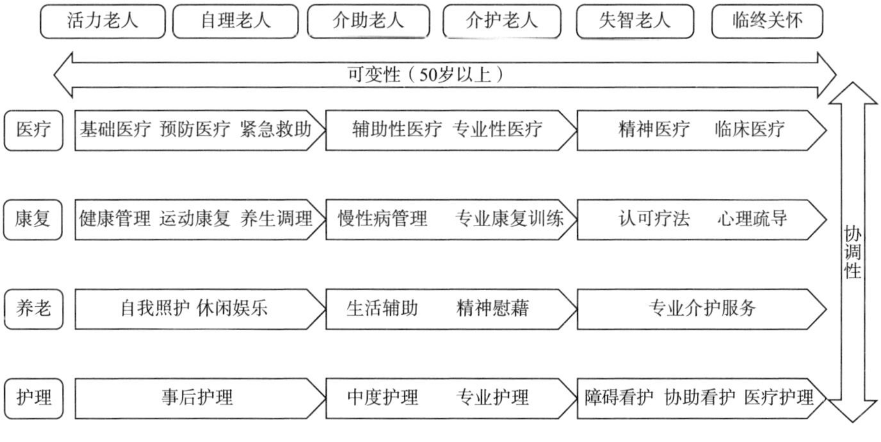

图6－1　不同阶段老年人的需求服务

资料来源：《2018四川人口老龄化与健康养老状况分析报告（全文）》，中商情报网，2018年8月3日，https://s.askci.com/news/hongguan/20180803/1614591127728.shtml。

1. 老年人评估服务

目的是更加精准地为老年人提供专业性服务，根据科学的标准，评估老年人日常生活活动、精神状态、感知觉与沟通能力、社会参与能力等，并根据评估结果来判定老年人的身体能力等级，建立健康档案，制定健康养老服务方案。

2. 老年人信息咨询服务

在实践中部分养老服务项目推进不力，其实是由服务双方信息不对称造成的，因此，当老年人有养老信息获取需求时，应当有专业人员为其提供咨询服务。咨询内容包括健康评估、病例管理、转诊护理协调、健康养老方案、身体保健、疾病预防、危机服务等，咨询服务可按老年人意愿通过“面对面”、“远程网络”或“定点服务”等方式进行。

3. 老年人社交康乐服务

根据社会重建理论，借助服务项目加强老年人在社会上的人际关系，协助他们适应社会、重拾自我、愉悦身心。服务可分为发展型、社交型、娱乐型等。例如发展老年人兴趣，成立适合老年人的兴趣小组，如书法、唱歌、摄影、手工、作画、厨艺等；帮助老年人消除孤独、自卑等心理，组织老年人座谈、游乐等项目。

4. 老年人义工服务

鼓励活跃老年人积极参与社区管理，建立老年人义工队、志愿者服务队等，按照老年人的基本能力、兴趣特长开展不同的义工、志愿服务活动。实践证明这有利于提升老年人健康水平、幸福指数，也有利于老年群体互助互利、自我实现。

5. 养生健康知识培训服务

一方面，培养老年人正确的养生保健习惯，增加相关知识储备；另一方面，警示老年人提防养生陷阱，避免盲目养生，谨防上当受骗。以此提升社会公众生活品质，提升老年人自我照料能力和晚年幸福指数。

6. 老年人居家安全计划

减少老年人居家安全隐患，开展居家安全主题讲座，甄选培训有意愿合作且适合社区工作的活力老年人、老年人家属及义工，为高龄老年人进行居家安全评估。此外，推广居家安全产品、服务的使用，比如智能紧急呼叫系统、老人定位系统、火灾报警系统、老人摔落呼叫器等。

7. 护老者志愿计划

推动老年志愿服务队伍建设又好又快发展，对老年人照料人员进行培训，提升护老者的护老能力。在助餐、助洁、助医、助行、助急等方面为高龄和困境老人提供专业化、常态化的服务，打通养老服务难以覆盖的“最后一公里”。

二 老年人养老需求的结构与规模

（一）养老需求的结构

目前，四川省正在大力推进养老服务的全面发展，各类服务项目不断涌现，这正是因为老年人的养老需求在发生根本变化。从养老需求的结构来看，四川省的养老需求正处于整体层面升级态势明显，但局部层面升级速度有所不同的阶段。总体来看，全省养老需求结构正在从生存型向发展型转变；养老服务需求从简单的基本生活保障需求向多层次、多元化和个性化的需求转变；老年人的社会角色从传统的待养式被动接受养老安排的方式向现代的自养式主动寻求社会参与的方式转变。养老需求结构的转变体现了四川省社会经济的发展成果和养老服务体系建设的成效，同时也对全省养老服务业的提质增效、现代服务业的转型提出了更高的要求。

就四川省而言，在加快发展养老服务业的同时，养老服务供给与需求不平衡、社会力量参与不足、政策环境亟待完善、养老服务设施布局不均、养老机构运营缺乏长效机制、养老产业集群尚未形成等问题共存。此外，养老服务专业人员少、服务不规范；老年产品结构单一、数量少，难以满足需求；老年旅游、老年理财产品发展刚刚起步等需求供给不足的问题也同时存在。为了精准对接四川老年人的需求，在服务项目上，要着眼于老年人的实际需求，为老年人提供覆盖生活、健康、心理、社交、安全的多样化服务；在服务对象上，要面向社会所有老年人，政府重点保障“三无”、“五保”及低收入的高龄、独居、失能等养老困难老年人的服务需求；在服务方式上，要通过政府支持或购买服务，推进居家养老服务，加强社区养老服务，对无法居家养老的老年人，由养老机构提供专业化集中照料。

按照年龄差异对老年人进行服务区分，是最便利的养老需求阶段性划分方式。对于60～69岁的低龄老年人来说，继续就业培训、社团活动、国内外旅游是其主要需求；对于70～79岁的中龄老年人来说，社区文化娱乐活动、广场舞健身、慢性病管理是其主要需求；对80岁及以上的高龄老年人来说，日常照护、社区的生活辅助服务以及养老机构是其主要需求。由此，可以勾勒出老年人的需求画像（见表6－1）。

表6－1　老年人年龄差异化服务需求

年龄阶段	养老需求
低龄老年人（60～69岁）	就业培训、老年大学、社团活动、社区文化娱乐活动、健身养生活动、慢性病防治、旅游服务
中龄老年人（70～79岁）	老年大学、社区文化娱乐活动、健身养生活动、慢性病管理、康养旅游服务、老年急救服务
高龄老年人（80岁及以上）	老年照护、社区生活辅助服务、养老辅助器材、养老院、慢性病控制、老年急救服务、临终关怀

按照能力差异对老年人进行服务区分，是养老需求获得性划分方式。对于可自理老年人来说，他们身体相对健康，但受孤独、贫困等因素影响，需要精神文化交流、心理慰藉、健康建档与指导、健康体检、健康讲座及生活便利等方面的服务。对于半自理老年人来说，他们除了同时具备自理老年人的特点外，还因身体疾病、衰老等，日常生活明显依赖他人，需要家政服务、心理慰藉、健康管理与指导、康复训练、营养膳食、专业护理等方面的服务。对于完全不能自理的老年人来说，除兼具自理、半自理老年人的特点外，还因高龄、疾病等，日常生活完全依赖他人，需要个人护理、家政服务、慢性病控制、家属照料培训、特殊护理、日托等方面的服务。

（二）养老需求的规模

从养老需求的规模来看，《中国老龄产业发展报告（2014）》的预测数据显示，2050年，我国老年人口的消费潜力将逾百万亿元，医疗服务部门接待就诊人员将达近 36.8 亿人次，各类养老需求人口规模将达 7900 万人左右，如此庞大的消费群体必将吸引巨量的资本进入。从老年人的消费能力发展趋势来看，2014～2050 年，我国老年人口的消费能力将从约 40000 亿元增长到约 1060000 亿元，消费额度所占 GDP 的比重将从约 8%上升至约 33%，增长约 25 个百分点。以 2014 年为标准，四川省人口约占全国总人口的 5.96%，老年人口占比高于全国平均水平约 4 个百分点，四川省老年人口占全国老年人口的比重约为 7.45%。由此推算可得，2014～2050 年，四川省老年人口消费能力也将从约 2980 亿元上升到 78970 亿元。①

三　老年人养老需求的现状

课题组选取了四川省 10 个县（区）的 4200 名老年人进行问卷调查，其中男性占 40.0%、女性占 60.0%，低龄老人（60～69 岁）、中龄老人（70～79 岁）和高龄老人（80 岁以上）分别占 50.9%、36.0%、13.1%。根据本次关于老年人养老需求方面的调查，对四川省老年人养老需求现状分析如下。

（一）机构养老老年人的养老需求

机构养老老年人由于受到自身自理能力的限制，养老需求多表现在日常照护和专业护理方面。同时，由于机构养老老年人的居住安排是集中式居住，因此，老年人在生活休闲安排上的需求也比较强烈。其中，在日常照料需求方面，居住在养老机构的老年人最需要的服务是饮食照护，有 36.7%的老年人表示自己的饮食需要专业工作人员进行照护。其他需求由高及低依次是用药护理，占比为 23.5%；康复护理，占比为 23.2%；起居护理，占比为 16.9%；心理护理，占比为 11.2%。同时，42.1%的老年人表示养老机构最需要改进的是住宿和膳食条件；18.9%的老年人认为养老机构应该改进护理人员的服务态度，提升其个人素质、操作技术和专业化

① 吴玉韶、党俊武主编《中国老龄产业发展报告（2014）》，社会科学文献出版社，第 31～33 页。

水平；18.1%的老年人表示应该尽快丰富养老机构内的活动安排；16.3%的老年人表示机构工作人员应增加对服务对象的生活健康护理内容；10.9%的老年人希望能够提升和增加养老机构各项服务设施的质量和项目。

（二）居家养老老年人的养老需求

居家养老老年人作为规模最庞大的养老群体，其养老需求具有多元化、多层次的特点。但是，四川省的居家养老资源比较稀缺。在“六普”时，四川省平均每户家庭有2.95人，比第五次全国人口普查时的3.32人减少0.37人。2018年四川省家庭总户数为32521536户，总人口为91210604人，平均每户为2.8人，又比2010年“六普”时减少了0.52人，其中，市级、县级家庭户数分别为14638535户、17883001户，总人口分别为39113975人、52096629人，平均每户分别为2.67人、2.91人。由此可见，四川省家庭核心化趋势持续，家庭养老人力资源严重不足，空巢老人家庭越来越多，因此，居家养老老年人的养老需求的关注点多在未来的养老安排方面。居家养老老年人在养老安排方面，有91.8%的老年人希望未来在家中养老，其中，80.6%的老年人希望与子女共同居住，11.2%的老年人希望独自居住。同时，即便是行动不能自理时，也有82.7%的老年人表示要和子女一起居住居家养老，有意愿去养老院居住的老年人仅有7.1%。由此可见，多数居家养老老年人还是保留传统的养老方式，不愿意做养老安排方面的改变，这是社会化养老在当代老年群体中接受程度不高的体现，也是部分老年人人尤其是高龄、失能和半失能老年人生活质量不高的体现。

（三）社区养老老年人的养老需求

社区养老模式是居家养老模式的有效补充，也是机构养老向社区拓展的基本形式。因此，社区养老老年人的养老需求与居家养老老年人相似，但又兼具机构养老老年人的养老需求的基本特征。在养老安排方面，78.8%的老年人希望在家中居家养老，12.0%的老年人愿意去养老机构养老，5.4%的老年人则希望在自己居住的社区实行居家养老，3.7%的老年人愿意选择以房养老等新型养老方式。在社区的基本养老服务方面，由于社区养老老年人的身体健康状况较好，因此对现有的社区养老服务需求度偏低，其中，陪伴散步和心理疏导服务的需求占比最高，分别是20.4%和16.8%。而其余各项服务的需求度占比分别为上门看病7.3%、上门护理7.3%、上门家务5.8%、聊天解闷4.9%、服务热线6.4%、上门送饭4.4%、陪同看病5.0%、日常购物5.4%、康复治疗6.8%、法律援助10.2%、文化娱乐8.3%。

但是，社区养老老年人对于未来养老服务内容的期待是有所侧重的。在生活照料服务方面，社区养老老年人表示最需要的服务是老人食堂和帮助洗澡；在家政服务方面，老年人最需要的服务是买菜做饭、家居清洁、家电维修、代请保姆；在护理服务方面，老年人最需要的是医疗服务、健康讲座、上门体检、上门理疗；在日间照料服务方面，老年人最需要的是白天照护和节假日电话预约。

综上所述，虽然当前居家养老是主流，但随着社会发展以及人们受教育程度的提高，其他养老模式的接受度也将越来越高。另外从年龄发展因素来看，当前倾向于选择自行居家养老的比例与受访者年龄成反比，等到当前的年轻人步入老龄时，也将对养老模式和养老需求有更高的需求与期待，这也对养老模式、养老需求的多样化发展与完善提出了新的要求与考验。

四　老年人的养老需求特征

由前文分析可见，四川省的养老服务业发展比较侧重老年群体的潜在需求，而忽视了有效需求。比如近年间城乡社区加快建设的“长者餐厅”“日间照料中心”等养老设施，覆盖率很高但并没有得到有效的使用，或空置，或降级为老年活动室，没有发挥原先设想的作用。同时，养老服务的供给也鲜少考虑老年人的实际支付能力。现在多以政府购买、补贴的形式推广已经布局的养老服务，导致很多老年人认为养老服务就是福利项目而没有商品意识，这极不利于社会资本的引入和产业的良性循环，导致了养老服务市场的无序发展和供需结构的失衡。因此，发展养老服务业应牢牢把握老年群体基于养老的有效需求，需求是供给的风向标，是实现养老服务供给的重要依据，也是政府部门制定相关政策的重要参考。

（一）新生代老年群体的消费观念已经转变

养老产业的发展依赖老年群体的支撑和拉动，大量的数据说明，四川省新生代老年群体相较于老一代老年群体，其消费行为具备了新的特征。

当前四川省老年群体已经由传统的重积累、轻花费，重节俭、轻质量的消费观念开始向重娱乐休闲、重自我发展的消费观念转变。随着高新技术的发展与应用、社会经济以及人民生活水平的不断提升，新生代老年群体更多地受到了现代消费文化的影响，消费心理趋于成熟化、年轻化，成为“乐活”群体。尤其是刚退出劳动领域的城镇地区老年人，在生活方式发生根本改变但收入水平没有明显下降的情况下，他们大量地增加补偿性消费，出现如旅游、摄影、锻炼、养生、聚餐等各种有别于老一辈老年群体的消费新行为。携程旅游网公布的《老年人旅游消费报告》的数据显示，2018 年老年人外出旅游的足迹已遍布 74 个国家的 858 个旅游目的地，且老年人旅游人数逐年上涨，其中，20 世纪 50 年代出生的人口队列已成为旅游消费的冠军群体，消费实力可见一斑。① 另外，也有越来越多的老年人开始追求自我实现、自给自足的可持续、发展型的生活方式。他们注重生活质量、关注健康发展、追求文化内涵、崇尚自然本源，具有积极健康的生活态度和实现自我的美好期待，并引领新生代老年群体养老需求的全面改观。根据“中国健康与养老追踪调查”（CHARLS）对退休前后老年人家庭消费情况的变化统计可以看出，无论低收入家庭还是高收入家庭，在老年人退休后，其家庭在外聚餐、医疗保健、休闲旅游、文化娱乐等的消费支出都有明显提升。其中，家庭成员医疗保健消费和文化娱乐消费的涨幅最大。由此可见，当代老年人尤其是新生代老年人的消费观念正在转变，养老需求也不再局限于衣食无忧、儿孙尽孝的传统层面，而是有了更高的晚年追求，这必将给养老服务业带来勃勃生机。

（二）居家养老的老年群体照护需求不断增加

四川省老年群体多是以居家养老为主，且随着家庭核心化、小型化的发展趋势，空巢老年家庭、独居老年家庭的比例持续增长。传统的居家养

① 《老年人旅游消费报告》，《重庆日报》2018 年 10 月 25 日，第 8 版。

老是由代际支撑维系老年人养老，而在现代家庭中，家庭养老人力资源匮乏，且代际支撑的重心向下倾斜，导致原有的居家养老方式难以为继。这必然会带来老年人照护需求的不断增加。目前，四川省居家养老老年人的日常生活起居基本由自身或家庭成员照料。此外，老年人的社会化养老意识相对不足，大都不接受社会化养老形式。相关调查数据显示，“不愿意”“不接受”居住在养老机构的老年人占比高达77.02%①；且这部分老年人坚定地认为养老的主力军就是子女或家人，将社会化养老看作家庭对老年人的抛弃。由此可见，老年人对家庭养老的依赖程度依然居高，当他们能够自理时，现行的居家养老模式及家庭人力资源基本能够保障老年人的晚年生活，但是，当他们处于失能或半失能状态时，就会不同程度地需要家人或社会提供居家护理照料服务，而且这种照料需求也会随着老龄化的深入发展而持续增加。

（三）老年人的医疗保健消费将持续增长

随着社会经济的发展和人民生活水平的提升，以及医疗水平的进步和人们对健康的关注，四川省老年人口的生理健康水平逐步提升。其中一个重要的体现就是四川省人口平均预期寿命逐年增长。2018年，四川省人均预期寿命已达77.1岁，比2013年增加了1.45岁②，2020年达77.3岁。另外，四川省的延迟退休政策尚未实施，人们在健康水平较高的50~60岁就退出劳动领域进入“老年”状态。由此看来，老年人从退休步入老龄期，他们的余寿随着人口预期寿命的增长而越来越长。而老年人在退休后，生活方式发生根本改变，闲暇时间越来越多，他们为了保持精力、维护健康，在增加寿命的同时储备健康资本，提升生活质量，对有功效性的保健品的需求就会持续增长。同时，老年人处于生命周期的末端，无法阻止生理机能的逐步衰退和老年性疾病的发生，因而老龄化的深度发展必然会带来更多的医疗需求。近年来，四川省老年群体的健康素养不断增强，

① 张仁枫：《老年人养老意愿调查及启示——以四川省为例》，《老龄科学研究》2017年第3期。

② 《四川发布2018年健康状况白皮书：人均期望寿命增至77.1岁》，“红星新闻”百家号，2019年1月16日，https://baijiahao.baidu.com/s?id=1622822786008225017&wfr=spider&for=pc。

健康管理的水平和能力也在逐步上升，医疗保险覆盖率和参保程度持续提高，加之医疗保险异地结算服务的拓展和医疗保险报销程序的便捷简化，越来越多的老年人开始不断释放对医疗服务的需求。虽然有小部分老年人的患病处置方案还停留在“有病自医”或“有病不医”的状态，但大部分老年人对于“有病就医”的态度十分明确。对比相关数据可见，退休前后老年人用于医疗和保健的消费支出是成倍增长的，其增幅在所有增长的家庭消费项目中是最大的，值得注意的是，“保健消费”的增幅高于“医疗消费”，这就能够有力地说明老年人对健康维护的重视。由此可见，四川省老年群体的医疗保健支出会随着超老龄化社会的到来而保持较快的增长速度。

（四）老年群体的养老需求差异较大

老年群体的异质性特征决定了老年人的养老需求在服务和内容上均有较大的差异。第一，养老意愿不同，所需服务的内容就不同。针对不同的养老模式，应有相应的养老服务内容。选择居家养老的老年人，养老需求多聚焦于居家照护、精神慰藉等服务；选择社区养老的老年人，养老需求则关注社区养老服务供给与自身需求的匹配，是否满足自身养老的要求等；选择机构养老的老年人，养老需求就侧重于机构的专业性、实惠性、可靠性及可持续性，其中专业性是机构养老服务的核心，包括机构的照护专业性、运营专业性和管理专业性。第二，健康状况不同，对养老服务需求的内容就不同。老年人的生理健康状况可大致分为自理老年人、半失能老年人和失能老年人。心理健康状况可大致分为健康状态、不良状态、心理障碍和心理疾病四个等级。不同健康状况的老年人对于养老服务的需求也相应不同。第三，经济条件不同，对养老服务需求的内容也不同。从老年人的退休金及养老金的拥有率来看，老年群体以城、乡为界出现了较大差异。农村老年人的收入相对较低，养老金和退休金的拥有率也相对较低，而城镇老年人在这一方面则比较有优势。那么由养老金构建的基础保障的稳健程度，决定了养老需求的不同层次。同时，不同的老年个体由于生命历程、家庭环境、职业及个人能力等方面的差异，也会产生经济方面的个体差异。经济条件作为养老的基础性支持条件，其差异性是导致养老需求差异化的直接因素，继而影响老年人的消费决策和消费行为。

（五）养老服务需求多元化发展趋势明显

充分把握老年人的特点，满足不同层次、不同阶段老年人的需求，针对老年人对养老服务内容的认可度和接受度，为老年人提供多元化、个性化的服务，既符合我国现阶段积极应对老龄化的举措，又是老年人基本权益的有效保障，更是实现老年人全面发展的根本路径。

按照美国心理学家马斯洛的需求层次理论，人的需求可以划分为五个不同的层级，按照层级间的等级和归属可归纳为基本的生理需求、安全需求、情感和归属的需求、尊重需求和自我实现需求。按照马斯洛需求层次理论，要满足老年人的需求，不仅要做到物质养老即经济赡养，以满足其生理需求和安全需求；还要兼顾精神养老，使老年人感受到亲情和邻里关爱，得到尊重和认可；更重要的是文化养老，即全社会营造出的宜老适老的环境，使老年人可以突破年龄的限制，参与社会管理和服务，实现自我认同，体会生活的意义，重视自我发展，积极追求全面进步（见图6－2）。

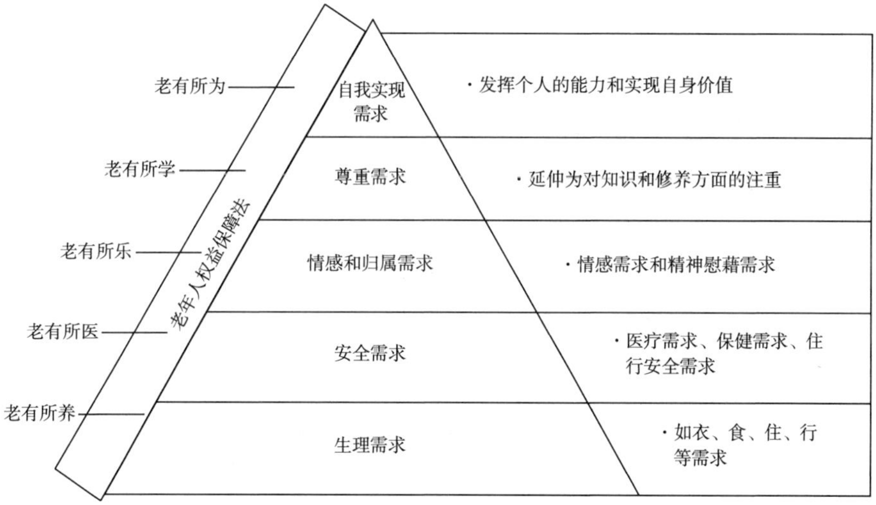

图6－2　养老服务需求层级

资料来源：王娟等《基于马斯洛需要层次理论的老年人口养老需要研究》，《中国医学伦理学》2010年第6期。

因此，构建多层次的养老服务体系，不能单纯从供给侧考虑，必须以需求为中心，深入研究老年人生理、心理、精神、文化和社会参与等需求，同时注重老年人的年龄差异化、性别差异化、文化差异化、区域差异化、能力差异化特征，确保养老服务供需精准对接，养老政策精准发力，只有这样才能满足老年人多层次、个性化的养老服务需求。

1. 区域老龄化特征决定了养老需求多元化发展

第一，四川省老龄化的城乡差异是造成城市和农村地区养老需求不同的主要原因。第三产业在城市和农村地区的发展水平不同，尤其是养老服务业作为第三产业中的新兴产业在农村地区的发展更加滞后。城市地区的老年人在医疗卫生、交通出行、文化教育等方面的服务得到了较好的满足，对居家日常照护、普惠养老机构、精神愉悦、智慧养老、社会参与等方面的需求与日俱增。反观广大的农村地区，虽然近年来日间照料中心在农村地区加速建立，但是疾病、孤独、养老服务不可持续等仍然是困扰农村老年人的主要问题，医疗卫生、日常照料、精神慰藉等基础养老服务是农村老年人的主要需求。

第二，地区间的经济社会发展不平衡造成四川省地区间老年人的养老需求多元发展。比如成都平原等地区，经济社会发展水平相对较高，因此养老需求呈现升级的态势，需求结构已从生存型需求向发展型需求转变，越来越多的老年人开始追求高品质物质生活、高品位精神生活。然而，大、小凉山等地区，由于经济社会发展相对滞后，养老需求基本与民生需求类似，属于生存型、被动型需求。

2. 养老需求多元化趋势的利弊

随着老龄化的深度发展，四川省养老产业蓬勃发展，养老服务顺应多元化发展需求，近年来，除了居家养老、社区养老、机构养老模式外，还出现了“医养结合”“旅居养老”“互助养老”“金融养老”“以房养老”“智慧养老”“时间银行”“长者餐厅”“社区嵌入式养老服务中心”等不同的养老方式和养老服务，呈现“百花齐放”之势，极大地丰富了养老服务市场，为经济条件、健康状况、精神文化需求不同的老年人提供了多种养老方式。但是，从目前实践的结果来看，养老服务市场的供需矛盾依然突出。一是居家养老的老年人占绝大多数，但是在公共医疗、照料护理等方面的需求得不到很好满足；二是机构养老费用普遍较高，缺少广泛的普惠养老院，造成了公办养老院一床难求、民办养老院无人问津的现状；三是社区养老配套的公共设施建设稍显滞后，老年人的公共活动空间缺乏，例如近期“广场舞场地争端”事件频发，表明老年人精神文化的强烈需求得不到有效满足。因此，养老方式多元化发展，不仅需要依据养老需求的多样化发展，还要根据养老需求的规模大小统筹部署，这样才能做到供需匹配、资源有效使用。

3. 养老需求多元化发展需要多元的政策环境

近年间，无论国家层面，还是四川省级层面，都出台了一系列涉及养老服务的政策制度，有力地推动了多层次养老服务体系的建设进程。在相关政策支持下，四川省居家养老、社区养老和机构养老三种模式均得到了长足的发展，“互助养老”“智慧养老”“医养结合”等个性化养老方式和服务也获得了发展空间，老年人也因此切实享受到了养老方面的实惠和便利。但是从涉老政策的整体性、系统性和可操作性来看，目前的政策环境还不足以满足养老需求的多元化发展，相关政策还需加强研究，以形成多元的政策环境支持不同层次的养老需求发展。诸如一些现实问题，如何实现四川省的老旧社区适老化改造和新建社区的养老用房设施建设之间的资源均衡？城市的老年大学人满为患，如何鼓励社会力量兴办老年大学？养老护理人才的培养和培训怎样实现社会资源最大化？针对养老机构的建设用地问题，相关优惠政策如何落地？这些问题归根结底来源于养老需求多元化的发展对养老服务体系建设提出的要求，但问题的解决和实现则需要在政策的多元化和可行性方面做进一步研究。

养老服务篇

第七章　四川省居家养老的发展

居家养老是我国政府和社会应对人口老龄化挑战的一项重要战略选择。“十四五”期间，提出以居家、社区、机构养老协调发展为方向，以满足人人享有基本养老服务为目标，促进养老服务高质量发展。四川省是我国较早进入人口老龄化的地区，也是老龄化程度较为严重的地区之一，为更好地应对老龄化的压力，四川省高度重视居家养老工作，提出“推动养老机构进家庭和社区，将专业服务延伸到家庭，为居家养老提供支撑”①的社会养老服务任务目标。居家养老是指老年人不离开自己长期居住的熟悉环境，在家中接受来自政府、社会、社区、机构等多方提供的包括生活照料、医疗护理、精神慰藉等多种服务在内的一种养老模式。相对于其他养老模式，居家养老的社会成本更低，更符合老年人生理和心理需求，在今后相当长的一个时期内，仍将是我国养老的首选模式，也是政府倡导占主体地位的养老模式。同时，居家养老不仅能满足老年人家庭养老需求，又能与我国经济社会发展相互结合；其综合了家庭养老和社会养老的优点，能有效地为老年人提供养老服务。

一　居家养老的发展历程和现状

（一）居家养老的发展历程

20 世纪 80 年代，我国就已经有了居家养老的理念和政策，进入 21 世

① 《四川省民政厅对省政协第十二届三次会议第 0769 号提案答复的函》，四川省民政厅网站，2020 年 11 月 20 日，http://mzt.sc.gov.cn/scmzt/tajy/2020/11/20/7b936878dc5341b2ac7f895b5f3a70c5.shtml。

纪，居家养老得到进一步发展，四川省的居家养老服务工作紧跟国家政策，也在不断发展优化，自2012年以来，大致可以分为三个阶段。

1. 明确支持居家养老服务的初期阶段（2012～2015年）

2012年，为应对人口老龄化快速发展的形势，满足不断增长的社会养老服务需求，加快发展养老服务业，四川省人民政府办公厅转发了民政厅《关于加快发展养老服务业的意见》，提出养老服务业发展的主要任务之一是推进居家养老服务。指出居家养老服务是政府和社会力量依托社区，为居家的老年人提供生活照料、家政服务、康复护理、精神慰藉等方面的服务，让老年人既不离开家庭，又能获得专业化的社会服务。提出要建立健全居家养老管理服务网络，建立县（市、区）居家养老服务指导中心、乡镇（街道）居家养老服务中心、社区（村）居家养老服务站（点）三级网络。城市社区要以社区老年人日间照料中心为依托，加快居家养老服务信息管理平台、老年人居家呼叫服务系统和应急救援服务网络建设，采取政府购买服务、培育服务机构、招募企事业单位或个人服务商等方式，不断扩大居家养老服务组织规模，引导和鼓励社会中介组织、家政服务业等社会力量参与居家养老服务，推进信息平台与居家养老服务实体的有效链接，为老年人居家养老提供及时、便捷的服务，满足不同层次老年人的养老需求。

2014年，为贯彻《国务院关于加快发展养老服务业的若干意见》（国发〔2013〕35号），四川省人民政府印发了《关于加快发展养老服务业的实施意见》。其中也提到要大力发展居家养老和社区养老服务。将居家养老服务的范围进一步明确，即要让居家老年人获得生活照料、家政服务、康复护理、医疗保健、精神慰藉等专业化的社会服务。再次提出要建立县（市、区）、乡镇（街道）、社区（村）三级居家养老服务网络。培育和扶持居家养老服务企业和社会组织，加快居家养老服务信息平台、老年人居家呼叫服务系统和应急救援服务网络建设，为居家老年人提供助餐、助浴、助洁、助急、助医等上门服务。

2015年，为贯彻落实《四川省人民政府关于加快发展养老服务业的实施意见》（川府发〔2014〕8号），《关于四川省2015—2017年养老服务体系建设重点任务安排意见》提出构建居家养老支持服务机制并覆盖200万人的重点建设任务，要围绕“落实困难家庭的失能老人、独居老人和80周岁以上高龄老人居家养老服务补助政策，确保2016年以前实现补助对象全覆盖”的目标，采用政府向各类养老服务组织购买服务和开发公益性岗位等方式，构建居家养老支持服务机制，为全省200万名居家养老的高龄老人和困难老人提供助餐、助医、助浴、助行等多种服务。构建居家养老服务支持机制，按照服务对象平均每人每年不低于300元的标准，省级财政按最低标准的35%给予补助。

截至2015年，全省已建成城乡社区日间照料中心4182个。城乡居家养老服务覆盖率分别达到70%、40%。四川养老与健康服务业发展“十三五”规划也提出创新“家庭病床”，这是对居家养老的又一补充支持。在四川省第十二届人大常委会第十九次会议的专题“询问养老服务业推进工作会”上，省民政厅厅长称，四川将继续通过政府购买服务、政策完善、协调指导、评估认证等方式，鼓励民间资本开办居家养老服务专业机构或社会组织，为老年人提供定制服务。

2015年，省卫生计生委、民政厅签订医养融合发展备忘录，两部门携手助力推动四川省医养融合发展。在签订仪式上，双方共同提出发展四川省医养融合发展的目标及任务，并强调四川省医养融合发展必须紧紧围绕四川省确定的90%居家养老、7%社区养老、3%机构养老服务的总体部署，落实开展“家庭医生”契约服务的相关内容。

2. *居家养老服务的专业化发展阶段*（2016～2019年）

2016年，为改善老年人生活环境，提升老年人生活生命质量，增强老年人幸福感、获得感，根据《中华人民共和国老年人权益保障法》，全国老龄办等25个部门联合发布《关于推进老年宜居环境建设的指导意见》，根据现阶段老年人在日常生活和社会参与等方面存在的不适老、不宜居的问题，今后一个时期老年宜居环境建设的重点任务是建设适老居住、出行、就医、养老等的物质环境和包容、支持老年人融入社会的文化环境，四川省积极推进适老环境的改造。

2017年，民政部、财政部公布了28个第二批中央财政支持开展居家和社区养老服务改革试点地区，其中四川省的攀枝花市、遂宁市榜上有名。这是继成都之后，四川省再次获得中央财政支持开展居家和社区养老服务改革试点。四川省围绕政府购买居家养老服务出台系列政策，提出“十三五”期间培育3.5万个以上各类居家养老服务企业（机构）和社会组织。截至2017年，14个市已建成居家养老服务信息平台，有线下加盟服务商11056个，通过政府购买服务，为622.78万人次特殊困难居家老人提供助医、助浴、助洁、助购、助行等服务，为119.15万名社会老年人提供生活照料、精神慰藉、紧急救援等服务。城乡居家养老服务覆盖率分别提升至90%、50%。四川省还引入、培育了敏盛、晚霞、朗力、小蚂蚁等养老服务品牌企业，通过灵活多样的服务，弥补了传统居家养老的不足。①

2019年，依据民政部印发的《关于进一步扩大养老服务供给，促进养老服务消费的实施意见》，四川省积极鼓励培育居家养老服务，提出养老机构、社区养老服务机构要为居家养老提供支撑，要将专业服务延伸到家庭，为居家老年人提供生活照料、家务料理、精神慰藉等上门服务，进一步做实做强居家养老。全面建立居家探访制度，通过购买服务等方式，支持和引导基层组织、社会组织等重点面向独居、空巢、留守、失能、计划生育特殊家庭等特殊困难老年人开展探访与帮扶服务。探索设立“家庭照护床位”，完善相关服务、管理、技术等规范以及建设和运营政策，健全上门照护的服务标准与合同范本，让居家老年人享受连续、稳定、专业的养老服务。有条件的地方可通过购买服务等方式，开展失能老年人家庭照护者技能培训，普及居家护理知识，增强家庭照护能力。

3. 居家养老的环境优化阶段（2020年至今）

2020年，四川省转发的民政部等9个部门联合印发的《关于加快实施老年人居家适老化改造工程的指导意见》中提到，各省在年底前，要采取政府补贴等方式，对纳入分散供养特困人员和建档立卡贫困人口范围的高龄、失能、残疾老年人（以下简称“特殊困难老年人”）家庭实施居家适老化改造，为决战决胜脱贫攻坚提供兜底保障。“十四五”期间，将继续实施特殊困难老年人家庭适老化改造，有条件的地方可将改造对象范围扩大到城乡低保对象中的特殊困难老年人家庭等。各地要创新工作机制，加

① 《我省再次获得中央财政支持开展居家和社区养老服务改革试点》，四川省人民政府网站，2017年12月5日，http://www.sc.gov.cn/10462/10464/10797/2017/12/5/10439911.shtml。

强产业扶持，激发市场活力，加快培育公平竞争、服务便捷、充满活力的居家适老化改造市场，引导有需要的老年人家庭开展居家适老化改造，有效满足城乡老年人家庭的居家养老需求。

同年12月，四川省对国家卫生健康委办公厅、国家中医药管理局办公室起草的《关于加强老年人居家医疗服务的工作的通知》（以下简称《通知》）进行深入解读，主要聚焦老年人居家医疗服务的迫切需求，分别从开展居家医疗服务要素，规范居家医疗服务行为，加强居家医疗服务管理，加大支持保障力度，组织实施等方面提出要求。鼓励各级各类医疗机构要按照分级诊疗的要求，结合功能定位和实际情况，依法合规、有序规范地为群众重点是老年人提供居家医疗服务，保障医疗质量和患者安全。《通知》分为五个部分：第一部分，开展居家医疗服务要素，明确了居家医疗服务主体、服务对象、服务内容、服务方式等要素；第二部分，规范居家医疗服务行为，包括医疗机构开展首诊和评估、完善服务规范流程、加强医务人员培训、规范医疗服务行为；第三部分，加强居家医疗服务管理，包括健全管理制度、明确相关责任、积极防控风险；第四部分，加大支持保障力度，包括增加居家医疗服务供给、提供居家医疗服务便利、加强信息化技术支撑；第五部分，组织实施，包括加强组织领导、加强质量监管、鼓励先行先试、加强宣传引导。

2021年，为进一步增加老年人居家医疗服务供给，精准对接老年人群多样化、差异化的迫切医疗服务需求，按照《通知》要求，结合四川省实际，制定了《四川省关于加强老年人居家医疗服务工作实施方案（试行）》。探索建立符合四川省实际的老年人居家医疗服务工作模式，以点带面，推动居家医疗服务工作先试先行，形成可复制的推广经验，增加居家医疗服务供给，结合功能定位和实际情况，依法合规、有序规范地为老年人提供居家医疗服务，围绕“安全、质量、服务”实施管理，保障医疗质量和患者安全。在明确居家医疗服务内容、服务主体、服务对象、服务项目和服务方式，规范居家医疗服务行为，完善居家医疗服务管理制度，增加居家医疗服务供给等方面都做出了具体的规定。

（二）居家养老的现状

课题组抽取了四川省10个县（区）的1400名老年人进行问卷调查，

以了解居家养老老年人的生存现状、失能现状、照护需求、照护与照护者现状、社区服务、社会支持等，分析老年人居家照护需求、服务提供与存在的问题，提出有针对性的老年人居家照护保障对策。由于一部分被访者身心状态太差无法回答、拒访以及填答的缺失值较多等，获得有效问卷1018份，有效问卷数为抽样个案数的73%，但也满足进行统计分析的基本要求①。在1018名被访者中，男性占40.0%、女性占60.0%，低龄老人（60~69岁）、中龄老人（70~79岁）和高龄老人（80岁及以上）分别占50.9%、36.0%、13.1%。

1. 居家养老老年人基本情况

居家养老老年人人口学特征，包括年龄、性别、民族、子女个数、受教育程度等，调查地区居家养老老年人基本情况呈现如下特点（见表7-1）。

（1）性别结构呈现女多男少的态势

调查数据显示，选择居家养老的女性老年人占比为60.0%，高出男性老年人20.0个百分点，反映出女性老年人生活自理能力更强，在居家照料方面的显著优势使其更偏重选择居家养老。

（2）受教育程度普遍较低

居家养老老年人文化水平普遍较低。其中，小学文化程度的占比高达30.2%，文盲或半文盲占比为21.7%。老年人的受教育程度对于养老模式选择有着重要影响，由于文化水平偏低，因此更偏向沿用传统的居家养老模式。

（3）婚姻状况对生活方式有影响

居家养老的老年群体中，有配偶的老年人占比高达63.3%，无配偶的老年人占比为36.7%。其中23.5%的无配偶居家养老的老年人是丧偶老年人。这一数据侧面反映了婚姻状况对于老年人养老安排选择的重要意义。有配偶的老年人生活能够彼此照料、相互陪伴，因此更偏向选择不改变原有生活方式的居家养老模式。

① 社会学家艾尔·巴比（Earl R. Babbie）指出："要进行分析和撰写报告，问卷回收率至少要50%才是足够的；要至少达到60%的回收率才算是好的；而达到70%的回收率就非常好，但是只是概略的指标，并没有统计上的基础。"

表 7－1　四川省居家养老老年人基本情况

单位：人，%

项目	类别	人数	占比
性别	男	407	40.0
	女	611	60.0
年龄	60～69 岁	519	50.9
	70～79 岁	366	36.0
	80 岁及以上	133	13.1
民族	汉族	920	90.4
	非汉族	98	9.6
子女个数	1 个	456	44.8
	2 个	309	30.4
	2 个以上	217	21.3
	无	36	3.5
受教育程度	文盲或半文盲	221	21.7
	小学	307	30.2
	初中	192	18.9
	高中/中专	173	17.0
	大专及以上	125	12.3
婚姻状况	有配偶	644	63.3
	无配偶	374	36.7

2. 经济社会情况

（1）从业情况

从居家老年人的职业归属和经济状况来看，退休或停止劳作之前，52.9%的老年人从事“农、林、牧、渔、水利生产”工作，16.9%的老人退休前从事“生产和运输设备操作”；14.3%的老人退休前从事“商业、服务业”。另外，参与问卷调查的老年人中，有42.9%的老年人仍然在继续工作，其中，83.7%的老年人是为了维持自己和老伴的日常生活，7.0%是为了充实自己、实现自我，还有2.3%的老年人工作是为了支付医疗、住房等必需的费用（见表7－2）。综上可知，居家老年人的经济状况并不乐观，大多数被调查老年人都是从事“农、林、牧、渔、水利生产”等工作，使其退休金或养老金维持在一个较低水平，因而42.9%的老年人仍然继续工作来缓解经济压力。

表7-2 四川省居家养老老年人从业情况

单位：人，%

项目	类别	人数	占比
退休前从事工作	国家机关、党群组织、企业、事业单位	72	7.1
	专业技术	10	1.0
	商业、服务业	146	14.3
	农、林、牧、渔、水利生产	539	52.9
	生产和运输设备操作	172	16.9
	其他	79	7.8
是否还从事工作	是	437	42.9
	否	581	57.1
还在工作的原因	维持自己和老伴的日常生活	366	83.7
	支付医疗、住房等必需的费用	10	2.3
	充实自己的生活	31	7.0
	给子孙留下更多的财富	10	2.3
	其他	20	4.7

（2）家庭及居住情况

大部分居家养老老年人的居住环境为自家宅基地房屋，占70.8%；部分为安置小区，占14.2%，这与四川省新农村建设的政策相关。居家养老老年人中，住房面积在91～150平方米的占比约一半；住房面积在151平方米及以上的占38.8%（见表7-3），多为农村老年人。

在居住安排方面，大部分受调查者与成年子代或孙代一同居住，占92.8%；也有较多与配偶一起居住的，占55.1%。居家老年人独居的比例非常低，仅有2%；同时，与保姆或父母居住的老年人比例均为0（见表7-3）。可见，居家老年人的家庭人力资源较为充裕，这可能也是其选择居家养老的重要原因。

在亲情支持方面，居家老年人获得最多的亲情支持来自女儿，有50.0%的老年人表示联系最多的亲人是女儿；其次是儿子，占比为40.9%；再次是孙子、孙女，占比为9.1%。除此之外，居家老年人中，有 50.0% 的老年人认为自己的子女是非常孝顺的，仅有 9.2% 的老年人认为子女不孝顺，11.2% 的老年人认为子女的孝顺程度一般。同时，居家老年人在遇到事情的时候，36.7% 的老年人习惯于与子女商量处理，35.7% 的老年人有时会和子女商量，而 25.5% 的老年人选择与子女“很少商量”或“不商量”来处理事情（见表 7－3）。由此可见，老年人的亲情支持主要是由子女提供，这与我国文化中的“养儿防老”和孝道传统相契合。亲情支持主要表现为情感联络、帮助处理家庭事务、日常照料和经济奉养等。老年人对于子女亲情支持的程度有自身的衡量标准，并且绝大多数老年人能够基于主观感受评价得出子女亲情支持的效果。

表 7－3　四川省居家养老老年人家庭及居住情况

单位：人，%

项目	类别	人数	占比
现在居住的小区是	商业小区	131	12.9
	安置小区	145	14.2
	自家宅基地房屋	721	70.8
	其他	21	2.1
现在居住的房子面积	不到 50 平方米	21	2.1
	50～90 平方米	73	7.2
	91～150 平方米	529	52.0
	151 平方米及以上	395	38.8
一同吃住的家庭成员	父母	0	0.0
	配偶	561	55.1
	自己一个人居住	21	2.0
	与子代或孙代	945	92.8
	其他亲戚	10	1.0
	保姆	0	0.0
	其他	0	0.0
配偶的情况	配偶与其他子女一起住	83	8.2
	我们已离婚	21	2.0
	配偶已去世	239	23.5

续表

项目	类别	人数	占比
哪个晚辈联系最多	女儿	509	50.0
	儿子	416	40.9
	孙子、孙女	93	9.1
总体上认为子女的孝顺程度	非常不孝顺	42	4.1
	比较不孝顺	52	5.1
	一般	114	11.2
	比较孝顺	301	29.6
	非常孝顺	509	50.0
最孝顺的那个子女的经济状况	很宽裕	21	2.0
	比较宽裕	249	24.5
	大致够用	457	44.9
	有些困难	218	21.4
	困难	62	6.1
有事是否与子女商量	要商量	374	36.7
	有时要商量	364	35.7
	很少商量	73	7.1
	不商量	187	18.4
自己事情上的决定权	我都能决定	384	37.8
	我基本能决定	478	46.9
	我很少能决定	125	12.2
	我完全不能决定	21	2.0

3. *居家养老老年人健康状况*

(1) 居家养老老年人的健康状况一般，自理能力尚可

调查结果显示，居家养老老年人健康状况在一般及以上的占比共计61.9%，健康状况较差的老年人占31.8%，健康状况非常差的老年人占6.3%。居家养老的老年人中，生活完全可以自理的老年人占81.6%，部分自理的老年人占17.4%，生活完全不能自理的老年人占1.0%（见表7－4）。从调查数据可见，四川省居家养老老年人的自理能力尚可，这可能是由于当代老年人独居比例高，独居的状态使他们每天照料自己的日常生活，从而维持较好的自理能力。这也从侧面反映了绝大多数居家养老老年人

具有较高的家庭地位，拥有自主能力，而且较高的自理能力对老年人的精神健康具有良好的保护作用。

（2）居家养老老年人慢性病患率高，大多采取西医治疗

调查结果显示，居家养老的老年人中患有慢性病的占89.8%，其中所患慢性病经过医生准确诊断的占85.8%。在居家养老老年人所患慢性病中占比最高的是高血压，占32.7%；第二位是失眠与疼痛，均占27.6%；第四位是关节炎，占20.4%；第五位是心悸，占17.3%；第六位是类风湿，占16.3%；第七位是心脏病，占13.3%。大部分老年人针对慢性病采取了西医治疗，占88.4%；采用中医治疗的仅占9.5%。其中，认为治疗效果非常好的老年人占30.5%，觉得疗效一般的老年人占54.2%，觉得治疗效果不好的老年人占13.3%（见表7－4）。

表7－4　四川省居家养老老年人健康状况

单位：人，%

项目	类别	人数	占比
健康状况	非常健康	64	6.3
	健康	273	26.8
	一般	293	28.8
	较差	324	31.8
	非常差	64	6.3
生活自理能力	完全可以自理	831	81.6
	部分自理	177	17.4
	完全不能自理	10	1.0
是否患有慢性病	是	914	89.8
	否	104	10.2
患慢性病是否经医生诊断	是	873	85.8
	否	145	14.2
患慢性病的种类	高血压	332	32.7
	失眠	280	27.6
	疼痛	280	27.6
	关节炎	208	20.4
	心悸	177	17.3

续表

项目	类别	人数	占比
患慢性病的种类	类风湿	166	16.3
	心脏病	135	13.3
医疗服务类型	西医	900	88.4
	中医	97	9.5
	其他	21	2.1
疗效	非常好	310	30.5
	一般	552	54.2
	无效	135	13.3
	其他	21	2.0

（3）居家养老老年人心理健康状况需要关注

调查数据显示，居家养老的老年人中，近半数存在负面情绪，其中感到焦虑的老年人占27.6%，感到孤独的老年人占13.3%，感到抑郁的老年人占12.2%（见表7－5）。探究居家老年人产生负面情绪的原因，以及解决居家养老老年人的负面情绪，是亟须重点关注的问题。

表7－5 四川省居家养老老年人心理健康状况

单位：人，%

项目	类别	人数	占比
是否有负面情绪	是	416	40.8
	否	602	59.2
何种负面情绪	焦虑	280	27.6
	孤独	135	13.3
	抑郁	125	12.2

4. *居家养老老年人参保及医疗费用承担情况*

（1）居家养老老年人社会保险参加情况

调查数据显示，居家养老老年人大部分参加了社会医疗保险，占95.9%。由于调查的地区原因，参加新农合的老年人占88.8%，参加城镇职工医疗的占2%，参加城镇居民医疗的占3%，参加公费医疗的占2%（见表7-6）。当前我国的养老保障系统中企业年金和商业养老保险覆盖率都很低，主要依靠参与缴纳基本养老保险，即养老保障中的第一支柱为目前最重要的保障方式。调查数据显示，四川省居家养老老年人绝大多数参加了基本社会养老及医疗保险，参保覆盖率高达95.9%，而购买商业保险的居家老年人占比仅为7.1%。基本社会保险的高参保和低保障的问题在老年群体中仍然存在。

（2）居家养老老年人医疗费用承担情况

调查显示，“能”与“基本能”承担医疗费用的老年人共占46.9%，承担医疗费用有一定困难的老人占38.8%，不能承担医疗费用的老人占9.2%（见表7-6）。

表7-6　四川省居家养老老年人参保、医疗费用承担情况

单位：人，%

项目	类别	人数	占比
是否参加社会医疗保险	是	976	95.9
	否	42	4.1
参加何种医疗保险	城镇职工医疗（有单位）	21	2.0
	城镇居民医疗（无单位）	31	3.0
	新农合（农合）	904	88.8
	公费医疗	21	2.0
	其他	42	4.2
是否购买商业保险	是	73	7.1
	否	945	92.9
是否能承担医疗费	能	218	21.4
	基本能	260	25.5
	不好说	52	5.1
	有一定困难	395	38.8
	不能	93	9.2

5. *居家养老服务情况*

调查数据显示，在日常照料方面，半数以上的居家养老老年人

（51.0%）的日常照料是由子女承担；另外，还有35.7%的老年人是由配偶进行照料，4.1%是由其他人负责照料；同时，有9.2%的老年人表示可以自理，完全不需要他人照顾（见表7－7）。这与居家养老老年人相对于机构养老老年人有较高的健康水平相关。

在日常交流和困难协助方面，居家养老老年人与配偶交流的最多（52.0%），其次是子女（33.7%），与朋友和其他人交流的老年人占比仅为14.3%；平时家里遇到困难，居家老年人求助最多的是子女，占比为49.0%，其次是自己或配偶，占比为39.8%（见表7－7）。这是居家养老老年人与机构养老老年人最大的不同，家人的陪伴和帮助是居家老年人重要的生活内容。

在文化休闲娱乐方面，居家老年人的生活简单，且缺少组织安排，因而较少参与文化娱乐活动。其中，参与有组织的互动性娱乐活动的比重也相对较低，这可能与本次调查样本偏重于农村地区相关。数据显示，参与棋牌娱乐的老年人比例为16.3%，看报纸的老年人比例为10.2%。居家老年人参与度最高的休闲娱乐活动依次是聊天（74.5%）和看电视（70.4%）（见表7－7）。相对于机构养老老年人来说，居家养老老年人的文化休闲娱乐活动的内容较为单一，参与度不足，娱乐性和互动性均表现较差。

在居家养老服务方面，59.2%的被调查区域有养老院、日间照料中心等养老服务机构，但是仅有22.4%的老年人表示了解养老机构的功能和服务（见表7－7），而了解的渠道多是靠媒体政府机构宣传，以及亲戚朋友推荐。同时，在惠老服务方面，有九成以上的老年人没有享受过医院的绿色通道、“看病/取药/缴费”不排队的惠老服务。

综上可见，由于受传统思想的桎梏，对养老服务内容的主观关注度较低，以及对养老服务信息的获取渠道过于狭窄等，很大一部分老年人对社会养老服务不了解甚至排斥，形成了多数老年人对已经构建好的养老服务内容不关心、不关注、不使用的尴尬局面，这也是社会养老服务推行不力的主要原因。

表 7－7 四川省居家养老老年人照护需求情况

单位：人，%

项目	类别	人数	占比
平时主要由谁照顾	配偶	364	35.7
	子女	519	51.0
	不需要别人照顾	93	9.2
	其他人	42	4.1
平时谁陪伴最多，交流最多	配偶	530	52.0
	子女	343	33.7
	朋友	93	9.2
	其他人	52	5.1
家里需要修修补补的时候，一般会找谁解决	自己或配偶	405	39.8
	子女	499	49.0
	自聘保姆/钟点工	10	1.0
	花钱请人修	73	7.1
	其他人	31	3.1
主要休闲娱乐项目	聊天	758	74.5
	看电视	717	70.4
	棋牌	166	16.3
	看报纸	104	10.2
	其他	332	32.7
本社区或附近有没有养老院、日间照料中心	有	602	59.2
	没有	332	32.7
	不知道	62	6.1
是否了解养老院、日间照料中心、福利院	非常了解	73	7.1
	基本了解	156	15.3
	了解很少	353	34.7
	完全不了解	416	40.8
对养老院、福利院、老年公寓等养老机构的总体印象如何	较好	52	5.1
	一般	42	4.1
	较差	10	1.0
	缺失	914	89.8

续表

项目	类别	人数	占比
希望在哪些地方养老	公立养老机构	62	6.1
	商业老年公寓	10	1.0
	与子女一起，住在家里养老	821	80.6
	与子女分开，住在家里养老	114	11.2
	其他	10	1.0
如果行动不便（不能自理）的时候，更希望哪一种居住方式	与配偶居住	83	8.2
	与子女一起居住	841	82.7
	住普通养老院	73	7.1
	说不清	10	1.0
	其他	10	1.0
到医院是否享受过不排队等绿色通道服务	挂号不排队	52	5.1
	看病不排队	21	2.0
	缴费不排队	21	2.0
	取药不排队	21	2.0
	都没有	499	48.9
	不知道	405	39.7

二 居家养老的政策支持及效果评价

（一）政策支持

居家养老的方式使老年人能在自己熟悉的环境享受养老服务，降低其孤独感和不适应感。将养老服务委托给专业的养老服务组织，能够使老年人享受更加专业、更加周到的服务，使老年人的生活质量有“质”的飞跃。与此同时，通过政府购买居家养老服务的方式给老年人提供养老服务，在一定程度上可减轻家庭照料的负担。例如，子女在工作或者出差时，很难兼顾老人，无法为其提供较好的照料；很多家庭在提供基本的物质照料的同时，很难兼顾老年人精神文化方面的需求。而政府购买养老服务的方式在很大程度上弥补了这些缺陷，不仅提高了老年人的生活品质，而且减轻了家庭负担，有利于家庭和谐，因而受到政府的重视。

2017 年，国务院印发了《“十三五”国家老龄事业发展和养老体系建设规划》，规划中提出加快建立“统一开放、竞争有序”的市场体系，使养老服务和产品供给主体更加多元化[①]，政府购买居家养老服务被放在了重要的位置。2014 年，四川省制定了《四川省政府购买居家养老服务实施办法》，以政府购买服务的方式，构建居家养老支持服务机制，为高龄和困难老人提供居家养老支持服务。政府购买居家养老服务的承接主体主要包括各级公办养老机构、民办养老机构、农村社区日间照料中心、其他社会养老服务组织，以及有组织的公益性岗位社工等。[②]

四川省政府购买居家养老服务的内容比较广泛，以助餐、助浴、助洁、助急、助医等为主要支持服务。具体服务内容与服务对象数量等，由政府根据实地情况与购买能力研究确定。根据各地实践，主要包括以下四类。①生活照料：提供上门服务，买菜做饭、打扫卫生、收拾房间、洗衣缝衣、房屋修缮、上街购物、上门就诊、问诊寻医、病床陪护、临终关怀等；建立日托中心，提供理发仪容等服务；建立助餐服务点，提供餐食服务。②医疗保健：完善医疗保险、开展医养结合服务、开通问诊绿色通道、设立家庭医生、完善疾病救助、拓展康复训练、设立康复基地等。③精神慰藉：上门陪伴聊天，节日亲情关怀，日常心理疏导，提供文化娱乐设施，组织舞蹈、棋牌、插花等娱乐活动。④其他服务：法律援助、安全保障服务、特殊需求服务。

政府购买居家养老服务的对象包括三类，即：60 岁及以上的散居城镇“三无”老人、散居农村“五保”供养对象；60 岁及以上的居家养老农村低收入家庭中的失能老人、残疾老人和独居老人；农村低收入家庭中 80 岁及以上居家养老的老人。符合条件且愿意接受养老支持服务的老人，需要向居委会提出申请，再经由具体流程进行审核。

---

① 《国务院印发〈“十三五”国家老龄事业发展和养老体系建设规划〉》，中华人民共和国中央人民政府网站，2017 年 3 月 6 日，http://www.gov.cn/xinwen/2017-03/06/content_5174100.htm。

② 《四川省政府购买居家养老服务实施办法》，米易县人民政府网站，2020 年 6 月 8 日，http://www.scmiyi.gov.cn/zwgk/zdlyxxgk/shjz/1611236.shtml。

（二）效果评价

1. 全方位服务正在展开

目前，四川正在努力推进社区居家养老的“三位一体”，即智能化、医养结合、养教结合的综合养老社区服务综合体。通过政府支持、产业引导、业主众筹等方式，开展老年人居家养老适老化改造。将老年人照护培训服务纳入政府购买的服务项目内，并且引入社会资本参与居家养老机构的建设。探索家庭喘息服务机制，对长期需要由家庭成员居家照护的失能、失智老年人，通过政府购买服务的方式，提供临时性替代照护服务。由机构把专业的养老服务带入家庭，同时还将探索设立“家庭照护床位”。全面建立居家探访制度，鼓励家政和物业等社会主体开展陪医、代购、巡访等养老服务。完善“三社联动”机制，引导社会组织、专业社工、志愿者等整合多方力量，实现区域内老年人就近养老。

2. 服务规模正在扩大

四川省已经设置每人不低于300元/年的津贴标准，通过政府购买服务向居家养老的老年人提供支持与帮助，累计服务老年人达1100万人次。全省创新推进“互联网+养老”的新模式，90%的市、县已搭建居家养老服务的信息平台，有机结合线上与线下2万余个服务资源，为220余万名老年人提供居家养老服务。同时开展了80岁及以上困难老年人家庭适老化改造试点，现在已经惠及了1.5万户困难高龄老年人家庭。①

3. 服务质量正在提升

政府通过招标的方式向社会组织购买服务，与专业性强的社会组织合作，通过对服务人员的培训，提升服务人员的专业水平和专业素养，打造居家养老服务专业人才队伍，充分发挥社会组织专业优势，大大提高了服务效率与服务质量。建成集智慧养老、医养融合、生活服务于一体的综合养老服务体验中心，建立互联共享智慧养老平台，实现服务精准供给，为老年人提供科学、及时、便捷、有效的居家养老服务。

---

① 《四川购买居家养老服务内容披露 每人每年不低于300元》，四川省人民政府网站，2014年10月10日，http://www.sc.gov.cn/10462/10464/10797/2014/10/10/10315037.shtml。

4. 促进了社会组织发展

通过政府采购、购买服务等形式培育、扶持发展非营利性民间组织、社会团体等专业化社会组织，积极推动专业化社会组织下沉社区积极参与居家社区养老服务。大力发展养老志愿者服务，引导和鼓励社区低龄老人、青少年、在职人员等从事为老服务义工工作，鼓励辖区内企业员工加入养老服务志愿者队伍。探索实行“时间银行”志愿服务制度，志愿者服务时间可用于本人或其父母异地接受养老服务。这极大地促进了社会养老组织及民营养老机构的发展。

第八章　四川省社区养老的发展

社区是聚居在一个公共区域内，具有共同利益的生活共同体。社区可以为养老服务提供丰富的资源，因而成为养老服务的重要载体。社区养老模式是我国基本的养老模式之一。社区养老一般是在家庭的基础上进行的，所能提供的服务包含看护、照顾、精神抚慰等。从服务方式上可将其分为两类，即上门服务与社区照料。很多地区会通过政府购买服务的形式引入专业化养老机构，主要项目有兴办养老、托老福利机构，搭建老年人生活购物超市和生活服务中心，开办老年人食堂和提供助餐服务，引入老年人基础医疗保健团队，建立老年人文体活动中心，组织建设老年婚介交流所，开办老年大学，组织开展老年人法律援助、临终关怀服务等。社区养老模式的特点在于老年人留住在自己家中，不出家门就可以体验到社区的照料。不仅不用远离家，还可以得到子女的看望和照顾。如果遇到突发事件或是突发疾病，可以第一时间得到社区或是有关服务机构的帮助。

一　社区养老的发展历程和现状

（一）社区养老的发展历程

1. 不断明晰发展方向的阶段（2008～2014年）

1987年初，民政部第一次提出“社区服务”的概念，提出建立和完善社区服务体系，其中就包括为老年人的服务。1993年，为进一步推动和规范社区服务的发展，国务院14个部委联合颁布《关于加快发展社区服务业的意见》，其中对社区服务的性质、内容、目标、管理等都做出了明确的规定，这份文件的出台，激发了社区服务的内在活力，很快就形成了迅猛发展的势头。2008 年年底，民政部部长在全国民政工作会议上提出，要建立完善的“以居家为基础、社区为依托、机构为补充”的养老服务体系，养老服务体系建设进入实施阶段。2013 年 10 月，首个健康服务业文件——《国务院关于促进健康服务业发展的若干意见》（国发〔2013〕35 号）问世，其中提到要发展专业护理服务，减轻家庭和社会负担，为老年人提供日间照料、“全托”等服务。

2. 明确发展目标的阶段（2015～2017 年）

2015 年，四川省人民政府办公厅发布《关于印发〈四川省养老与健康服务业发展规划（2015—2020 年）〉的通知》，提出要发展“多样化的养老服务”，即加快发展社区养老服务，完善社区日间照料中心、社区卫生服务站等功能，提高日常护理、慢性病管理、康复、中医保健等服务能力。

2016 年 8 月，四川省人民政府依据《关于加快推进医疗卫生与养老服务相结合的实施意见》的相关指示，推进医疗与养老服务深度融合。加强社区卫生服务中心（乡镇卫生院）与社区日间照料中心、托老所、居家养老服务站点等社区养老服务机构的合作，探索为失能半失能老年人设立“家庭病床”，与老年人家庭建立签约服务关系，提供连续的健康管理与医疗服务。

四川省依据《关于全面放开养老服务市场提升养老服务质量的若干意见》相关文件精神，推进居家社区养老服务全覆盖。开展老年人养老需求评估，加快建设社区综合服务信息平台，对接供求信息，提供助餐、助洁、助行、助浴、助医等上门服务，提升居家养老服务覆盖率和服务水平。依托社区服务中心（站）、社区日间照料中心、卫生服务中心等资源，为老年人提供健康、文化、体育、法律援助等服务。鼓励建设小型社区养老院，满足老年人就近养老需求，方便亲属照护探视。

2017 年，四川省卫生和计划生育委员会在对《关于支持医养结合发展的建议》第 0782 号提案答复中提到，目前《老年人建筑设计规范》《养老设施建筑设计规范》《社区老年人日间照料中心建设标准》《四川省养老服务社会化示范社区建设规范》等标准已出台，下一步四川省将探索建立养老服务标准体系，制定民政、卫生、人社等部门共同认可的老年人需求护理等级评价标准，优先制定管理和服务标准，探索推进行业标准、社会团体标准制定工作，出台更多医养结合和康养社区建设方面的标准和管理办法。

2017 年，《四川省医养结合机构服务规范（试行）》中提到两个新概念。一是“医联体－社区养老联合体”：社区居家养老服务机构与医联体合作共建的医疗养老联合体。二是“社区居家养老服务机构”：依法登记注册从事社区居家养老服务活动，为本社区或周边社区的老年人提供日托、短托及上门服务的基层养老服务中心，如社区健康服务中心、老年人日间照料中心、居家养老服务中心等。该服务规范对相关场地、设施、环境、人员等基本要素，服务模式、机构设置以及服务保障都做出了相关规定。

3. 加速发展阶段（2018 年至今）

2018 年 1 月，为贯彻落实《国务院办公厅关于制定和实施老年人照顾服务项目的意见》（国办发〔2017〕52 号）精神，积极应对人口老龄化，做好老年人照顾服务工作，经省政府同意，结合四川省实际，四川省人民政府办公厅发布了《关于制定和实施老年人照顾服务项目的实施意见》，在全省实施高龄津贴制度，明确提出到 2020 年全面建立 80 岁及以上老年人高龄津贴普惠制度。老龄事业和老龄产业政策体系更加健全，以居家为基础、以社区为依托、以机构为补充、医养相结合的多层次、智能化养老服务体系更加完善。发展居家社区养老服务，城乡社区定期上门巡访独居、空巢老年人家庭，帮助解决具体困难。加强社区养老服务设施与社区综合服务设施的整合利用，鼓励通过委托管理等方式将社区养老服务设施无偿或低偿交由专业化的居家社区养老服务项目团队运营。

另一重要文件《四川省老年人权益保障条例》，由四川省十三届人大常委会修订通过并公布，自 2018 年 10 月 1 日起施行，条例鼓励和支持城乡社区发挥供需对接、服务引导等作用，汇集居家养老服务信息，引导社区服务中心（站）、社区日间照料中心、卫生服务中心为老年人提供心理辅导、代购、家政、送餐、维权、医疗卫生、殡葬等精准化、个性化、专业化服务。

2018 年 9 月，四川省人民政府办公厅印发了《四川省医疗卫生与养老服务相结合发展规划（2018—2025 年）》，提出要推进医疗卫生服务向社区家庭延伸。鼓励基层医疗卫生机构将医疗、护理、康复、健康管理等服务延伸至家庭，优先为老年人开展家庭医生签约服务，向老年人提供居家健康养老服务。为社区高龄、重病、失能半失能以及计划生育特殊家庭等行动不便或确有困难的老年人提供定期体检、上门巡诊、家庭病床、社区护理、健康管理等基本服务。积极探索建立医疗护理与养老服务转介机制，鼓励有条件的养老机构承接医疗机构内需长期照护的失能半失能老年人，逐步解决医疗机构老年患者“压床”问题。鼓励医疗卫生机构和医务工作志愿者定期为老年人开展义诊。充分发挥医院志愿者服务作用，为行动不便的老年人提供门诊导医、出院随访等服务。

2019年3月，四川省经济和信息化厅等3个部门联合发布《四川省智慧健康养老产业发展行动方案（2019—2022年）》，指出要加快四川省智慧健康养老产业发展，医养结合思路明晰。推广智慧健康养老服务，支持医疗卫生机构、养老机构及符合条件的第三方企业或社会组织，搭建互联网信息平台，发展慢性病管理、居家社区健康养老、互联网健康咨询、生活照护、养老机构信息化等智慧健康养老服务。创新“互联网+居家社区养老”服务模式，推动线上线下互动结合发展，打造一批微型智慧养老院和智慧养老社区。重点任务包含居家社区健康养老保障行动：以老年人健康评估为基础，完善健康养老监测评估体系。提出社区养老服务设施应与卫生、助残等公共服务设施统筹布局、互补共享，在社区养老服务机构配备护理人员、康复护理设施设备和器材。同时，鼓励支持老年人日间照料中心、老年人活动中心、托老所等社区养老服务设施与周边医疗机构建立合作关系，实现社区养老机构医疗服务全覆盖。支持基层医疗机构开设老年门诊、老年病科，增设康复、护理、安宁疗护等老年医疗护理床位。支持乡镇卫生院、养老院“两院一体”发展。支持社会力量管理运营养老服务机构和设施。

紧接着，四川省卫生健康委印发《2019年全省老龄健康工作要点》，提出要全域推进医养结合发展，突出品牌示范引领作用；推动社区医养结合服务中心建设，扩大社区养老、护理床位供给；充分发挥财政资金的撬动作用，重点培育具有引领带动作用的省级项目，推动医养结合全域发展，积极创建医养结合示范省。同年，四川省人民政府办公厅印发《关于推进四川养老服务发展的实施意见》，提出在全省实施居家社区养老服务提质增效、机构养老服务提档升级、农村养老服务补短板、养老服务功能拓展、养老服务消费促进、养老服务人才队伍建设、综合监管能力提升七大工程，促进养老服务高质量发展，更好地满足养老服务需求。

2021 年，为推动“四川省创建全国医养结合示范省”，四川省全面推进居家社区养老服务提质增效工程，建立基本养老服务制度，制定服务清单，开展老年人能力综合评估。支持家庭承担养老功能，完善社区居家养老服务网络，加强社区养老服务综合体建设，推动专业机构服务向社区延伸，整合利用存量资源发展社区嵌入式养老，打造城市居家和社区 15 分钟养老服务圈。

（二）社区养老的现状

课题组对 10 个县（区）的 1400 名社区养老的老年人进行问卷调查，获得有效问卷 1068 份，其中城市社区获得有效问卷 600 份，农村社区获得有效问卷 468 份。现将问卷统计结论介绍如下。

1. 基本情况

调查数据显示，在性别特征方面社区养老老年人的性别比例表现出女多男少的态势。城市中，社区养老的女性老年人占比达 58.0%，而男性老年人的占比仅为 34.7%；农村中，社区养老的女性老年人占比达 65.8%，而社区养老的男性老年人占比仅为 29.9%（见表 8－1）。社区养老作为居家养老的重要补充形式，其养老群体的性别特征在城乡呈现相似的态势。

在年龄结构方面，社区养老老年人的年龄由低到高呈阶梯形分布。其中，以 60～69 岁的低龄老年人居多，占比为 50.7%；其次是 70～79 岁的中龄老年人，占比为 40.7%；最后是 80 岁及以上的高龄老年群体，占比仅为 8.7%（见表 8－1）。这说明低龄、中龄老年人的自理能力较强，具有居家和社区就近养老选择的绝对优势和强烈意愿。受传统养老观念的影响，当老年人生活能够自理时，居家和社区就近养老依然是老年人的第一选择，而当老年人自理能力不足时，机构养老才会成为部分老年人的第二顺位养老安排。

在受教育程度方面，社区养老的老年人呈现较大的城乡差异。城市中，受教育程度小学及小学以下的占36%，初中及以上共占62%，其中大专及以上占14%。而农村中，小学及以下的占91.4%，初中及以上的仅占7.7%（见表8－1）。文化差异可能导致其对社区养老的了解及需求程度不同。

表8－1　四川省社区养老老年人基本情况

单位：人，%

项目	类别	城市		农村	
		数量	占比	数量	占比
性别	男	208	34.7	140	29.9
	女	348	58.0	308	65.8
	失访	44	7.3	20	4.3
年龄	60～69岁	304	50.7	268	57.3
	70～79岁	244	40.7	180	38.5
	80岁及以上	52	8.7	20	4.3
受教育程度	文盲或半文盲	80	13.3	268	57.2
	小学	136	22.7	160	34.2
	初中	168	28.0	32	6.8
	高中或中专	120	20.0	4	0.9
	大专及以上	84	14.0	0	0.0
	失访	12	2.0	4	0.9

2. 社区养老老年人健康状况

社区养老老年人慢性病患病率较高，自理能力尚可。城市社区接受调查的人群中，68.0%的老年人可以完全自理，不能自理的老年人仅占3.3%，但患有慢性疾病的老年人有66.7%，无慢性病的老年人为21.3%，排名前6位的慢性病分别为高血压（32.7%）、失眠（16%）、颈腰椎病（14%）、糖尿病（12.7%）、心脏病（9.3%）、疼痛（9.3%）。农村社区接受调查的人群中，73.5%的老年人可以完全自理，无不能自理的老年人，但患慢性病的老年人有66.7%，无慢性病的老年人为20.5%，排名前5位的慢性病分别为失眠（26.5%）、高血压（17.1%）、糖尿病（17.1%）、颈腰椎病（17.1%）、疼痛（17.1%）（见表8－2）。

社区养老老年中患有慢性疾病的占一半以上，因此对慢性病的指导和管理存在一定的需求量；失眠和高血压均为城乡社区养老老年人中患病率较高的疾病，社区养老照护中有必要对此予以相关指导建议，并对慢性病控制予以对应的访问调查。

表 8－2 四川省社区养老老年人健康状况

单位：人，%

项目	类别	城市		农村	
		数量	占比	数量	占比
自理能力	完全自理	408	68.0	344	73.5
	部分自理	24	4.0	28	6.0
	不能自理	20	3.3	0	0.0
	未选	148	24.7	96	20.5
是否患有慢性病	有	400	66.7	312	66.7
	无	128	21.3	96	20.5
	未选	72	12.0	60	12.8
患慢性病类型	高血压	196	32.7	80	17.1
	失眠	96	16.0	124	26.5
	颈腰椎病	84	14.0	80	17.1
	糖尿病	76	12.7	80	17.1
	心脏病	56	9.3	0	0.0
	疼痛	56	9.3	80	17.1
	未选	36	6.0	24	5.1

3. 社区养老老年人社会经济情况

（1）个人经济收入

调查数据显示，城市社区参与调查的人群中，排名前 3 位的收入情况分别是 2000～2499 元、3000～4999 元、1200～1599 元，占比分别为 18%、16%、12%，可见城市社区养老老年人具有较好的经济保障。农村社区参与调查的人群中，排名前 3 位的收入情况分别是 1200～1599 元、1600～1999 元、无收入，占比分别为 28.2%、15.4%、9.4%，可见农村社区养老老年人经济状况普遍不良（见表 8－3）。

表 8-3 四川省社区养老老年人收入情况

项目	城市		农村	
收入情况（元）	数量（人）	占比（%）	数量（人）	占比（%）
5000 以上	36	6.0	0	0.0
3000～4999	96	16.0	12	2.5
2500～2999	48	8.0	4	0.9
2000～2499	108	18.0	8	1.7
1600～1999	44	7.3	72	15.4
1200～1599	72	12.0	132	28.2
800～1199	36	6.0	28	6.0
400～799	4	0.7	36	7.7
399 及以下	16	2.7	36	7.7
无收入	0	0.0	44	9.4
失访	140	23.3	96	20.5

（2）医疗费用支付

调查数据显示，社区养老老年人医疗费用承担度尚可。患有慢性病的老年人需要长期服用相关药物，对于慢性病的药物费用问题，城市社区60.7%的老年人可以承担，18.0%的人基本能承担，有一定困难的占6.0%，完全不能承担的仅占0.7%，可见城市社区养老老年人人群慢性病的基本承担度较高，这得益于我国的医保制度和相关特需门诊等；农村35.9%的老年人对于慢性病的药物费用可以承担，29.1%的人基本能承担，有一定困难的占16.2%，完全不能承担的仅占2.6%（见表8-4），整体承担度也较高，但与城市社区相比，依旧较低，推测与收入及受教育程度相关，城市社区人群收入及受教育程度比农村更高。

表 8-4 四川省社区养老老年人医疗费用承担情况

单位：人，%

项目	城市		农村	
能否承担	数量	占比	数量	占比
能	364	60.7	168	35.9
基本能	108	18.0	136	29.1

续表

项目	城市		农村	
能否承担	数量	占比	数量	占比
不好说	16	2.7	8	1.7
有一定困难	36	6.0	76	16.2
不能	4	0.7	12	2.6
未选	72	12.0	68	14.5

4. 社区养老服务情况

(1) 日常照料

在日常照料方面，社区养老老年人子女的可陪同程度较高。城市社区中，有67.3%的老年人的子女可以陪同其看病，72.0%的老年人的子女必要时可以陪同其购物。农村社区中，有60.7%的老年人的子女可以陪同其看病，62.4%的老年人的子女必要时可以陪同其购物（见表8－5）。无论是城市还是农村，社区养老老年人的子女在老人需要时，多数可以陪同父母完成必要的生活需求。

表8－5 四川省社区养老老年人子女陪伴情况

单位：人，%

项目	类别	城市		农村	
		数量	占比	数量	占比
子女能否陪同看病	能	404	67.3	284	60.7
	不能	36	6.0	48	10.3
	还不需要	24	4.0	28	5.9
	未选	136	22.7	108	23.1
子女能否陪同购物	能	432	72.0	292	62.4
	不能	24	4.0	64	13.7
	未选	144	24.0	112	23.9

(2) 养老方式的选择

在养老方式的选择方面，城市社区中，选择家庭养老的老年人占64.0%，选择机构养老的占17.3%，选择社区养老的占4.7%；农村社区中，选择家庭养老的占80.3%，选择机构养老的占2.6%，选择社区养老的占5.1%（见表8－6）。城市和农村的老年人对于养老方式的选择多是家庭养老，可能是受我国传统文化因素的影响，对比看来，城市老年人对于机构养老的接受度有一定的提升，推测与老年人受教育程度相关。

表8－6　四川省社区养老老年人养老方式的选择情况

单位：人，%

项目	城市		农村	
	数量	占比	数量	占比
家庭养老	384	64.0	376	80.3
机构养老	104	17.3	12	2.6
社区养老	28	4.7	24	5.1
以房养老	4	0.7	0	0.0
其他	24	4.0	8	1.7
未选	56	9.3	48	10.3

（3）对社区养老的了解与需求

在对社区养老模式的了解程度方面，有所耳闻的城市老年人占40.0%，农村老年人占14.5%；未听说过社区养老模式的城市老年人占49.3%，农村老年人占77.8%（见表8－7）。由此可推测老年人未选择社区养老可能是缘于对该养老模式的不了解。对养老方式的调查显示，虽然一半以上的老年人选择家庭养老，但在对社区养老需求的调查中，经调查员宣传推广社区养老具体内容后，城市社区老年人表示非常需要的占比为7.3%，比较需要的占36.0%，不太需要的仅占8.0%；而在农村对社区养老的需求调查中，完全不需要的仅有4.3%，非常需要的占4.3%，比较需要的占20.5%（见表8－7）。因此，应该加强对社区养老的宣传及宣教，由社区组织老年人参观相关机构，提升居民对其的了解度。

在对于上门护理服务的需求方面，城市中，有60.7%的老年人表示暂不需要。在调查中，身体健康的老年人占绝大多数，且患病者以慢性疾病为多，自我健康评价尚可，未丧失自理能力，所以对上门护理的需求暂时不高。但对于假设问题（如果有上门服务的要求）除选项空白的问卷，多数老年人表示，若费用合理则可以接受。在对于是否需要上门护理服务的调查中，农村社区中有80.3%的老年人表示暂不需要，同样，对于假设问题（如果有上门服务的要求），13.7%对费用是否合理表示关注（见表8－7）。

表8－7 四川省社区养老老年人对社区养老的了解和需求情况

单位：人，%

项目	类别	城市		农村	
		数量	占比	数量	占比
是否听过社区养老	没有	296	49.3	364	77.8
	听说过	240	40.0	68	14.5
	未选	64	10.7	36	7.7
对社区养老的需求	非常需要	44	7.3	20	4.3
	比较需要	216	36.0	96	20.5
	难说	64	10.7	60	12.8
	不太需要	48	8.0	76	16.2
	完全不需要	0	0	20	4.3
	未选	228	38.0	196	41.9
对上门护理服务的需求	是	20	3.3	8	1.7
	否	364	60.7	376	80.3
	未选	216	36.0	84	17.9
对服务的要求	费用适度	36	6.0	64	13.7
	服务专业	16	2.7	16	3.4
	服务人员素质高	0	0	4	0.9
	服务内容全面	4	0.7	8	1.7
	其他	4	0.7	8	1.7
	未选	540	89.9	368	78.6

（4）社区养老配套设施情况

从调查数据看，约73.3%的城市调查人群居住地周围有社区养老配套设施，相较于农村社区有明显的优势。由于周围社区养老机构的存在，城市调查人群中对社区养老的了解程度尚可，基本了解的占41.3%，非常了解的占5.3%，而了解很少的占11.3%，完全不了解的占14.7%（见表8－8）。调查显示，城市社区养老老年人对社区养老主观感受较好的占18.0%，一般的占36.7%，而42.7%的人没有填写此选项，预测可能由于对该模式的实际情况了解不多，无法评价。

约 64.1% 的农村调查人群居住地周围无社区养老配套设施，12.0% 的老年人不了解居住地附近是否有社区养老配套设施，而居住地周围有社区养老配套设施的仅占 15.4%，社区养老的配套设施建设以及宣传力度有待进一步加强。由于周围社区养老配套设施的缺失，农村调查人群中对社区养老有一定了解程度的人非常少，基本了解的占 21.4%，非常了解的只占 1.7%，了解很少的占 31.6%，完全不了解的占 35.9%，一半以上的老年人对社区养老没有系统的了解和认识，或是接受了相关社区养老的服务但不知道该服务内容属于社区养老范畴。在社区养老印象的调查中，老年人主观感受认为社区养老较好的占 17.1%，一般的占 35.0%，有 42.7% 的人没有填写此选项，可能由于其对于该模式知之甚少，无法评价。因此，应加大农村社区养老建设及宣传力度，提升农村人民对社区养老的认识。

表 8-8 四川省老年人生活附近的社区养老配套设施情况

单位：人，%

项目	类别	城市		农村	
		数量	占比	数量	占比
附近有无社区养老配套设施	有	440	73.3	72	15.4
	没有	0	0	300	64.1
	不知道	0	0	56	12.0
	未选	160	26.7	40	8.5
是否了解社区养老	非常了解	32	5.3	8	1.7
	基本了解	248	41.3	100	21.4
	了解很少	68	11.3	148	31.6
	完全不了解	88	14.7	168	35.9
	未选	164	27.3	44	9.4
对社区养老的印象	较好	108	18.0	80	17.1
	一般	220	36.7	164	35.0
	较差	16	2.7	24	5.1
	未选	256	42.7	200	42.7

综上所述，社区养老模式目前还只是居家养老和机构养老的有效补充。有养老照护需求但不愿离家，或是有社会交往需求又不愿去养老机构的老年人，更容易接受社区养老服务。另外，养老模式的选择与老年群体的婚姻状况、性别和受教育程度有一定的相关性。社区养老是居家养老模式的社会化拓展，是以老年人的居家养老模式为基础、以熟人环境为支撑开展的养老服务，为居家养老能力不足又难以脱离熟人网络的老年人提供了多元的养老选择。

二　社区养老服务的内容及评价

（一）社区养老基础服务

1. 经济供养

经济供养主要针对“三无”老人、困难“空巢”老人、残疾老人及高龄老人等在生活上有很大困难的老年人。根据各地的不同情况，形式也各不相同，大多数的城市和社区老年人通过资格审核后，由社区直接发放货币，根据当地的生活水平及经济条件决定发放数额。

2. 生活照料

生活照料根据老年人的自理情况，分为日间照料和上门服务两种。日间照料服务由社区服务中心或社区养老资源站提供场所，老年人日间到场所接受照料，夜间回家；上门服务以家政服务和护理服务为主，包括上门送餐、洗衣、陪护、打扫居室卫生、医疗康复、陪送看病等。

3. 精神慰藉

这项服务主要是针对无子女及亲人不在身边的老年人，主要的形式是社工或社区服务人员定期到老年人家中家访、聊天，及义工家庭与老年人家庭结对子，定期到老年人家中聚会等。形式单一难以满足需求是这项服务的最大缺陷。

4. 生活娱乐

社区中的老年生活娱乐设施惠及所有老年人，由国家出资或当地政府与社区中的企业共同出资建立，这些娱乐设施一般不收取费用，老年人可以根据自己的兴趣爱好选择。主要包括社团（如合唱团、秧歌队、太极拳社团）、老年大学、老年图书馆等。

（二）社区养老拓展服务

以老年人最关注的养老需求为切入点，部分社区还发展了医疗保健服务、长期照护服务、紧急救援服务、出行辅助服务等形式。

1. 医疗保健服务

针对老年人的医疗保健服务，以社区或街道为单元，借助社区卫生服务中心，就近及时地为社区老人提供基础医疗、健康检测、分析、评估等服务，有针对性地给出健康指导，制定个性化的养生、饮食及运动方案。

2. 长期照护服务

人口老龄化带来的问题之一就是空巢独居老人、慢性病老人数量的增加，老年人对居家延续性照护或长期照护的需求日益突出。因此，部分小区或社区开始发展长期照护服务，有计划地设立“护理之家”“家庭病房”“长照护理员”等，为辖区老人提供延续性的健康照护服务，如日间照料、家庭康复、生活介护、用药提醒等。

3. 紧急救援服务

某些智慧康养社区设有专门的紧急救援系统，在老人家中安装报警按钮或报警电话，可实现一键视频或通话，另为老人配备可穿戴移动监测设备，通过互联网平台，实现与社区中心、物业中心、医疗机构等的对接，及时发现并定位出险老人所在位置，为独居、突发疾病的老年人提供快速救援，保障老年人居家生活的安全无忧。①

4. 出行辅助服务

出行安全也是养老服务需要关注的重要内容。部分社区可通过互联网平台，借助智能穿戴设备、社区监控系统实现对出行老人的实时运动监测、出行定位等。老人突发意外时，可利用智能穿戴设备进行一键紧急呼叫，社区及时根据实时定位展开救援。另外，社区可通过互联网平台搭建出行预约中心，为出行老人提供车辆预约或出行陪伴服务。

---

① 郑玉玲、康望星：《以需求为导向的智慧康养社区服务内容研究》，《智能城市》2019 年第 24 期。

（三）社区养老服务评价

1. 社区卫生服务机构与人员增多

截至2020年年底，全省共有社区卫生服务中心（站）1058个，其中社区卫生服务中心459个，社区卫生服务站599个。与2019年相比，社区卫生服务中心增加26个，社区卫生服务站减少7个。社区卫生服务中心卫生人员23597人，平均每个中心51.40个卫生技术人员；社区卫生服务站卫生人员3567人，平均每站5.95个卫生技术人员。[①]

2. 社区养老服务设施建设逐步完善

各地积极探索，多措并举，采取新建、改造、整合资源等方式，增加社区养老服务设施供给。一是分区分级规划设置养老服务设施，民政部门参与规划、验收、移交和管理，保证设施落地到位。二是整合利用社区各类闲置资源，优先用于改造建设居家和社区养老设施。三是推动在社区设立嵌入式养老机构，鼓励养老机构向周边社区提供服务，推动居家养老、社区养老和机构养老一体化发展。

在现有政策指导下，推进社区养老设施的建设。鼓励社区卫生服务机构、乡镇卫生院利用现有资源，为失能老年人提供集中或居家医养服务。乡镇卫生院、养老院统筹规划、毗邻建设、协同发展，鼓励各地将乡镇行政区划调整改革后闲置的公共服务用房用于改建医养结合机构。鼓励社会力量兴办社区康复、护理站，主动承接社区医养服务。

3. 社区医养服务模式不断创新

社区养老服务不断成熟化、智慧化。社区卫生服务中心设立以日间护理为重点的社区卫生服务站，为社区老年人提供基本医疗、日间介护、慢性病管理、康复护理、生活援助等服务。支持医疗卫生机构通过派驻、托管、协议合作等方式为社区各类养老服务机构提供医疗卫生服务。鼓励基层老年协会、基层群众性自治组织等开展互助式养老服务。

4. 社区养老服务更加精准

经过10多年的发展，四川省的社区养老服务更加精准，特别是省会成

① 《2020年四川省卫生健康事业发展统计公报》，四川省卫生健康委员会网站，2020年3月8日，http://wsjkw.sc.gov.cn/scwsjkw/njgb/2021/3/18/3708f81e78584f5b8a5ca4a1872c033b.shtml。

都市，通过绘制“关爱地图”，开展精准化社区养老服务。[1] 成都市对全市高龄、独居、空巢、失能等特殊困难老年人开展摸查工作，绘制集老年人动态管理数据库、老年人能力评估等级档案、养老服务需求、养老服务设施于一体的养老“关爱地图”。一是实现精准快速救助。开展养老服务需求和老年人能力评估，全面摸清 60 岁及以上低保老人、80 岁及以上高龄老人、空巢（留守）老人、低收入家庭中的残疾老人、计划生育特殊困难家庭老人等特殊群体的分布情况及老年人身体状况、经济来源、养老服务需求。为老服务队伍、为老服务机构通过“关爱地图”，及时为他们提供生活照料、医疗护理、精神慰藉、文化娱乐等服务，切实消除服务获取障碍，做到关爱援助精准快速。二是搭建供需精准对接平台。老年人通过“关爱地图”搜索就近的养老服务组织或企业、社区日间照料中心、老年大学、就餐服务点、养老机构、医院、超市等信息，可以快速查询养老服务设施的收费、服务等情况，结合自身需求，有针对性地选择养老服务。“关爱地图”解决了以往养老服务机构布局与老年人实际人数不匹配、服务内容与老年人实际需求不匹配的问题。

---

① 《全国居家和社区养老服务改革试点经验和典型案例汇编》，四川省老龄健康发展中心网站，2020 年 1 月 21 日，http://wsjkw.sc.gov.cn/scwsjkw/sclljk/2020/1/21/8be6128f33e2425a960888e205d0e1a2.shtml。

第九章　四川省机构养老的发展

机构养老是人口老龄化背景下，针对老年人的养老需求而逐渐发展起来的社会化养老方式。其组织结构、服务形式和服务内容等，与其他养老方式均有显著差异。与传统居家养老相比，机构养老是通过提供社会化养老服务来分担家庭的养老功能；与社区养老相比，机构养老服务能够为老年人尤其是自理能力受限的老年人提供更专业的服务。机构养老作为居家养老和社区养老的有力补充，成为养老服务体系中的重要组成部分，在社会养老服务供给中发挥着不可替代的作用。

一　机构养老的概述

（一）机构养老的概念

机构养老是指以社会机构为养老场所，依靠国家资助、亲人资助或老年人自备的形式获得经济来源，依靠专门的养老机构，如福利院、养老院、托老所等，统一为老年人提供有偿或无偿的生活照料与精神慰藉，以保障老年人安度晚年的一种服务型养老方式。①

（二）机构养老的分类

养老机构按形式可分为社会福利院、敬老院、养老院、日间托老所、老年公寓、临终关怀医院等；按投资和经营主体可分为公办公营、公办民营、民办公助和民办民营。

---

① 吴谅谅、钟李卿：《老了，去哪里养老——关于现存两种养老方式的调查》，《中国社会保障》2001年第1期。

（三）"医养结合"机构养老模式

"医养结合"可视为"整合照料"的子概念，它强调老年照料中的医疗和照护两个方面，并将医疗放在更加重要的位置上。区别于传统的生活照料养老服务，其不仅包括日常起居、文化娱乐、精神慰藉等服务，更重要的是包括医疗保健、康复护理、健康检查、疾病诊治、临终关怀等专业医疗保健服务。将"医养结合"这个机构养老服务理念升华到"模式"这一概念，必须围绕模式运行的制度、资源等各个方面进行全面阐述。

1. 个人层面

在个人层面上，"医养结合"主要体现在入住对象和服务内容两个方面。

一是入住对象。享受医养结合养老服务的入住对象为需要中长期专业医疗服务的老年人。一般来说，需要专业医疗服务的老年人大多为慢性病老年人、易复发病老年人、大病恢复期老年人、残障老年人以及绝症晚期老年人。但根据机构类型和来源的不同，医养结合养老机构不一定只收容上述老年人，有的养老机构可收容不同自理能力、健康状况的老年人，根据老年人身体状况变化在同一机构、不同医护层次的照护中享受持续照护。

二是服务内容。有学者将老年保障分为老年医疗、老年医疗护理、老年照顾。[①] 医养结合机构养老模式的服务内容除了传统养老机构提供的日常生活照料、精神慰藉、休闲娱乐服务外，还应当重点提供疾病诊治、住院护理、大病康复、临终关怀等具有一定水平的专业医疗服务。

2. 机构层面

在机构层面上，"医养结合"主要体现在服务主体的类型和准入条件两个方面。

一是服务主体。参照欧洲"整合照料"的机构分类，将机构层面的整合分成了两种：一是独立运行，即只由一个机构提供医养结合服务，包括具备医疗功能的养老机构和具备养老功能的医疗机构；二是联合运行，即

---

① 汤文巍、汤文璐、程晓明：《特大型城市老年医疗护理保障的对策研究》，《中国卫生经济》2002 年第 12 期。

由多个机构联合提供医养结合服务，主要是医疗机构同养老机构合作，以合作协议的方式将位置相近的医疗机构和养老机构联系到一起，当养老机构的老人突发疾病时可以第一时间到相近的医院救治，或者养老机构担当医院的病房功能，医院的医师和护士到养老机构对患病老人进行医治。

二是准入条件。根据运行方式不同，准入条件设置也存在差异：对于独立运行的养老机构，可以参考护理院的准入条件，要求必须配备多个临床科室、医技科室，一定资格和数量的专职医师和兼职医师、护理员和护士等；对于联合运行的养老机构，要求其本身必须具备一定数量的护理员，并以法定协议的形式明确与医疗机构之间的合作方式，包括来自医疗机构的专职医师、护士轮岗到养老机构驻守的时间、数量和资格，与养老机构签订合作协议的医疗机构必须至少为一级医院。

二 机构养老的发展历程和现状

（一）机构养老的发展历程

在机构养老发展过程中，国家制定了一系列管理控制政策，四川省根据这些政策的目的与功能，结合本省实际，积极贯彻实施，机构养老也随之不断发展。

1. 机构养老规划建设阶段（2000～2016年）

长期以来，在新修订的老年人权益保障法实施前，四川省对养老机构的管理主要依据民政部1999年发布的《社会福利机构管理暂行办法》和2001年省政府发布的《四川省社会福利机构管理办法》。直到2013年7月，新修订的《中华人民共和国老年人权益保障法》、民政部新公布的《养老机构设立许可办法》和《养老机构管理办法》正式实施。“一法两规章”对养老机构的设立许可、法律责任、服务内容等做出明确规定，四川省开始完善养老机构的管理机制。

2014年，四川省政府发布了《关于加快发展养老服务业的实施意见》，要求在全省19件民生实事中“支持新建、改造10万张养老床位，建设2000个城乡社区日间照料中心，通过政府购买服务为100万名困难家庭的失能老人和 80 岁及以上高龄老人提供居家养老服务支持”[①]。其中，新增公办养老机构床位 1.5 万张、新增民办养老机构床位 5.5 万张、维修改造公办机构床位 3 万张。

2014 年 7 月，为贯彻《养老机构设立许可办法》和《四川省人民政府关于加快发展养老服务业的实施意见》，四川省民政厅印发了《四川省养老机构设立许可实施办法》（以下简称《实施办法》）。《实施办法》坚持明确责任、规范程序、降低门槛、简化手续，逐步建立权责统一、公开透明、廉洁高效的许可工作运行机制，进一步规范了四川省养老机构设立许可，支持和鼓励社会力量兴办养老机构，促进全省养老服务业发展的具体措施。《实施办法》共 9 章 33 条，对养老机构的设立条件、许可权限、筹建指导、许可程序、许可管理、监督检查、法律责任等内容予以细化和明确，充分体现了指导性和可操作性。

2016 年 3 月，四川省《养老院建筑设计规范》正式实施。这也是四川省第一个针对全省范围内新建、改建及扩建的养老机构（院）的建筑设计标准，首次把对养老机构建设的硬件要求提上台面，进一步优化社会化养老环境。将 4 条强制性标准写入《养老院建筑设计规范》，内容包括二楼及以上有老人出入须设无障碍电梯、老年人住房不贴近电梯井和机房、地面要防滑、建筑色彩也应柔和温暖，强制性要求必须执行否则不允许开工建设。

2. 机构养老质量提升阶段（2017 年至今）

2016 年 8 月，四川省发布《关于加快推进医疗卫生与养老服务相结合的实施意见》，对养老机构提出了医养结合的质量要求，规定 50% 以上的养老机构要能够以不同形式为入住老年人提供医疗卫生服务。第一，每所三级医院至少与 2 ~3 所养老机构建立合作关系，每所二级甲等医院至少与 1 ~ 2 所养老机构建立合作关系，每所乡镇卫生院（社区卫生服务中心）与当地养老机构建立合作关系。鼓励养老院内设医疗机构，符合条件的可纳入医保范围。第二，从人才培养、医保支持多方面鼓励养老机构内设的医疗机构，给予医院“养老床位补贴”等优惠。支持有条件的养老机构开办

---

① 《关于加快发展养老服务业的实施意见》，四川省人民政府网站，2014 年 2 月 14 日，http://www.sc.gov.cn/10462/11555/11562/2014/6/28/10306038.shtml。

（或内设）医疗机构，提高养老机构基本医疗服务能力。养老机构开办的医疗机构在资格认定、职称评定、专业技术培训等方面与公立医疗机构享有同等待遇。养老机构内设的医疗机构符合条件的，可纳入基本医疗保险定点医疗机构协议管理范围。第三，鼓励社会力量兴办医养结合机构。鼓励社会资本投资健康养老服务领域，支持社会力量兴办“医养结合”机构及老年康复、老年护理等专业医疗机构。通过特许经营、公建民营、民办公助等模式，支持社会力量兴办非营利性医养结合机构。第四，在金融、保险、社会福利等方面提供政策支持，推进老年人健康体系的软件建设。加强队伍建设，提供人才保障；完善薪酬、职称评定等激励机制，鼓励医护人员到医养结合机构执业；指导督促高校及职业院校做好老年医疗护理相关专业设置规划，加强中医药健康养老人才培养。

2017 年民政部发布了养老服务质量管理的首个国家标准——《养老机构服务质量基本规范》，规定了养老机构服务的基本服务项目、服务质量基本要求、管理要求等内容，对全国养老机构服务质量迈入标准化管理新时代具有重大的意义。这项国家标准一方面填补了国家和四川养老机构服务质量的标准空白，另一方面明确了全国和四川养老机构服务质量的基准线、起跑线，同时为建立全国统一的养老机构等级标准打下坚实基础。

2018 年 2 月，四川省民政工作会议指出，要聚焦供给侧改革，以农村养老服务体系建设为突破点，力争形成一批可持续、可复制、可推广的成功经验，进一步建立健全农村留守老人关爱制度。启动《四川省养老机构条例》立法前期工作，落实全面放开养老服务市场、提升养老服务质量的相关政策。此外，持续加强养老服务规范化管理，制定居家养老服务管理规范、社区老年人日间照料中心等级划分、养老机构等级评定、养老机构入住老年人评估 4 个标准。全省继续大力发展养老产业，启动“老年友好型城市”和“老年宜居社区”创建工作。同年，四川省人民政府办公厅印发《四川省医疗卫生与养老服务相结合发展规划（2018—2025 年）》，要求健全完善医疗卫生机构与养老机构合作机制，大力推动养老机构开展医疗卫生服务，同时支持社会力量兴办医养结合机构。

截至 2019 年，全国各类养老服务机构和养老设施达将近 18 万个，养老服务床位超过 750 万张，社会力量兴办的养老机构已经超过了 50% 并且提供了近40%的养老床位。①

2021年，四川在养老服务业发展补助资金绩效指标中提出，新建城乡公办养老机构不少于12个，新增城乡公办养老机构床位不少于3000张，公办养老机构床位护理能力提升的不少于4000张，政府运营的养老机构床位占养老机构床位总数的比例不超过60%，养老服务体系建设不断完善。②养老服务机构兴办主体逐步从以政府为主转变为政府加大投入，民间资本、社会力量广泛参与、竞相发展的新格局，机构养老的服务质量得到进一步提升。

（二）机构养老的现状

为了准确开展机构养老现状调查，课题组对10个县（区）的1400名机构养老老年人进行了问卷调查，获得有效问卷1360份。其中在农村养老机构获得有效问卷660份，在城市养老机构获得有效问卷700份。

1. 基本情况

调查显示，在年龄结构方面，农村养老机构中80岁以上人口占多数，占比为55.8%，60～65岁人口占比最小，占总人数的0.6%；城市养老机构中同样也是80岁以上人口占多数，占总人数的77.1%，60～65岁人口占比最小，占总人数的2.3%（见表9－1）。由此可见，高龄老年人是机构养老的主要群体。

数据显示，机构养老中城市老年人受教育程度普遍高于农村老年人，城市与农村“文盲或半文盲”的占比分别为16.3%和30.9%（见表9－1）。受教育程度对于养老模式的选择有一定的影响，在传统观念比较重的老年群体中，文化水平越高的老年人对社会化养老的接受程度越高。

数据显示，在婚姻状况方面，机构养老的老年人大多是无配偶老年人（包含丧偶、分居、离异和未婚四种婚姻状态），城市以及农村无配偶老年人占比均在70%以上（见表9－1），尤其是城市地区，丧偶老年人选择机

① 《2019年民政事业发展统计公报》，中华人民共和国民政部网站，2020年9月8日，http://xxgk.mca.gov.cn:8011/gdnps/pc/content.jsp?id=15113&mtype=4。

② 《2019年民政事业发展统计公报》，中华人民共和国民政部网站，2020年9月8日，http://xxgk.mca.gov.cn:8011/gdnps/pc/content.jsp?id=15113&mtype=4。

构养老的比例更高。这充分说明婚姻关系对老年人的养老安排具有显著影响，处于生命周期末期的老年群体，配偶的陪伴和照料是其家庭生活质量的有效保障。

表9-1 四川省机构养老老年人基本情况

单位：人，%

项目	类别	城市		农村	
		数量	占比	数量	占比
性别	男	188	26.9	342	51.8
	女	512	73.1	318	48.2
年龄	60~65岁	16	2.3	4	0.6
	66~70岁	14	2.0	66	10.0
	71~75岁	40	5.7	90	13.6
	76~80岁	90	12.9	132	20.0
	80岁以上	540	77.1	368	55.8
受教育程度	文盲或半文盲	114	16.3	204	30.9
	小学	164	23.4	218	33.0
	初中	122	17.4	126	19.1
	高中/中专	120	17.1	72	10.9
	大专及以上	180	25.7	40	6.1
婚姻状况	有配偶	166	23.7	192	29.1
	无配偶	534	76.3	468	70.9

2. 机构养老服务现状

由于机构养老老年人的健康状况不佳、自理能力较差，养老机构在老年人居住期间会提供一定的医疗和照护服务，对老年人的疾病予以控制、生活予以照料。

数据显示，城市养老机构中，老年人对机构内的睡眠质量的满意度为“很满意”的占18.4%，“基本满意”的占66.0%，“不满意”及“很不满意”的共占14.7%；农村养老机构中，老年人对机构内的睡眠质量满意度为“很满意”的占20.6%，“基本满意”的占64.5%，有10.6%的老年人反映睡眠时间、睡眠质量无法达到满意的效果（见表9-2）。可以看出养老机构对老年人睡眠质量的保障工作做得并不完善。机构应当对无法保障睡眠的老年人适当地进行干预，如睡前泡脚、中药调理，或通过太极拳、太极剑等活动来改善老年人的睡眠情况。

在养老机构提供的定期健康体检方面，农村养老机构中，有7.1%的老年人觉得“满意”，44.8%的老年人“基本满意”，14.5%的老年人对定期的健康体检“不满意”，10.0%的老年人“很不满意”（见表9-2）。“不满意”原因为所在养老机构并没有组织体检，或者体检次数很少以及体检的项目十分有限。在城市养老机构中，进行定期健康体检服务的老年人，“很满意”与“基本满意”的占比分别为10.1%与32.6%。另外，城市养老机构的多数老年人有参加单位提供的定期体检，故未在此处填写。综合看来，养老机构的定期体检服务不够完善，老年人定期体检服务是养老机构亟待提高的项目之一。

表9-2 四川省机构养老老年人对机构服务的满意度

单位：人，%

项目	类别	城市		农村	
		数量	占比	数量	占比
睡眠质量	很满意	129	18.4	136	20.6
	基本满意	462	66.0	426	64.5
	不确定	6	0.9	28	4.2
	不满意	86	12.3	60	9.1
	很不满意	17	2.4	10	1.5
健康体检情况	很满意	71	10.1	47	7.1
	基本满意	228	32.6	296	44.8
	不确定	61	8.7	66	10.0
	不满意	251	35.9	96	14.5
	很不满意	25	3.6	66	10.0
	未选	64	9.1	89	13.5

3. *老年人的照护服务需求*

调查显示，在对于养老机构内老年人最需要的照护服务方面，农村老年人中，56.7%的老年人选择生活起居护理，26.1%的老年人选择饮食护理，6.1%的老年人需要心理护理，可见在农村老年人的认知里，养老机构主要是提供生活起居护理以及饮食护理的。在城市养老机构老年人的调查研究中，需求第一的是饮食护理，占32.0%；第二为用药护理，占20.6%；第三为康复指导，占20.3%（见表9-3）。除了基本的饮食起居护理，城市和农村老年人都对饮食护理都有较大的需求；在用药指导、康复指导方面，城市老年人的需求远高于农村老年人，原因可能是城市老年人能接收更多的相关信息，对于用药、康复指导等服务更加了解。然而，目前养老机构护理人员的专业度远远满足不了机构养老的老年疾病现状，相关专业人员的缺失和技能水平的不足，是四川省养老机构照护服务需要解决的主要问题，需要机构和政府的共同努力。政府应出台相应政策扶持养老机构的发展。

表9-3　四川省机构养老老年人照护服务需求

单位：人，%

照护服务类型	城市		农村	
	数量	占比	数量	占比
生活起居护理	84	12.0	374	56.7
心理护理	70	10.0	40	6.1
饮食护理	224	32.0	172	26.1
用药护理	144	20.6	22	3.3
康复指导	142	20.3	26	3.9
其他	36	5.1	26	3.9

4. 机构养老老年人的疾病控制与用药情况

在养老机构的疾病控制方面，认为养老机构的医疗照护对疾病控制“较好”和“很好”的城市老年人分别占38.9%和31.7%，“一般”和“较差”的占比分别为26.0%和3.4%。认为养老机构的医疗照护对疾病控制“较好”和“很好”的农村老年人占比分别为30.0%和24.5%，“一般”和“较差”的占比分别为32.7%和12.7%。可见城市养老机构中的老年人对疾病控制满意度要高于农村养老机构中的老年人，这和农村医疗照护功能普遍不强的现实情况相符合。另外，在用药指导方面，调查数据显示，在农村养老机构中，只有13.0%的老年人有医务人员对其进行用药指导，20.9%的老年人偶尔享受过用药指导服务，45.5%的老年人从未享受过养老机构提供的用药指导服务；在城市养老机构中，27.4%的老年人享受过用药指导服务，从未享受过用药指导的服务占41.4%。养老机构内仅有少量的医务人员可以有针对性地对某些老年人进行用药指导，这是养老机构欠缺专业医护人员所导致的短板。

数据显示，在疾病控制措施方面，无论城市还是农村半数以上的老年人采用西药进行疾病控制。城市养老机构的老年人，61.4%采用西药治疗进行疾病控制，4.6%用中药控制，10.9%采用中西医结合的方式进行疾病控制，此外，还有运动方式（7.7%）、食疗方式（0.3%）、理疗方式（2.6%）和其他方式（12.6%）。农村养老机构中，老年人用西药控制疾病的占57.9%，用中药的占3.6%，用中西医结合方式的占18.5%（见表9－4）。

值得注意的是，虽然超过半数的老年人对养老机构的疾病控制情况表示满意，但是养老机构的医疗处置能力较差以及医治功能不强的现实是不容忽视的。当前，四川省的大部分养老机构的照护功能仍是以日常照料为主，缺乏养老与医疗的有效结合。养老机构的疾病控制措施也多是遵照原有医嘱监督老年人服用成品药物，而不是为老年人进行有针对性的疾病诊断或采取其他对症措施。居住在养老机构的老年人对健康照护的满意度偏高，推测原因可能是重疾老年人一般在医院接受护理，而其他多数老年人因慢性疾病都存在病程长、发病迟缓的特点，而容易获得较高的满意度。养老机构应强化医疗照护功能，进一步实现医养结合，这是其发展的重点和难点。

表9－4　四川省机构养老老年人的疾病控制与用药情况

单位：人，%

项目	类别	城市		农村	
		数量	占比	数量	占比
疾病与症状控制情况	很好	222	31.7	162	24.5
	较好	272	38.9	198	30.0
	一般	182	26.0	216	32.7
	差	24	3.4	84	12.7

续表

项目	类别	城市		农村	
		数量	占比	数量	占比
用药指导情况	有	192	27.4	86	13.0
	偶尔有	96	13.7	138	20.9
	不确定	58	8.3	76	11.5
	有时有	64	9.1	60	9.1
	从来没有	290	41.4	300	45.5
疾病控制措施	西药	430	61.4	382	57.9
	中药	32	4.6	24	3.6
	中西结合	76	10.9	122	18.5
	运动	54	7.7	72	10.9
	食疗	2	0.3	10	1.5
	理疗	18	2.6	12	1.8
	其他	88	12.6	38	5.8

5. 养老机构服务满意度

调查显示，在养老机构收费水平方面，农村养老机构中有13.9%的老年人“很满意”，62.7%的老年人“基本满意”，11.5%的老年人“不满意”，1.8%的老年人“很不满意”；城市老年人表示“基本满意”的占68.9%（见表9－5）。但在调查过程中，有部分老人反映养老机构的收费较高。由此可见，对于多数老年人来说，养老机构收费水平尚可，但对于部分老年人来说，收费水平仍然相对较高，为更好地适应我国老龄化的国情以及机构养老需求的增加态势，应增加普惠层次的养老机构数量。

在护理人员的康复指导方面，农村养老机构中17.3%的老年人对护理人员的康复指导“满意”，3.7%的老年人对康复指导“非常满意”；61.0%的老年人未填此项，原因可能是从未接受过康复指导；城市老年人中，对护理人员的康复指导“满意”的占28.0%，有4.3%的老年人对康复指导“不满意”，可见应加强养老机构对于老年人的康复指导。

在养老机构的“生活约束感”方面，农村养老机构中54.2%的老年人表示“从来没有”约束感，32.4%的老年人表示“偶尔有”；城市养老机构中，“从来没有”约束感的老年人占78.0%，老年人对在养老机构生活的各个方面都较为满足。让老年人没有约束感，这不仅有助于老年人的心理健康发展，而且在一定程度上也对老年人的身体健康有帮助。

表9-5 四川省养老机构服务满意度情况

单位：人，%

项目	类别	城市		农村	
		数量	占比	数量	占比
养老机构的收费水平	很满意	84	12.0	92	13.9
	基本满意	482	68.9	414	62.7
	不确定	46	6.6	66	10.0
	不满意	80	11.4	76	11.5
	很不满意	8	1.1	12	1.8
护理人员的康复指导	非常满意	64	9.1	24	3.7
	满意	196	28.0	114	17.3
	一般	286	40.9	53	8.0
	不满意	30	4.3	40	6.0
	很不满意	70	10.0	26	4.0
	未填	54	7.7	403	61.0
养老机构的“生活约束感”	从来没有	546	78.0	358	54.2
	偶尔有	116	16.6	214	32.4
	不确定	18	2.6	70	10.6
	经常有	20	2.9	18	2.7

6. 机构养老老年人健康与舒适度

调查显示，在养老机构的“工作人员对于健康问题的处理”方面，农村养老机构中有43.3%的老年人认为工作人员会“耐心解答”，还有37.9%的老年人“不确定会怎样”，5.5%的老年人认为工作人员会“不理会”；在城市养老机构的老年人中，认为会“耐心解答”的老年人占56.6%，“不确定会怎样”的占32.9%（见表9-6）。

在养老机构“组织更多的社会活动同意度”（如参加老年秧歌队或老年合唱团）方面，农村养老机构中15.5%的老年人对此十分赞成，60.0%的老年人一般赞成；在城市养老机构中，十分赞成的老年人占34.3%，一般赞成的有44.3%。由此可见，机构养老老年人对社会活动有一定的需求，养老机构应该组织更多的社会活动，让老年人彼此有更多的沟通交流。但目前数据只能看出老年人有参加更多社会活动的意愿，并不能体现每个养老机构社会活动的具体开展情况。

在养老机构“自我保健知识学习满足度”方面，农村养老机构中有4.2%的老年人表示“完全满足”，38.5%的老年人“基本满足”，30.0%的老年人“不满足”，4.2%的老年人“很不满足”；在城市养老机构中，“完全满足”的老年人占14.3%，“基本满足”的占47.1%，而“未满足”需求的占22.9%。可见向老年人宣传自我保健知识，在当前的养老机构没有得到足够的重视。

表9－6 四川省机构养老老年人健康与舒适度状况

单位：人，%

项目	类别	城市		农村	
		数量	占比	数量	占比
工作人员对于健康问题的处理	耐心解答	396	56.6	286	43.3
	随便敷衍	58	8.3	84	12.7
	不确定会怎样	230	32.9	250	37.9
	不理会	14	2.0	36	5.5
	被骂啰唆	2	0.3	4	0.6
组织更多的社会活动同意度	十分赞成	240	34.3	102	15.5
	一般赞成	310	44.3	396	60.0
	不确定	88	12.6	94	14.2
	基本不赞成	48	6.9	62	9.4
	很不赞成	14	2.0	6	0.9
自我保健知识学习满足度	完全满足	100	14.3	28	4.2
	基本满足	330	47.1	254	38.5
	不确定	104	14.9	152	23.0
	未满足	160	22.9	198	30.0
	很不满足	6	0.9	28	4.2

7. *机构养老老年人的情感状态*

在农村养老机构，关于养老机构的生活是否让老年人有“社会脱离感”的专项调查显示，56.3%的老年人表示“基本没有”社会脱离感，

25.0%的老年人表示“从没有”社会脱离感，10.5%的老年人表示“偶尔有”，3.3%的老年人表示“经常有”社会脱离感。在城市养老机构，“基本没有”社会脱离感的老年人占61.0%，“经常有”社会脱离感的老年人占2.8%（见表9－7）。

对老年人是否有“孤独感”的专项调查显示，在农村养老机构，25.8%的老年人几乎没有孤独感，16.1%的老年人有时会感到孤独，3.3%的老年人常常会感到孤独；在城市养老机构，几乎没有孤独感的老年人占52.0%。但是，因为个体差异性，每个人对孤独的定义和感受不尽相同，而且年龄的增长也会导致心理感触有所不同。养老机构可以针对不同的老年人进行定期的、差别性的心理疏导，或者开展娱乐活动以减轻部分老年人的孤独感。

表9－7　四川省机构养老老年人的情感状态

单位：人，%

项目	类别	城市		农村	
		数量	占比	数量	占比
社会脱离感	从没有	118	16.9	165	25.0
	基本没有	426	61.0	372	56.3
	不确定	90	12.8	32	4.9
	偶尔有	46	6.6	69	10.5
	经常有	20	2.8	22	3.3
孤独感	几乎没有	364	52.0	170	25.8
	很少	212	30.3	316	47.9
	不确定	12	1.7	46	7.0
	有时会	76	10.9	106	16.1
	常常会	36	5.1	22	3.3

三　机构养老发展存在的问题及效果评价

养老机构为老年人打造了一个和谐、安全、平等的集中居住场所，其中包括基本设施设备、生活照料、健康护理、精神慰藉及文化休闲等功能，重点围绕为老年人提供物质与安全保障，同时兼顾精神服务，在最大化满足老年人基本生活需求的基础上，根据设施、条件、服务对象、服务内容的不同，以满足不同层次养老人群的需求。养老机构的专业化管理、专业化服务人员，及其提供的全方位服务，是居家养老与社区养老所不能比拟的。

（一）四川机构养老发展存在的问题

1. 条件保障不足

由于养老机构条件有限，医疗资源不充足，养老机构建设规划不到位，设施功能不完善，专业技术服务欠缺，以及养老机构自建医疗机构的条件有限，机构养老发展中医疗服务与养老照护两极分化，当前依旧以养为主，医疗资源方面还比较欠缺，难以满足老年人对医疗及养老两者叠加的双重需求。调查研究发现，养老机构中的相关医护人员的配备远不能满足老年人的疾病健康相关需求。

2. 国家资金补贴不足

一般民办非营利性养老机构的补贴是按床位计算，一张床位自理老人是每月 50 元，半自理老人是每月 80 元，不能自理老人是每月 100 元，而平均养老机构的收费是一个老人每月 1500～2000 元，护理人员的月平均工资是 1000～2000 元，职工的月平均工资是 4000 元左右。[①] 对家庭而言，如果需要托送 4 位老人且夫妻双方均为在职人员，除去入住养老机构的费用几乎没有多余的费用用于其他开支。对养老机构而言，除去护理人员的工资、机构设施建设费用包括文体娱乐设施、医疗卫生设施，以及部分养老机构需要缴纳的房租，剩余的国家资金补贴对于民办非营利养老机构的良好运营是不够的。适度提高的政府资金补助，有助于养老机构服务水平的提高和服务范围的扩大，进而满足入住老人的多元化需求。

3. 民办养老机构入住率低

民办养老机构入住率低是我国机构养老普遍存在的问题，民办养老机构的入住率一般在 40% 上下浮动，公办养老机构的入住率与其形成鲜明对

---

① 姜琦、赵辰光：《老龄化背景下机构养老发展模式研究》，《现代管理》2019 年第 2 期。

比，普遍要高于民办入住率，[①] 甚至出现排队入住、一床难求的局面。民办养老机构由于资金注入及国家政策支持力度的问题，在设施建设、服务专业化水平、收费标准方面吸引力不足，从而影响入住率。

4. 宣传力度不足

早期养老机构主要以报纸刊登、电视传播、传单发放为宣传形式，随着信息时代的到来和发展，养老机构的宣传方式也有所改变，目前绝大多数养老机构的宣传方式以网络宣传为主。但是由于老年人获取网络信息的能力有限，他们还是以入住机构的老年人或亲友的推荐这种口碑相传的方式获取相关机构的信息。养老机构宣传方式与老年人获取信息方式的不匹配，导致很多养老机构不被老年人知晓，而影响了机构的入住率。因此，养老机构应大力拓展宣传模式，加大宣传力度，将机构信息、服务内容以多种形式传送至老年人面前。

（二）机构养老发展成效

1. 规范管理与发展支持机制相协调

四川省一方面积极贯彻落实《养老机构设立许可办法》和《养老机构管理办法》，规范养老机构管理；另一方面，构建了养老服务机构的发展支持机制。城市公办养老机构每张床位补助 9 万元，农村公办养老机构每张床位补助 6.5 万元，民办养老机构每张床位补助 6.5 万元；养老机构适老化改造方面，公办养老机构每张床位补助 1 万元。[②]

2. 养老机构数量增多

截至 2020 年，四川省共有养老机构 2400 余个，养老机构床位 29.2 万张，四川养老机构数量居全国第 3 位。[③] 与 2014 年同期相比，机构总量增加 400 余个，增幅达 20.0%；床位数新增 12 余万张，增幅达 69.8%。深化公办养老机构改革，其中有 145 家公办养老机构实施公建民营；同时，深入开展养老院服务质量建设专项行动，推进公办养老机构适老化改造和

① 代菲：《老龄化背景下成都市机构养老问题探析》，硕士学位论文，西南财经大学，2013。

② 《养老服务扶持政策措施清单》，四川省民政厅网站，2019 年 7 月 2 日，https://mzt.sc.gov.cn/scmzt/gsgg/2019/7/2/a63cd103503e4cfaa0571f93b7e64fdf.shtml。

③ 《2020 年中国养老机构市场现状分析：随着人口老龄化进程加速，养老机构需求将持续提升》，产业信息网，2020 年 12 月 10 日，https://www.chyxx.com/industry/202012/915731.html。

消防设施改造，对不达标养老院整治率达到了100%，养老服务机构规范化水平有了明显提升。①

3. 养老机构健康服务能力持续提升

养老机构按规定开办或内设医疗机构，为老年人提供优质便捷的诊疗康复护理服务。按照医疗领域深化“放管服”改革要求，养老机构内设诊所、卫生所（室）、医务室、护理站实行医疗机构执业备案登记。养老机构通过服务外包、委托经营等方式，引进医疗机构参与运营管理。对于部分不具备设置医疗机构条件的养老机构，医疗机构也采取主办、协办、托管等形式，参与养老机构的经营管理。

同时，四川省还建立康复医院或护理院等接续性医疗机构，二级及以上综合性医院单独设立老年医学科。开展老年人心理健康服务，推进老年精神关爱工作。医疗机构对养老护理人员定期指导，为养老机构提供人才培养、心理辅导、义诊巡诊、健康教育等方面的专业技术帮扶。结合公立医疗机构改革，推动闲置或利用率较低的医疗卫生计生资源转型为康复医院、老年医院、护理院和临终关怀医院等。市场主体积极开发和提供专业化、多形式的家庭健康服务。

① 《邓为介绍当前我省机构养老服务发展情况》，四川省人民政府网站，2019年12月24日，http://www.sc.gov.cn/10462/c101466/2019/12/24/5a2755bf26e6427886b073df7b2166d4.shtml。

老年健康服务篇

第十章　四川省老年公共卫生服务发展情况

随着我国人口老龄化进程不断加快，疾病经济负担快速增长，以高血压、糖尿病为代表的慢性非传染性疾病严重影响国人健康，特别是对以老年人为代表的重点人群的身心健康造成很大的伤害。因此，切实解决老年人看病、保健、护理等相关健康问题，保障老年人享有公平、可及的公共卫生服务刻不容缓。我国着力推进健康老龄化，提高老年人生命质量。无论从健康养老的政策制定，还是从健康养老服务资源的供给，都是从老年人对健康养老服务的现实需求出发，精准施策。

一　老年公共卫生服务背景

世界卫生组织（WHO）在20世纪70年代对全球卫生状况进行调查后，于1977年提出了“2000年人人享有卫生保健”的全球战略目标。次年，世界卫生组织和联合国儿童基金会举办的国际初级卫生保健大会发表了《阿拉木图宣言》，开启了全球基本卫生服务运动。习近平总书记在2016年全国卫生与健康大会上就提出了新时期卫生与健康工作方针：“以基层为重点，以改革创新为动力，预防为主，中西医并重，将健康融入所有政策，人民共建共享。”① 公共卫生服务在健康促进和疾病预防体系中具有独一无二的作用。

我国建立了以政府导向为主、鼓励民间积极投入的老年社会保障体

① 《习近平谈治国理政》（第二卷），外文出版社，2017，第371页。

系，作为老龄化趋势下，应对老年人需求的重要措施。2017 年 3 月国家卫计委等 13 个部门联合印发的《“十三五”健康老龄化规划》也要求加强老年健康公共卫生服务工作，提高老年健康管理水平。公共卫生服务是一项促进公众健康和改善民生的重要公共事业。其中，“预防为主”始终是中国卫生工作政策的重点。但老年人增速快、“未富先老”也确实是推进健康老龄化无法回避的问题。因此，老年人的公共卫生服务管理在老龄化背景下具有重要意义。

新中国成立初期，传染病、寄生虫病和地方病严重威胁人民群众的健康，在当时的时代背景下，对这些疾病的控制成为首要任务，公共卫生服务在对这些疾病的有效控制中发挥了不可替代的作用，取得了举世瞩目的成就。而伴随人口老龄化的出现以及社会变革和经济发展，疾病谱也在一定程度上发生了改变，老年健康服务成为国家基本公共卫生服务的重要内容。

老年人群所患疾病以慢性疾病及退行性疾病为主。从人的一生各年龄段身体情况来看，老年人对家庭护理或卫生资源的需求更大。但目前的医疗资源无法满足老龄化迅猛发展的需求。我国主要采取以一级医院、社服中心等机构为主的老年公共卫生服务。其中，平均每位医疗技术工作者需负责 100～200 名老年人，近 14% 的医疗技术工作者需负责超过 500 名老年人。目前，这些医疗机构主要采取对慢性病老年人和长期卧床老年人等进行体检、汇总成档、档案管理等方式，以对其进行分类服务。

在经济发展呈现新常态、技术变革、劳动力供应不足和老龄化持续加剧的背景下，“预防为主”依旧是新时期卫生工作方针的重要内容，这既是总结和继承我国多年来促进人民健康所做工作的宝贵经验，也是顺应未来全球健康事业发展趋势。老年人的机体在逐年衰退，在生活习惯改变和寿命延长等多种因素影响下，患病概率提高，以慢性疾病及退行性疾病为主。在中国，60 岁及以上老年人中患有慢性疾病的占 70% 以上，因此，在不可逆转的老龄化趋势下，老年人对卫生资源的需求更大。调查显示，老年人平均住院时间是其他人群的 1.8 倍，高龄老人的人均医疗费用是其他人群的 2～8 倍。因此，为控制老年医疗费用的快速增长，发挥公共卫生服务的预防作用，以有限的医疗资源服务更多的老年群体，提高健康养老服务水平，强调基本公共卫生服务在老年卫生服务中的重要地位，我们必须树立和推广“健康老龄化”观念，构建适应老龄化社会的老年公共卫生服务体系。

二　老年公共卫生服务发展历程及现状

（一）初现萌芽，积极推进

新中国成立后特别是改革开放以来，国家颁布实施了一系列维护老年人权益的法律法规和政策，加强了尊老爱幼思想教育，初步建立了养老、医疗等社会保障制度，老年福利、卫生、文化、教育、体育等事业有了一定发展，老年人的生活水平和生活质量不断提高。但是对人口老龄化问题认识不足，老龄工作政策、法规不够健全，社会保障制度尚不完善，社区管理和老年服务设施、服务网络建设滞后，老年思想政治工作薄弱，导致侵犯老年人合法权益的现象时有发生。

2011 年，“十二五”规划提出开展老年疾病预防工作，基层医疗卫生机构要为辖区内 65 岁及以上老年人开展健康管理服务，建立健康档案，开展老年疾病防控知识的宣传，做好老年人常见病、慢性病的健康指导和综合干预；注重老年精神关怀和心理慰藉，提供疾病预防、心理健康、自我保健及伤害预防、自救等健康指导和心理健康指导服务，抑郁等精神疾病的早期识别率达到 40%。四川省也紧跟国家政策步伐展开相关工作。

2013 年，《国务院关于加快发展养老服务业的若干意见》再一次提出医疗机构、社区卫生服务机构应当为老年人建立健康档案，建立社区医院与老年人家庭医疗契约服务关系，并开展上门诊视、健康查体、保健咨询等服务，加快推进面向养老机构的远程医疗服务试点。四川省积极响应并快速落实相关工作。

（二）正视问题，持续发展

2015 年，四川省人民政府办公厅印发《关于加强老年人关爱服务体系建设的意见》，提出基层医疗卫生机构应积极开展老年人医疗、护理、卫生保健、健康监测等服务，为老年人提供居家康复护理服务，开展老年疾病预防工作。基层医疗卫生机构要为辖区内 65 岁及以上老年人开展健康管理服务，建立健康档案。2016 年，四川省卫生计生委等部门发布《关于加快推进医疗卫生与养老服务相结合的实施意见》，提出统筹推进医疗与养老服务深度融合，结合前期基本公共卫生服务的开展为老年人建立健康档案，计划到2020年，65岁以上老年人健康管理率达70%以上；大力发展中医药健康养老服务，建立中医药养老服务实训基地，加强养老照护人员的中医药技能培训。

2017年年末，四川省60岁及以上老年人口达1751万人，占全省常住人口的21.09%，比全国平均水平高3.79个百分点，位居全国第2位。随着四川省人口老龄化的加剧，老年人医疗卫生服务和生活照料叠加的需求越来越显著，健康养老需求十分迫切。四川省人民政府办公厅印发了《四川省医疗卫生与养老服务相结合发展规划（2018—2025年）》，确定了发展目标，到2020年，65岁以上老年人健康管理率和中医药健康管理率均达70%以上；所有社区卫生服务机构和乡镇卫生院、90%的村卫生室具备中医药服务能力；培训养老从业人员40万人次，养老护理员岗前培训率达90%以上；人均期望寿命提高到77.3岁。到2025年，全面建成健康养老服务体系，基本建立多层次长期护理保障制度和经济困难的高龄、失能老人补贴制度，基本形成医疗康复、食品药品、器械用品、金融保险、旅游休闲等相关领域融合发展、覆盖全生命周期的医养结合产业体系。护理型床位占全省养老床位数的比例达40%；长期护理保险制度覆盖50%左右的失能、半失能老年人；培训养老从业人员60万人次，养老护理员岗前培训率达95%以上；人均预期寿命提高到78.2岁。

（三）行而有方，不断进步

2019年四川省持续完善以居家为基础、以社区为依托、以机构为补充、医养相结合的养老服务体系，确保到2022年在保障人人享有基本养老服务的基础上，有效满足老年人多样化、多层次的养老服务需求，老年人及其子女获得感、幸福感、安全感显著增强。不断建立完善养老护理员职业技能等级认定和教育培训制度，包括鼓励各类院校特别是职业院校（含技工学校）设置养老服务相关专业或开设相关课程，在普通高校开设健康服务与管理、中医养生学、中医康复学等相关专业。

四川比较丰富的医疗卫生资源为老年疾病预防提供了良好的基础条件。

2020 年年底，四川省医疗卫生机构共计 82793 个，因撤乡并镇，比上年减少 964 个。其中，医院 2435 个（占 2.94%），基层医疗卫生机构 79491 个（占 96.01%），专业公共卫生机构（含计划生育技术服务机构）716 个（占 0.86%），其他医疗卫生机构 151 个（占 0.18%）（见表 10－1）。

表 10－1 2020 年四川省卫生资源情况

全省医疗卫生机构（82793 万个）			
类别		数量（个）	合计（个）
医院	公立医院	690	2435
	民营医院	1745	
专业公共卫生机构	疾病预防控制中心	209	716
	卫生监督所（中心）	209	
	妇幼保健院（所）（站）	202	
	急救中心（站）	22	
	其他机构	74	
基层医疗卫生机构	社区卫生服务中心（站）	1058	79491
	乡镇卫生院	4284	
	诊所（卫生所、医务室）	19128	
	村卫生室	54202	
	其他机构	819	
其他医疗卫生机构	卫生统计信息中心	16	151
	其他机构	135	

资料来源：《2020 年四川省卫生健康事业发展统计公报》，四川省卫生健康委员会网站，2021 年 3 月 18 日，http://wsjkw.sc.gov.cn/scwsjkw/njgb/2021/3/18/3708f81e78584f5b8a5ca4a1872c033b.shtml。

2020 年年末，四川省卫生人员达 82.69 万人，与上年相比增加 3.26 万人，增长 4.10%。其中，卫生技术人员 63.32 万人（占 76.58%），乡村医生和卫生员 5.71 万人（占 6.91%）。卫生技术人员中，执业（助理）医师 23.52 万人，与上年相比，增加 1.29 万人（增长 5.80%）；注册护士 28.59 万人，与上年相比，增加 1.53 万人（增长 5.65%）。人均卫生资源稳步提高。全省每千人口执业（助理）医师 2.81 人，每千人口注册护士

3.41人，每万人口专业公共卫生机构人员6.11人。与上年相比，每千人口执业（助理）医师、注册护士分别增加0.15人、0.18人，每万人口专业公共卫生机构人员增加0.30人。①

中医药是预防和治理老年疾病的重要途径，深受老年人的喜爱。2020年年底，四川省中医类医疗卫生机构共有7290个，其中，中医类医院328个，中医类门诊部85个，中医类诊所6873个，中医类研究机构4个。全省中医类医疗卫生机构床位共有79104张，其中，中医类医院79036张（占99.91%）。与上年相比，中医类机构床位增加2541张，主要是中医类医院床位增加。②

2020年年底，全省中医类医疗卫生机构卫生人员9.79万人，与上年相比增加0.62万人，增长6.76%。其中，卫生技术人员8.42万人（占86.01%）。卫生技术人员中，执业（助理）医师3.40万人，注册护士3.60万人。中医医院7.0万人（占71.50%），中西医结合医院0.93万人（占9.50%），民族医医院0.18万人（占1.84%）。2020年全省中医类医疗机构卫生技术人员学历结构：本科及以上占30.26%、大专占38.78%、中专及中技（含技校）占27.27%、高中及以下占3.69%。技术职称构成：高级占9.27%、中级占17.67%、初级占65.99%、待聘占7.07%。③

三　老年公共卫生服务需求

（一）老年人口多，需求量大

2019年四川统计年鉴数据显示，全省常住人口为8375万，其中60岁

① 《2020年四川省卫生健康事业发展统计公报》，四川省卫生健康委员会网站，2021年3月18日，http://wsjkw.sc.gov.cn/scwsjkw/njgb/2021/3/18/3708f81e78584f5b8a5ca4a1872c033b.shtml。

② 《2020年四川省卫生健康事业发展统计公报》，四川省卫生健康委员会网站，2021年3月18日，http://wsjkw.sc.gov.cn/scwsjkw/njgb/2021/3/18/3708f81e78584f5b8a5ca4a1872c033b.shtml。

③ 《2020年四川省卫生健康事业发展统计公报》，四川省卫生健康委员会网站，2021年3月18日，http://wsjkw.sc.gov.cn/scwsjkw/njgb/2021/3/18/3708f81e78584f5b8a5ca4a1872c033b.shtml。

及以上人口有1777万，占常住人口的21.22%，65岁及以上人口有1208万，占常住人口的14.42%，四川省已进入深度老龄化社会。以成都市为例对四川省老年人口特点进行分析，截至2019年年底，成都市户籍人口为1500.07万人，比2018年增加24.02万人。其中，60岁及以上老年人口316.04万人，比2018年增加0.98万人，增长0.31%，占户籍人口的21.07%。老龄化程度高于全国平均水平（2018年为17.9%），接近全省平均水平（2018年为21.13%）。①

近年来，成都市人口老龄化水平维持高位（见图10-1）。2015年以来老年人口占比均在20%以上，2019年老年人口占比略有下降，为5年以来最低，全市整体老年人口占比变化不大，但是由于城镇经济文化各方面差异，各区（市）县老龄化程度差异较大，老年人口占比最高的地区比占比最低的地区几乎高出一倍。2015~2019年，成都市户籍人口增速分别为1.40%、13.98%、1.52%、2.84%、1.63%，老年人口增速分别为4.13%、15.24%、1.50%、3.64%、0.31%②，2016年二者增速最快。

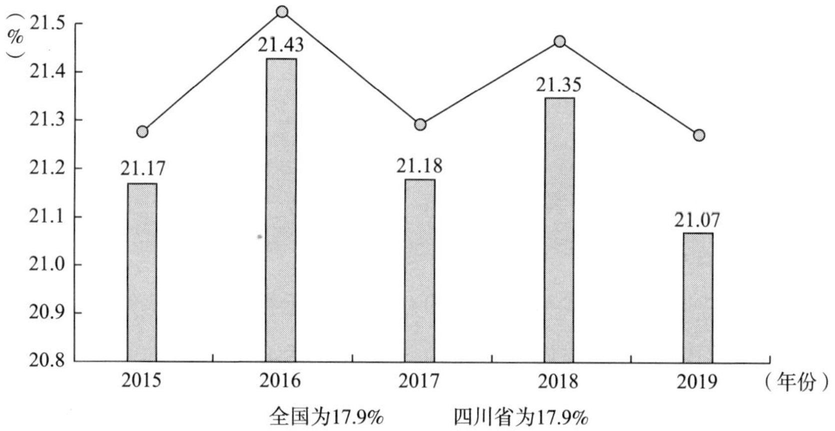

图10-1 2015~2019年成都市老年人口占户籍人口比重

资料来源：《成都市2019年老年人口信息和老龄健康事业发展状况报告》，搜狐网，2020年4月3日，https://www.sohu.com/a/385211321_355475。

① 《2019年四川省国民经济和社会发展统计公报》，四川省人民政府网站，2020年3月25日，http://www.sc.gov.cn/10462/10464/10797/2020/3/25/448a6d9b06bc40708c576e1af 15d24ac.shtml。

② 《成都市2019年老年人口信息和老龄健康事业发展状况报告》，搜狐网，2020年4月3日，https://www.sohu.com/a/385211321_355475。

总体看来，成都市老年人口年龄结构基本稳定，但高龄老年人占比稍有升高（见图 10－2）。2019 年数据显示，在老年人口中，60～69 岁有 168.75 万人，占 53.40%；70～79 岁有 100.48 万人，占 31.79%；80～89 岁有 40.23 万人，占 12.73%；90～99 岁有 6.43 万人，占 2.03%；全市 100 岁及以上人口有 1569 人，占 0.05%。[①] 近 5 年以来，高龄老人占比稍有升高，我国医疗水平的进步是其原因之一。

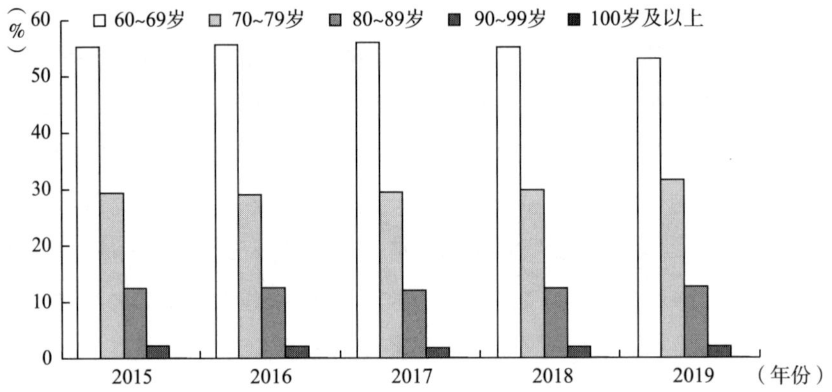

图 10－2　2015～2019 年成都市老年人口年龄结构占比情况

注：100 岁及以上人口占比数值过小，图中呈现不明显。

资料来源：《成都市 2019 年老年人口信息和老龄健康事业发展状况报告》，搜狐网，2020 年 4 月 3 日，https://www.sohu.com/a/385211321_355475。

（二）老年人的健康管理需求

1. 经济支持需求

经济支持即来自正式与非正式的社会支持所给予的各种钱物，是老年人晚年生活赖以生存和发展的根基，是实现"老有所养"的先决条件，满足老年人基本经济生活需求是实现健康养老服务的最重要内容。目前就全国来看，大部分老年人经济支持主要来源于子女，社会支持占比较低，且老年人经济支持水平在 5000 元以下的达 60% 以上[②]。四川总体情形与此接近。

---

① 《成都市 2019 年老年人口信息和老龄健康事业发展状况报告》，搜狐网，2020 年 4 月 3 日，https://www.sohu.com/a/385211321_355475。

② 零春晴：《我国老年人健康养老服务需求满足程度及其影响因素分析——基于 2015 年中国健康与养老追踪调查》，硕士学位论文，广西医科大学，2019。

2. 医疗保健需求

老年人患病率的升高，使老年人对医疗保健服务的需求比一般人群大，能否及时就医，以及对医疗保健服务利用过程主观评价的高低，是有效衡量老年人医疗保健服务需求能否得到满足的标准。老年人患有慢性病的占比达到72%，患有3种及以上慢性病的占25.4%，老年人医疗保健需求较大。

3. 生活照料需求

日常生活自理能力是反映老年人健康状况的重要指标，是对身体客观状况的衡量。老年人生活自理能力越差就越需要日常生活照料，并且随着年龄的增长，老年人对生活照料的依赖性就越强。目前，我国老年人日常生活照料的提供者主要为配偶和子女，而社区支持等提供的照护较少。老年人对生活照料存在较大需求，而照料主体较为单一。在当今家庭结构日益小型化的背景下，仅靠家庭成员照料难以满足老年人持续性的健康照护需求，因而加强社区照料很有必要。

4. 精神慰藉需求

从记忆功能可评估老年人精神慰藉需求状况，从情感和文化娱乐与社会交往可分析老年人从外界和自身得到的精神支持情况。若老年人记忆功能状态较差，认知存在障碍，则对精神慰藉有较高需求。而情感支持是老年人基于血缘和婚姻关系而产生的享受家庭亲情、天伦之乐的需求，为老年人提供情感支持的主体主要是子女、配偶、亲属等家庭成员。另外，文化娱乐需求是老年人对“老有所乐”的要求。老年人通过丰富多彩的娱乐活动来填充大量闲暇时间，生活会更加健康。社会交往是老年人维系社会关系网络的愿望，支持主体一般以邻居、朋友为主。

四 老年人基本公共卫生服务的主要内容

国家基本公共卫生服务项目是我国政府针对当前城乡居民存在的主要健康问题，为妇女儿童及老年人等重点人群免费提供的最基本的公共卫生服务，主要针对传染性疾病、慢性疾病等重点疾病，使人们的基本健康需求得到满足。户籍或非户籍、城市或农村的常住人口都能在相关医疗机构免费享受基本的公共卫生服务，费用由政府承担。目前，我国已全面推行国家基本公共卫生服务项目，且在不断扩大服务范围，已逐渐形成一种包含14大类55项服务的综合性服务包。其中，与老年人群密切相关的公共卫生服务主要包括居民健康档案、健康教育、老年人健康管理、慢性病患者健康管理、中医药健康管理服务。四川省依据国家政策文件指示，推行国家基本公共卫生服务项目，扩大服务范围，其主要内容如下。

（一）老年人健康管理

随着年龄的增长，老年人各个脏器生理功能减退，代谢功能紊乱，免疫力低下，易患各种慢性疾病。开展老年健康管理服务不但能够发现早期疾病，预防疾病的发展，而且能够减少并发症，降低致残率、病死率。目前，我国已出台了部分老年健康管理的政策法规，其中《国家基本公共卫生服务规范（第三版）》就将基本公共卫生服务项目由原来的10类扩展到了13类，增加了肺结核患者健康管理服务规范、中医药健康管理服务规范、卫生计生监督协管服务规范；2018年，国家卫生健康委员会发布的《关于做好2018年国家基本公共卫生服务项目工作的通知》进一步将以往的高血压患者健康管理和2型糖尿病患者健康管理合并为高血压和2型糖尿病等慢性病患者健康管理，同时将健康素养促进纳入2018年基本公共卫生服务项目。基本公共卫生服务项目中与老年人密切相关的是老年人健康管理、高血压患者健康管理、2型糖尿病患者健康管理三大类。

四川省推行老年人健康管理。辖区内年龄在65岁及以上的常住居民可以在所在的街道建立居民健康档案，享受每年一次免费的老年人健康查体，主要包括生活方式、健康状况评估和常规的体格检查，以及血常规、尿常规、肝功能、肾功能、血糖血脂、心电图、腹部B超等辅助检查。服务流程如图10-3所示。相关工作人员根据检查和评估结果进行分类处理，将新发现或已确诊的原发性高血压和2型糖尿病等患者纳入相应的慢性病管理，对发现存在危险因素的老年人进行针对性健康教育，包括健康生活方式指导以及疫苗接种、骨质疏松预防、意外伤害预防和自救等健康指导，建议定期复查，并告知或预约下一次健康管理服务的时间。

（二）中医药健康管理

通过对老年人群加强健康管理，能够减少慢性病急性发作次数，改善患

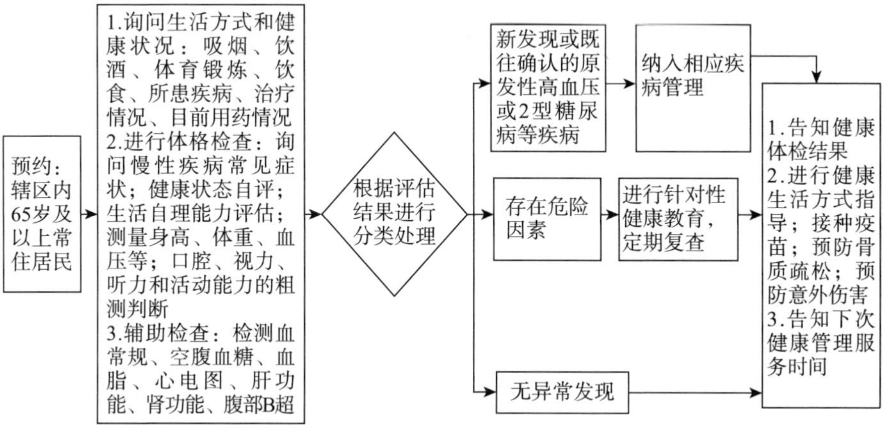

图 10－3　四川省老年人健康管理服务流程

资料来源：《国家基本公共卫生服务规范（第三版）》。

者可能存在的负面情绪，间接帮助患者减轻经济负担，保障老年人群晚年生活质量。同西医管理相比，中医药管理强调“整体观”“中医辨证施治”“治未病”等思想的运用，能够依靠中医药特色技术为老年患者健康管理奠定基础。四川省具有悠久的中医药历史沉淀，充分发挥中医药优势，每年为65岁及以上老年人做1次中医体质辨识，告知居民中医体质辨识的结果，再根据不同体质进行个体化中医药健康指导。服务流程如图10－4所示。

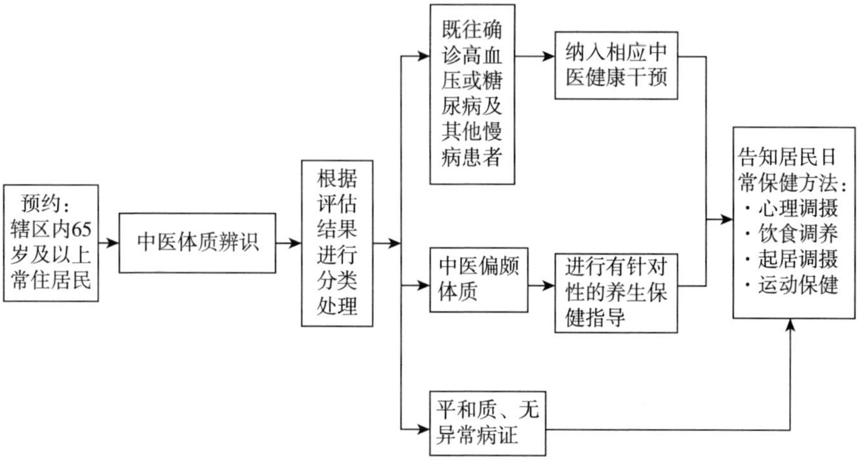

图 10－4　四川省老年人中医药健康管理服务流程

资料来源：《国家基本公共卫生服务项目——中医药健康管理服务规范》，搜狐网，2020年11月4日，https://www.sohu.com/a/429846026_241377。

（三）健康教育

老年人机体功能衰退使其易患各种疾病，慢性病是老年人群中患病率较高的一种疾病。其病因复杂、长期不愈，长久治疗不仅给患者带来较为沉重的经济负担，而且严重影响老年人的生活质量。慢性病防控，60%可从生活行为方面入手，最廉价、有效的防控手段之一即加大健康教育宣传力度，增强老年人自我健康意识。

早在2000年，《中共中央、国务院关于加强老龄工作的决定》就提出要积极开展各种形式的健康宣传教育活动，此后加强老年人健康教育工作多次出现在与老年人相关的政策文件中。近年来，老年人健康教育活动更具可操作性，如开设老年护理、保健课程，进行健康技能和自救互救卫生应急培训，进行健康知识宣教等。

四川省推广老年健康教育，重点突出预防为先，组织开展健康教育知识讲座，向患者讲述常见慢性病的诱发因素、临床表现、常见并发症、药物治疗策略以及对患者身体的危害，普及均衡膳食营养、积极运动锻炼、定期体检与健康管理、保持心理健康及合理用药等知识，强化个人健康责任落实，促进老年人自主自律，形成健康生活方式。[①] 除了教育讲座之外，省内各地也通过电视广播、网络媒体、报纸杂志等方式向老年慢性病患者传播疾病预防保健知识，有效提升老年人的健康素养和健康水平，改善生命质量，促进实现健康老龄化。

（四）体育健身服务

老年人参加体育健身活动的热情不断高涨，为此一些有关老龄化的政策也对老年体育健身服务做出了指示，如国务院出台的《“十三五”国家老龄事业发展和养老体系建设规划》指出，文化体育部门要组织退休人员开展文化健身活动，为老年人参与体育健身活动创造条件。2017年3月，四川省出台了《“健康四川2030”规划纲要》，主要围绕健康四川四大策略开展13项健康行动。有关老年健身服务的相关政策法规主要体现在四个

① 《成都市人民政府关于推进健康成都行动的实施意见》，成都市人民政府网站，2020年7月10日，http://gk.chengdu.gov.cn/govInfoPub/detail.action?id=119604&tn=6。

方面：一是加快老年公共文化体育健身场地设施建设与开放；二是完善以健身服务为主要内容的老年服务体系；三是加强老年健身服务组织和健身活动的建设与开展；四是鼓励社会组织或个人兴办或运营养老、老年健身设施或相关服务。

（五）优待服务

老年人随着年龄的增加，机体各项功能逐渐衰退，这给其生活、出行等方面带来了不小的影响。为了积极应对这些影响，为老年人生活提供便利和优待，提高老年人生活质量显得尤为重要。近20年来我国出台的养老政策中，关于老年人优待服务的内容相对较多。四川省主要从政务服务、卫生保健、交通出行、商业服务、文体休闲、维权服务等多个方面为老年人提供优待服务。

五　政策支持与服务效果

四川省以健全城乡公共卫生服务体系、完善公共卫生服务经费保障机制、深化医药卫生体制改革为总体目标，实现基本公共卫生服务普及，到2020年普遍建立比较完善的公共卫生服务体系。目前国家基本公共卫生服务对老年慢性病防控发挥基础性作用。以下以基本公共卫生服务为切入点，介绍四川省老年公共卫生服务工作现状。

（一）基本公共卫生服务主要政策

2009年以来，国家启动实施基本公共卫生服务项目，覆盖我国14亿人口。随着服务能力的不断提升和服务需求的持续增加，基本公共卫生服务包含的内容也不断丰富，国家出台了一系列保障基本公共卫生服务顺利开展的政策，在宏观层面为公共卫生服务指明方向。

四川省积极响应、配合国家卫生服务政策，先后发布了《四川省人民政府办公厅印发关于加强老年人关爱服务体系建设意见的通知》《四川省人民政府办公厅转发省卫生计生委等部门关于加快推进医疗卫生与养老服务相结合实施意见的通知》《四川省人民政府办公厅关于印发四川省医疗卫生与养老服务相结合发展规划（2018—2025年）的通知》《四川省财政厅关于2019年基本公共卫生服务中央和省级补助资金安排情况的公告》等文件，并适时修订了《四川省老年人合法权益保护条例》和《四川省优待老年人规定》。

（二）老年人基本公共卫生服务的资金来源

四川省2019年基本公共卫生服务财政补助标准从2018年的每人每年55元提高到60元（同口径比较，不含新列入项目），省财政累计下拨补助资金482629万元（其中中央补助资金432159万元，省级补助资金50470万元）。[①]

（三）老年人基本公共卫生服务效果

为积极应对人口老龄化，四川省大力发展老龄健康事业。为65岁及以上老年人进行登记造册，实行规范化管理，开展便民服务、互联网医院、远程医疗等服务。[②] 开展的卫生健康信息化建设，为老年人口提供了方便。

1. 电子健康卡

截至2020年12月，全省累计注册电子健康卡3093.63万张，注册数占全省常住人口的36.93%；全省270家三级公立医疗机构、439家二级公立医疗机构中实现电子健康卡扫码应用的分别达195家、255家。自贡、广元、内江、雅安实现二级以上公立医疗机构改造全覆盖；全省通过电子健康卡挂号、就诊、检查、缴费、查询等已达4902.04万人次。[③] 成都、自贡、达州持电子健康卡挂号累计人次分别达292.67万、253.47万、189.16万；自贡、成都、内江持电子健康卡全流程诊疗累计使用人次分别达1244.67万、625.79万、504.63万。

2. 便民服务

2020年，全省累计提供网上预约挂号3259.3万人次，线上支付7650.53万人次，检查检验结果在线查询6708.59万人次。全省二级以上

① 《四川省财政厅关于2019年基本公共卫生服务中央和省级补助资金安排情况的公告》，四川省人民政府网站，2019年12月4日，http://www.sc.gov.cn/10462/10464/10727/10866/2019/12/4/23c92b2187e0460488d7fed67044523f.shtml。

② 潘钰婷等：《国家基本公共卫生服务项目实施效果评价》，《中国公共卫生》2020年第3期。

③ 《2020年四川省卫生健康事业发展统计公报》，四川省卫生健康委员会网站，2021年3月18日，http://wsjkw.sc.gov.cn/scwsjkw/njgb/2021/3/18/3708f81e78584f5b8a5ca4a1872c033b.shtml。

公立医疗机构有709家，其中提供在线预约诊疗、智能导医分诊、候诊提醒、检查检验集中预约、检查检验结果自助查询、移动支付、信息主动推送服务的医疗机构分别达455家、267家、409家、108家、473家、563家、347家。[①]

3. 互联网医院、医疗

据统计，截至2020年12月，全省已经审批设置59家互联网医院，其中2019年审批设置互联网医院19家，2020年审批设置40家。59家互联网医院累计提供网络咨询、网络复诊和电子处方等服务125万次。59家互联网医院（其中中医医院设置的互联网医院有7家）中依托公立医疗机构设置的互联网医院有43家，依托民营医疗机构设置的互联网医院有16家；累计有2079名医务人员提供在线服务，其中以职业类型分，医生1381人，护士485人，药师、心理咨询师等专业技术人员213人；以专业职称分，高级职称670人、中级职称706人、初级职称620人、其他83人。

4. 远程医疗

截至2020年12月，全省远程医疗协作网共覆盖2200多家医疗卫生机构，其中乡镇卫生院1214家，社区卫生服务中心197家。累计实现远程会诊120.01万人次，远程影像诊断622.67万人次，远程心电诊断330.77万人次。[②] 远程医疗有效缓解了偏远地区、贫困地区群众“看病远、看病难”问题。

---

① 《2020年四川省卫生健康事业发展统计公报》，四川省卫生健康委员会网站，2021年3月18日，http://wsjkw.sc.gov.cn/scwsjkw/njgb/2021/3/18/3708f81e78584f5b8a5ca4a1872c033b.shtml。

② 《2020年四川省卫生健康事业发展统计公报》，四川省卫生健康委员会网站，2021年3月18日，http://wsjkw.sc.gov.cn/scwsjkw/njgb/2021/3/18/3708f81e78584f5b8a5ca4a1872c033b.shtml。

第十一章　四川省老年医疗服务发展

老年人由于身体素质相对较差，对医疗保健的需求远远大于其他人群，老龄化进程的加快也对医疗保健服务的数量和质量提出了更高要求。然而，四川省现有的老年医疗保健服务无法很好地满足现有老年人口的需求，专门为老年患者服务的老年医院数量较少，综合医院中单独设立老年病科的也很少，养老院、老年护理院等均较少。老年人由于所患疾病复杂多样，大多选择大型医疗机构就诊，这使得大型医疗机构人满为患，老年患者的需求不能得到很好的满足，社会对医疗机构的满意度也较难提升。因此，采取积极措施，从政策层面保障老年医疗保健服务的健康发展在当前显得越发重要。本章对四川省老年医疗服务发展情况进行调查分析，旨在为促进老年医疗服务的发展提供依据与思路。

一　老年医疗服务发展历程及现状

（一）四川老年医疗服务发展历程

1. 建立推广老年病重点科室

2000年我国进入老龄化社会，中共中央、国务院关于加强老龄工作的决定指出，各级医疗卫生机构要大力开展多种形式的老年医疗保健服务，逐步建立起完善的社区卫生服务机构，健全老年医疗保健服务网络，提高服务质量。2011年“十二五”规划提出，推进老年医疗卫生服务网点和队伍建设，将老年医疗卫生服务纳入各地卫生事业发展规划，加强老年病医院、护理院、老年康复医院和综合医院老年病科建设，有条件的三级综合医院应当设立老年病科。

2013 年《国务院关于加快发展养老服务业的若干意见》提出，要以建立健全养老服务体系为目标，积极推进医疗卫生与养老服务相结合，推动医养融合发展。卫生管理部门应支持有条件的养老机构设置医疗机构。医疗机构要积极支持和发展养老服务，有条件的二级以上综合医院应当开设老年病科，增加老年病床数量，做好老年慢性病防治和康复护理。医疗机构应当为老年人就医提供优先优惠服务。

2015 年，四川省人民政府办公厅印发了《关于加强老年人关爱服务体系建设的意见》，结合四川省实际，提出要拓展老年医疗保健服务，切实关爱老年人健康，推进老年医疗卫生服务网点建设，将老年医疗卫生服务纳入各地卫生事业发展规划，加强老年病医院、老年护理院、老年康复医院和综合医院老年病科建设。医疗卫生机构应为老年人就医提供方便和优先优惠服务。鼓励各地医疗机构减免老年人普通门诊挂号费和贫困老年人诊疗费。倡导为老年人义诊，为行动不便的老年人提供上门服务。推动医养融合发展。

2. 注重发展医养融合

2016 年，四川省卫生计生委等部门发布《关于加快推进医疗卫生与养老服务相结合的实施意见》，提出了发展目标：大力推动医疗卫生与养老服务体系建设，推进医疗卫生与养老服务有机融合，满足全省老年人的基本医疗卫生与养老服务需求，提升老年人健康水平；促进医疗卫生资源进入养老机构、社区和居民家庭；建立医疗机构与养老机构协作机制、社区医院与老年人家庭医疗契约服务关系；推广老年人健康管理和中医“治未病”理念，保障人人享有适宜的、综合的、连续的医疗卫生与养老服务，实现老有所养、病有所医。

2017 年，四川省基本实现医疗卫生与养老服务初步融合。建立健全政策保障、标准体系和管理制度，加强人才队伍建设，提升医养服务能力，科学统筹资源布局。实现了 80% 以上的医疗机构开设为老年人提供挂号、就医等便利服务的绿色通道，50% 以上的养老机构以不同形式为入住老年人提供医疗卫生服务，老年人健康养老服务可及性明显提升。

2020 年，医疗卫生与养老服务进一步融合。统筹医疗服务与养老服务资源，加强养老机构与医疗机构的衔接，逐步形成布局合理、功能完善、安全便捷的健康养老服务网络。实现了所有医疗机构开设为老年人提供挂号、就医等便利服务的绿色通道，所有养老机构能够以不同形式为入住老年人提供医疗卫生服务，基本满足老年人健康养老服务需求。

建立医疗机构与养老机构合作机制，每所三级医院至少与2～3所养老机构建立合作关系，每所二级甲等医院至少与1～2所养老机构建立合作关系。支持养老机构开展医疗卫生服务，支持有条件的养老机构开办（或内设）医疗机构。鼓励医疗机构提供健康养老服务，统筹医疗机构与养老机构的规划衔接。积极推进老年康复医院、老年病医院、老年护理院、临终关怀医院等医疗机构建设。

3. 健康养老体系初步形成

《四川省医疗卫生与养老服务相结合发展规划（2018—2025年）》背景统计数据显示：2017年底，四川省共有医疗卫生机构80492个，设置床位56.34万张，分别占全国的8.09%和7.17%，均居全国第2位；每千人口执业（助理）医师2.37人，比全国平均少0.04人，每千人口注册护士2.77人，比全国平均多0.04人，每千人口床位数6.82张，比全国平均多1.17张；全省共有各类养老机构及设施3270个，养老床位数50.7万张，分别占全国的11.27%和7.09%；全省建设农村区域性养老服务中心405个、社区老年人日间照料中心9524个、农村幸福院5070个，2.8万名养老护理员取得资格认定，城乡居家养老服务覆盖率分别达90%和50%，覆盖水平位居西部前列；全省共有医养结合机构900个，255家医疗机构与养老机构建立合作关系，2537家养老机构与医疗机构建立协作机制。以居家为基础、以社区为依托、以机构为补充、医养相结合的健康养老服务体系已初步形成。积极应对人口老龄化，大力推动医养结合，加快发展医养结合产业已成为四川省的一项重要战略任务。

四川省相关政策针对存在的问题，提出进一步建立健全老年医疗卫生服务体系，加强医疗卫生服务体系中服务老年人的功能建设。推动基层医疗卫生机构积极开展老年人医疗、康复、护理、家庭病床等服务，提高老年人医疗卫生服务的可及性。推动安宁疗护服务的发展。倡导为老年人义诊，为行动不便的老年人提供上门服务。进一步加强康复医院、护理院和综合性医院老年病科建设。2020年，医疗机构普遍设立了为老年人提供挂号、就医等便利服务的绿色通道。大力推动医养结合，建立健全医疗卫生机构与养老机构合作机制，鼓励多种形式的签约服务、协议合作。健全基本医疗保障制度，巩固提高保障水平。进一步加大对贫困老年人的医疗救助力度。推进信息技术支撑健康养老发展，发展智慧健康养老新业态。加强专业人员队伍建设，提高队伍专业化、职业化水平。

4. 发展中医药（民族医药）特色干预

《“十三五”健康老龄化规划》提出，要注重发挥中医药（民族医药）特色，开展老年人中医药（民族医药）健康管理服务项目。鼓励新建以中医药健康养老为主的护理院、疗养院，有条件的养老机构设置以老年病、慢性病防治为主的中医诊室。推动中医医院与老年护理院、康复疗养机构等开展合作。推动二级以上中医医院开设老年病科，增加老年病床数量，开展老年病、慢性病防治和康复护理。

2018 年，四川省人民政府办公厅印发《四川省医疗卫生与养老服务相结合发展规划（2018—2025 年）》，提出到 2020 年基本建立健康养老服务体系，使老年医疗卫生服务网络更加完善；医疗卫生与养老服务资源实现有序共享，所有养老机构能够以不同形式为入住老年人提供医疗卫生服务；老年医疗护理人才培养机制健全，人才队伍得到保障，护理型床位占全省养老床位数的比例达 30% 以上；全省二级以上综合医院开设老年病科的比例达 40% 以上，二级以上中医医院开设老年病科的比例达 70% 以上，二级以上中医医院普遍设置治未病科室。2025 年全省二级以上综合医院和二级以上中医医院开设老年病科的比例均达 80% 以上，治未病科室标准化率达 100%；65 岁以上老年人健康管理率和中医药健康管理率分别达 90% 以上、80% 以上；全省具有 100 张以上床位的养老机构，除与医疗机构整合设置的，均内设医疗机构。

在保障基本医疗卫生与养老服务全覆盖的基础上，根据全省医疗卫生资源分布状况和医养结合发展趋势，推动形成资源有效配置、产业优势突出、特色鲜明、创新发展的“一核两带三区三中心”的医养结合格局。以加快推进城乡医养结合服务体系建设，健全完善医疗卫生机构与养老机构合作机制，有力推进医疗卫生服务向社区家庭延伸，大力发展中医药健康养老服务，推进医疗卫生、养老服务与旅游融合发展，全面推进老年人智慧健康服务等为主要任务目标。

5. 加强人才建设完善管理

2018 年，四川省支持四川大学、成都中医药大学、成都医学院、四川省护理职业学院等高等院校积极探索老年全科医学人才培养模式，加强老年医学、老年照护、老年康复、老年护理等专业人才的培养。鼓励职业院校开设老年医疗护理相关专业，为老年照护行业培养后备人员，促进老年照护行业队伍的专业化、年轻化。完善薪酬、职称评定等激励机制，鼓励医护人员到医养结合机构执业。实施人才援助和紧缺人才培养行动，加强中医药健康养老人才培养。

2019 年，四川省积极贯彻落实《国务院办公厅关于推进养老服务发展的意见》，促进现有医疗卫生机构和养老机构合作，发挥互补优势，简化医养结合机构设立流程，实行“一个窗口”办理。对养老机构内设诊所、卫生所（室）、医务室、护理站，取消行政审批，实行备案管理。开展区域卫生规划时为养老机构兴办或内设医疗机构留出空间。医疗保障部门根据养老机构兴办和内设医疗机构特点，将符合条件的按规定纳入医保协议管理范围。促进农村、社区的医养结合，推进基层医疗卫生机构和医务人员与老年人家庭建立签约服务关系。在有条件的地区支持家庭医生出诊为老年人服务。鼓励医护人员到医养结合机构执业，并在职称评定等方面享受同等待遇。为适应我国医养结合机构发展的需要，加强机构内部管理，提升管理质量和水平。

2020 年，四川省落实国家卫生健康委会同民政部、国家中医药局出台的《医养结合机构管理指南（试行）》，积极开展医疗质量管理、医疗护理服务管理、医疗康复服务管理、安宁疗护服务管理、感染防控管理、传染病管理、用药管理、病历管理。

（二）四川老年医疗服务发展现状

1. 老年医疗服务机构的发展现状

随着老龄化的不断加剧，相应的老年医学服务供给也在不断增加。《2019 年民政事业发展统计公报》统计，截至 2019 年年底，全国共有各类养老机构和设施 20.4 万个，养老床位合计 775.0 万张，比上年增长

6.6%，每千名老年人拥有养老床位30.5张。其中全国注册登记的养老机构共有3.4万个，比上年增长19.9%，床位438.8万张，比上年增长15.7%；社区养老照料机构8207个，社区互助型养老设施10.1万个，共有床位336.2万张。① 四川养老机构数量在全国排名第2位，共2531个（2020年）（见表11-1）。

表11-1　2020年全国养老机构和床位数

序号	地区	民政事业费累计支出（万元）	养老机构（个）	养老机构床位（张）	社区养老床位（张）	养老床位总数（张）
	全国合计	42294257.5	38069	4830756	3407720	8238476
1	江苏省	2408898.3	2469	440698	310589	751287
2	浙江省	1752814.9	1753	332253	310955	643208
3	山东省	2169304.3	2193	363536	265025	628561
4	四川省	2360513.2	2531	296242	190695	486937
5	湖北省	2065660.9	1831	276731	193997	470728
6	广东省	2525681.3	1887	248880	219393	468273
7	河北省	1751288.5	1721	231116	218880	449996
8	安徽省	2098558	2461	358518	67746	426264
9	湖南省	1530116.4	2380	223031	177978	401009
10	河南省	1980431.8	3168	287387	88376	375763

资料来源：《权威发布：2020年全国养老机构和床位详细数据，北京居然不在前十》，生态养老联盟网站，2021年3月3日，http://www.ccpee.org/cate-latest-news/6130-2020-93。

成都市作为四川省省会，积极推进老年医疗服务发展，截至2019年，成都市共有老年医学专科医院18家，比2018年增加8家；老年医学科共有老年病床位近6000张，比2018年增加近500张。全市二级以上综合医院设立老年医学科的医疗机构有64家，比2018年增加19家，在二级以上医疗机构的占比由42.45%提高到46.88%（见图11-1）。②

① 《民政部发布2019年民政事业发展统计公报，涉及社会工作等大数据》，搜狐网，2020年9月22日，https://www.sohu.com/a/420142890_99904059。

② 《成都市2019年老年人口信息和老龄健康事业发展状况报告》，中国青年网，2020年4月3日，http://df.youth.cn/dfzl/202004/t20200403_12269780.htm。

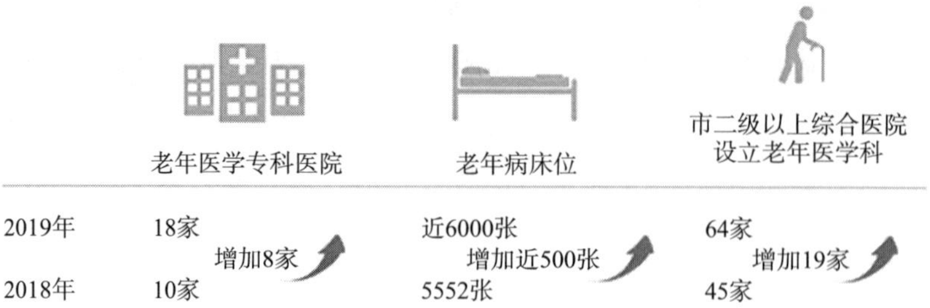

图 11－1　2019 年成都市老年医学专科医院情况

资料来源：《成都市 2019 年老年人口信息和老龄健康事业发展状况报告》，中国青年网，2020 年 4 月 3 日，http://df. youth. cn/dfzl/202004/t20200403_12269780. htm。

四川省医养结合型养老机构快速扩张。2017 年年末，全省医养结合机构数突破 1000 个，达 1113 个，比 2016 年年末增加 328 个，增长 41. 8%。从增幅看，4 种模式机构数增幅均超过 20%，增幅最大的为提供居家医养服务的机构，达 83. 1%；其次为医疗卫生机构中提供养老服务的机构，增幅达 56. 7%；医疗机构与养老机构建立合作关系的机构较 2016 年也有较快增长，增幅达 50. 3%；增长相对较慢的为养老机构内设医疗机构，增幅为 22. 2%。

2. 老年医疗服务从业人员的发展现状

老年疾病具有症状不典型、一人多病、并发症多、发展迅速等特点，对老年医疗健康服务的从业人员也提出了更高的要求。2017 年，国家卫生计生委等 5 个部门联合发布通知，指出要加强复合型人才培养，规范并加快培养护士、护理员、康复治疗师、健康管理师等从业人员。2020 年，人力资源社会保障部也发布了《关于实施康养职业技能培训计划的通知》，将健康照护、养老护理、家政服务等康养服务从业人员作为康养职业技能培训对象，提出 2020 年至 2022 年培养各类康养服务人员 500 万人次以上，其中养老护理员 200 万人次以上的目标任务。[①] 从全国到全省都相应出台了一系列重要政策文件并做出了战略部署，为康养产业发展和人才培养提供了目标、方向和指引。

2019 年 10 月，人力资源社会保障部、民政部联合颁布的《养老护理

① 《人力资源社会保障部 民政部 财政部 商务部 全国妇联关于实施康养职业技能培训计划的通知》，中华人民共和国民政部网站，2020 年 10 月 23 日，http://www. mca. gov. cn/article/xw/tzgg/202010/20201000029996. shtml。

员国家职业技能标准（2019 年版）》指出养老护理员是从事老年人生活照料、护理服务的人员，是养老服务的主要提供者，是养老服务体系的重要支撑保障，是解决家庭难题、缓解社会矛盾、促进社会和谐的重要力量。本报告将养老护理人才定义为：在公共养老服务机构、民办康养服务机构、康养企业、社区等，为老年人提供养老护理优质服务的、具备专业养老医学知识和专业养老护理能力的高素质服务型人员。

《全国民政人才中长期发展规划（2010—2020 年）》要求，到 2020 年我国计划培养养老护理员数量达到 600 万人，培养社会工作人才数量达到 150 万人。我国现有失能、半失能老年人口超过 3700 万人，按老年人与护理人员 3∶1 计算，养老护理人员的需求量超过 1200 万人。然而目前国内护理人员总人数才不到 100 万人，养老服务人员缺口极大，专业人才更是严重不足。从专业养老人才配备较为集中的养老机构来看，《2017 中国民政统计年鉴》显示，2016 年全国养老服务机构在院老人达 219.81 万人，按照比例配置，目前入住养老机构的老年人需要至少 37 万名养老服务人员，而目前专业技术技能人员仅有 21 万余人，机构养老服务人才缺口较大，供给现状堪忧。另外，我国目前登记在册的养老机构护理人员有 70 余万人，养老机构入住老人与服务人员之比为 7.8∶1，人才队伍严重不足。

四川省养老服务人才现状面临着同全国一样的困境。2017 年，全省医养结合机构照护人员总数虽然比上年明显增加，但与庞大的需求相比仍显不足，尤其是有资质认证的专业服务人员如营养师、康复师、心理咨询师等十分紧缺。2017 年，全省医疗机构内设养老机构照护人员 1.93 万人中专业技术人员仅 0.71 万人，只占 36.8%，管理人员比专业技术人员多 0.17 万人。医养结合机构中不仅专业技术人员不足，而且很多照护人员专业技能水平偏低、稳定性较差，对医养服务质量的提高均构成了较大制约。

二　老年医疗服务内容

（一）机构诊疗

四川省综合医院早期设有老年病科的较少，较早设立的老年病科或老年科大多专门为离退休干部提供服务，并不是为全体老年患者提供服务。现设有老年病科的医院数量逐年增加，所提供的的服务主要有对慢性病、老年病的常规治疗，以及对慢性病急性期的入院治疗，突发疾病的抢救，此外还提供相关药品、医疗用具等。

（二）家庭病床

老年人口数量不断增长，导致老年病人与医疗资源之间的矛盾日益加剧，相关的老年医疗服务资源不足以满足老年人的医疗需求。同时，老年人慢性病恢复较慢，住院时间长，且还有很多老年病患者因医院床位紧张而不能及时入院治疗。家庭病床的开设就显得尤为必要。家庭病床是根据病人的治疗需要和卧床生活习惯，并以家庭为治疗护理场所而设计的有利于辅助病人恢复的床，能够满足治疗、康复、护理的多种需要。家庭病床的开设使老年医疗服务工作开创了新局面。接受家庭医生签约式服务的老年人成倍增加。2018 年四川人口老龄化与健康养老状况分析显示，2017 年全省接受各种医疗服务的老年人数全面增长，增幅超过 30%，接受家庭病床服务的老年人达 15.1 万人次，比 2016 年增加 7.1 万人次，增长 87.9%。

（三）老年病的筛查

在老年群体中，糖尿病、高血压、心脑血管疾病等的发生率较高，同时，老年人大多会出现活动能力下降、骨质疏松和肌肉减少及轻度认知功能障碍等现象。并且随着年龄的增长、身体机能的退化，老年人往往出现多种慢性病共存的现象，因此，四川省针对患有慢性病的老年人开展相关疾病的筛查，维持或促进老年人的身体健康。

（四）康复护理

老年人随着年龄的增长，身体机能慢慢退化，患病概率逐步增加，健康状况往往会面临严重威胁。据调查，四川省 2015 年 60 岁及以上老年人口中，身体不健康的老年人占 18.93%，与 2010 年基本持平；2015 年 80 岁及以上老年人口中，身体不健康老年人所占比重为 45.34%，其中，男性 41.13%，女性 48.6%，分别比 2010 年提高了 0.34 个百分点、0.12 个百分点和 0.57 个百分点。随着人口老龄化程度逐步加深，不健康老年人的数量将继续增多。根据预测，2050 年全省身体不健康老年人将达 1200 万人，其中，失能老年人将达300万人以上。四川省积极推进对失能、半失能老年人的专业治疗和专业的康复护理服务，为其缓解痛苦。

（五）健康科普

随着年龄不断增长，老年人认知水平逐渐下降，生活当中，老年人更容易相信虚假的信息。在判断信息是否正确的时候，他们倾向于依据信息是否觉得熟悉，而不是理性地去判断分析。周围的信息环境越复杂、错误的信息越流行，这样的效应会越严重。老年人存在很多健康知识的误区，这就需要专家和医疗科普工作者注重老年人的健康状况，培养老年人较高的健商，耐心引导，传递正面知识，为健康中国贡献力量。推行健康科普教育活动，大量地传播保健医学的健康科普，展现全方位的自我保健技能，引导老年人多参与各项保健活动。

研究表明，健康科普教育工作于社区这一层面而言，准确锁定和强化教育重点、特殊人群，可最大限度地有效确保社区老年健康教育。四川省积极采取针对性方式方法，因材施教，确保社区老年健康教育。一是针对慢性病高危老年人采取生理健康教育。有些老年人存在家族遗传史、不健康的生活方式以及不良的行为习惯等，是具有慢性病危险因素的高危老人，其中部分老年人已经被确诊。在实际的操作中我们可以对他们展开集中教育，干预他们的不健康行为，培养并提高他们的自我管理能力，尤其要注重慢性病自我管理；针对刚刚出院或者已经出院仍处于康复期的老年人，要加强健康宣教工作；对长期居家疗养乃至卧床不起或是患有压力性溃疡的患者，要对他们的家人加强皮肤护理知识的指导。二是针对心理健康教育的重点目标人群进行心理干预。离职休养或者已经退休的老人，由于各种环境的改变，例如人际交往、社会角色的转换，生活、工作节奏会发生一系列的变化，他们更容易出现孤独、落寞、急躁、压抑等负面情绪；空巢老人、单独居住的老人或者没有配偶的老人，因为缺少家人、朋友、子女等的陪伴常常会觉得失落，心理或生理或多或少会出现问题。所以，对全社会而言，我们更要加强老年高危患者的心理干预，更重要的是，要积极鼓励他们多参与一些有意义的社交活动。三是针对特殊人群因材施教。对行动不便的老年人要登门探访进行健康教育；对受教育程度低的老年人，可以将重点的健康教育内容用通俗易懂的方法，反复宣教；对患有严重精神疾病的老年人，可以通过对其亲朋好友进行健康教育。

（六）生活照料

根据不同的照护主体，照料模式分为机构照料、居家照料、社区照料和家庭照料。机构照料相对于其他三种模式而言范围更广泛，分为公办和民营两种类型，由专业人士和非专业人士共同组成，具有养老与敬老院、康复与护理院等功能，能长期集中给入住机构的失能老人提供照料。居家照料模式简单来讲就是上门提供服务，专业型护理人员或者社区的志愿者都可以成为提供帮助的主体，由包含子女在内的、有血缘关系的亲属对失能老年人提供精神、生活、基础康复等护理。作为居家照料的延伸，社区照料是在诸如社区服务站之类的特定地点，由专业护理人员给寻求帮助的失能老年人提供长期照护服务。除了这几种比较常见的模式外，近年来相关人员还研究家庭病床式、旅游式、田园式和“候鸟式”等其他养老型照护模式。在经济发达的地区这些模式已经出现，目前我们还无法确定实际效果，但四川省乃至全国长期照护需求远大于供给的现状已经暴露出来。

（七）临终关怀

临终关怀是近代医学领域新兴的一门边缘性交叉学科，是指为临终患者及其家属提供医疗、护理、心理、社会等全方位的关怀照顾，也体现了现代社会的需求和人类文明的进步。对临终老年患者而言，了解并满足其最后需求的照料模式已经逐渐转变，以疾病治愈为主发展成以对症治疗为主，延长病人生存时长转变为提升病人生命质量。终末期照护提供的全面舒缓疗护，满足了当前没有治愈希望的临终患者及家属需求，让患者难以忍受的痛苦得以缓解，从而也保留了患者最后的尊严，让患者能够安宁舒适地走完最后旅程。临终关怀强调尊重病人的尊严和权利，注重对家属的心理疏导。它不单单是一项服务，更是一门新兴学科，这门学科以临终老年患者身心发展及其家属精神压力为研究对象。除了要拥有专业的医学知识，从事这一领域研究的工作人员还需具备深厚的人文知识。

2013 年，成都市慢性病医院就开展了临终关怀服务。2016 年 1 月 9 日，成都市临终关怀医疗质量控制中心在成都市第八人民医院成立，这是四川省成立的首家临终关怀医疗质量控制中心。该中心服务范围有五个方面：为临终病人提供肠内外营养支持及疼痛管理、心理支持等治疗；提供包括疼痛护理、营养指导等在内的专业疾病护理；提供 24 小时专业护工生活照料；定期开展志愿服务；为患者及家属提供专业心理抚慰和疏导。[①]

（八）其他医疗服务

为困难老年人提供医疗补贴或医疗救助，四川省在社区内组织老年人开展定期健康检查，建立的老年病医院和部分综合医院设立老年病科为老年人制定了挂号、看病、取药三优先公约，开展老年病的防治工作，建立老年人康复和疗养机构等。

三　老年医疗服务政策支持及效果

（一）医院老年病科业务

四川积极开展老年病科业务。2020 年四川省医院老年病科业务情况如表 11－2 所示，老年医疗科的责任包括对老年病的防治、恢复和调理，还有护理工作和提供心理安慰服务，不仅为生病的老年人提供服务，还让健康的或者亚健康的老年人可以享受由医院提供的各种服务。

表 11－2　2020 年四川省医院老年病科业务情况

	服务	指标
健康体检、疗养康复、安宁疗护（临终关怀）、医学美容等特需医疗服务	特需医疗服务（人次）	14436
	医疗美容服务（人次）	5880
	健康体检（人次）	14282
	临终关怀（人次）	300
	疗养康复（人次）	3910
	特需医疗服务收入（万元）	1138

① 《四川省首家临终关怀医疗质量控制中心在成都成立》，《四川日报》2016 年 11 月 23 日，第 7 版。

续表

	服务	指标
其他配套设施	内设养老机构（个）	165
	开通老年人就医绿色通道（个）	688
	独立设置安宁疗护机构（个）	58
	开设安宁疗护（临终关怀科）（个）	103
	安宁疗护（临终关怀科）床位（张）	1702

注：本表数据仅统计四川省内医院 2020 年开展具体业务的平均数。
资料来源：四川省卫生健康信息中心。

（二）老年医疗保障

老年医疗保障即为老年人提供疾病防治、卫生保健等方面的医疗保障。随着年龄的增长，老年人生理机能逐渐衰退，抵抗力下降，加上社会地位的变化及心理因素的影响，或多或少会存在一些老年疾病，如心血管疾病、糖尿病、风湿病等。老年人对医疗服务的需求比其他年龄段的人口更大更迫切。

中国现行的老年医疗保障体系主要是以基本医疗保险为基础，兼容大额医疗费用补助、公务员医疗补助、企业补充医疗保险和商业医疗保险等，同时各地根据自身实际为老年人提供医疗救助和医疗优待服务。

2017 年四川省城乡居民基本养老金为每人每月 115 元，仅相当于四川省企业和机关事业单位退休人员月人均基本养老金水平的 5.77% 和 2.67%。较低的保障水平不能较好地满足老年人的日常生活需求，对健康养老的快速发展也势必带来一定制约。

（三）医疗救助

医疗救助从制度上来说是一项面向全体城市贫困人口的医疗服务措施，但是因为特殊生理和社会收入情况，老年人往往成为救助的重点人群，通常把“三无”老年人作为一类或二类救助对象给予特殊关照。各地从自身条件出发，通过不同的方式对困难对象进行救助。主要的救助方式有：减免救助对象部分医疗费用，一般是免收普通挂号费，减收检查费、一般性诊疗费和床位费等；建立医疗救助基金，对救助对象因患重大疾病自付医疗费用的，按一定比例给予补助；兴办各种医疗救助服务机构、“慈善医院”，为救助对象直接提供低偿医疗服务；资助救助对象参加基本医疗保险；通过临时救济以及发动社会力量等多种形式对救助对象进行救助。

以成都市为例，对四川省医疗救助情况进行分析可以发现，困难老年人的生活保障逐年提高（见图 11－2）。2019 年，全市累计救助低保老年人 40.39 万人次，全年提供低保金 2.31 亿元；累计救助农村特困（五保）老年人 31.71 万人次，比 2018 年减少 0.16 万人次；累计救助城镇特困（三无）老年人 2.46 万人次，比 2018 年增加 0.17 万人次；全年共为城乡特困老年人提供生活补贴资金 3.02 亿元，比 2018 年增加 0.35 亿元。①

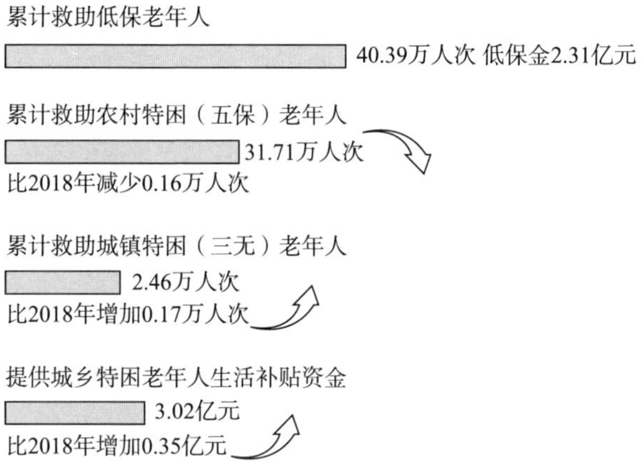

图 11－2　2019 年成都市困难老年人的生活保障情况

资料来源：《成都市 2019 年老年人口信息和老龄健康事业发展状况报告》，中国青年网，2020 年 4 月 3 日，http://df.youth.cn/dfzl/202004/t20200403_12269780.htm。

（四）其他服务政策

老年优待持续提高。以成都市为例，2019 年，办理“成都市老年人优待证”7.86 万本，办理“四川省老年人优待证”6.63 万本。为 41.86 万名 80 岁以上的高龄老年人发放高龄津贴 4.14 亿元。为 6.35 万名残疾老年人免费提供康复辅具，比 2018 年增长 24.09%。

老年法律服务稳步推进。2019 年，为符合法律援助条件的老年人提供法律援助覆盖率达到 100%，全年为老年人提供法律服务 2.46 万人次，比

① 《成都市 2019 年老年人口信息和老龄健康事业发展状况报告》，中国青年网，2020 年 4 月 3 日，http://df.youth.cn/dfzl/202004/t20200403_12269780.htm。

2018 年增长 11.31%。

老年群众组织蓬勃发展。2019 年，成都市有各级老年协会组织 4697 个，有会员 199.91 万人，占老年人口总数的 63.25%；有各级老年体育协会组织 3671 个，有会员 148.80 万人，占全市老年人口总数的 47.08%。[①]

① 《成都市 2019 年老年人口信息和老龄健康事业发展状况报告》，中国青年网，2020 年 4 月 3 日，http://df.youth.cn/dfzl/202004/t20200403_12269780.htm。

第十二章　四川省医养融合发展情况

“医养融合”（或“医养结合”）的养老模式是社会养老服务体系发展的新动向，是指将医疗服务和养老服务相结合、老年群体日常生活照料与康复照护相结合的一种新型服务模式。目前四川省正积极推进医养结合型健康养老模式，强调以全体老年人为中心的“医疗、照护、环境”综合关怀与照护，突出老年人的尊严和自由。医养结合养老服务主要包括在养老机构内开设医疗机构、养老机构与医疗机构合作、在医疗机构内开设养老机构、居家医养服务四种模式。为老年人提供各个生命历程全方位的、及时的、可及的、可承担的、充足的各项健康支持，集聚国家、社会及家庭等各方力量，促进老年人的身体健康与功能发挥。

一　医养融合的内涵及特点

一些发达国家早在20世纪就开始进行社会照护服务与健康服务一体化方面的改革实践，比较典型的有美国PACE计划、日本长期介护保险、英国综合照料项目等。我国医养融合起步较晚，随着近几年我国人口老龄化的加剧，国内逐渐有学者开始研究医养融合，主要针对医养融合在试点实践中存在的问题、取得的成效以及相应对策等方面。2013年10月23日，国务院发布的《关于加快发展养老服务业的若干意见》明确提出“医养融合”这一概念。从字面分析，“医养融合”包括“医”和“养”两个方面的要素，是一种集医疗保健与机构养老两种资源于一体的新型养老模式。“医”是指疾病诊治、日常健康检查、病后康复保健、临终关怀等多项服务；“养”是指日常生活照料、心理疏导与精神慰藉、文体娱乐活动等服务。

“医养融合”养老服务是对传统养老服务的延伸和补充，是长期健康照护的细化，是医疗资源和养老资源的无缝衔接，是从专业化的角度有机地将医疗资源与养老资源进行整合，有效地缓解了我国长期惯行的“医养分离”养老模式所导致的养老服务业供需失衡的尴尬局面。其一方面为老年人提供病前预防、病中康复、病后恢复的支持与帮助；另一方面还为老年人提供多层次的养老需求服务，如基本的日常生活照料、社交沟通、感情倾诉、旅游咨询、法律援助等。养老服务机构或社区卫生服务中心根据老年人的不同需求，为其提供相应的配套服务。医养融合重新定义了医疗与养老之间的关系，将医、养、护结合起来，为老年人提供综合性的、全方位的养老服务。

可见，广义的医养融合提供集医疗、养生、养老于一体的产品和服务，是覆盖全生命周期的完整系统。狭义的医养融合是将现代医疗服务技术与社会养老保障模式结合，是对“有病治病、无病疗养”的养老模式的创新，主要面向居家、社区、机构养老的老年人，其服务对象包括妇孕婴幼、青少年、中老年，服务内容涉及养老产业、医疗旅游、慢性病管理、健康检测、营养膳食、老年文化等。

医养融合的主要特点是“有病治病、无病疗养”，把医院和养老院合二为一，让老年人在养老的同时，得到充分的医疗保障。从范围延伸的广度上来讲，医养融合是对养儿防老的传统观念与现代医疗机构进行优势组合的一种新型探索，重新定义了人们对养老的理解。从保障目的来看，其与家庭养老模式相似，都是通过对老年人的老年生活予以帮助与照顾，从而使每个家庭的老人都能拥有一个幸福的晚年。从参与主体来看，医养融合的社区养老模式将养老机构资源和社区医疗资源进行优势重组，通过引导多方主体参与养老事业，力图为老年人或社区内的患病人群提供优质服务。从服务内容来看，医养融合的社区养老机构引进了先进的医疗设施和专业的医疗护理人才，使其可以提供及时可靠的医疗养老服务。从保障对象来看，医养融合社区养老机构可以帮助患慢性病、病情反复、术后康复等，无法在家中得到专业医疗照料的失能、半失能老年人。从人道主义角度来看，医养融合既符合老年人对于就医和养老两方面的需求，也符合老年人对晚年生活质量的追求。

二　医养融合发展历程及现状

（一）发展历程

1. 萌芽阶段

医养融合在萌芽阶段的实践，体现出明显的“重私轻公”色彩。由于医疗及养老服务供给与市场需求之间的匹配差距不断加大，政府不仅逐步放开了社会资本进入医疗及养老服务市场的限制，还先后出台了一系列鼓励性的扶持政策，一大批民营医院、民办养老院迅速进入市场并发展壮大，导致医疗及养老服务市场的竞争态势日趋激烈，传统公办医疗机构和养老机构的生存空间受到挤占。迫于生存需求，部分医疗机构和养老机构开始尝试突破传统服务模式，独立开发探索兼具医疗诊治功能和养老照护功能的复合型服务模式。

自此，四川地区开始自主开展医养融合探索，但对医养融合的探索更多的只是停留在经验层面，尚未形成比较稳定的、取得共识的医养融合实践模式，医养融合仍然存在各方参与主体功能定位偏差重叠、部分参与主体动力意愿明显不足、专业化服务供给能力极为有限等诸多问题。直到2011年3月发布的《中华人民共和国国民经济和社会发展第十二个五年规划纲要》提出“实现养老服务从基本生活照料向医疗健康、辅具配置、精神慰藉、法律服务、紧急援助等方面延伸”相关论述，首次在国家规划层面上将医疗健康纳入养老服务体系，更加坚定了探索医养融合养老新模式的决心。

2. 试点阶段

2013年，国务院发布的《关于加快发展养老服务业的若干意见》第一次使用“医养融合”一词，要求各级积极推进医疗卫生行业与养老服务行业相结合，推动我国医养融合的进一步发展。为认真贯彻落实国务院发布的《关于加快发展养老服务业的若干意见》，四川省人民政府发布了《关于加快发展养老服务业的实施意见》，提出推进医疗卫生与养老服务相结合，推动医疗卫生资源进入养老机构、社区和居民家庭；建立医疗机构与养老机构的协作机制，加快推进面向养老机构的远程医疗服务试点等。2015 年 5 月 25 日，四川省卫生计生委、四川省民政厅签订医养融合发展备忘录，全方位推动四川省医养融合发展。

2014 年 6 月，国家发改委、民政部、国家卫计委联合发布《关于组织开展面向养老机构的远程医疗政策试点工作的通知》，在北京市、湖北省和云南省开展试点工作，探索面向符合养老机构远程医疗服务特点的政策标准及市场化运营机制，进而提高养老机构的医护服务专业化水平，并在此次试点过程中逐步形成了医养机构间的有效合作方式。2016 年 6 月，四川省雅安市和攀枝花市成为第一批国家级医养结合试点单位，同年 9 月国家卫生计生委确定德阳市、广元市为第二批国家级医养结合试点单位，四川省内各市立足生态、地理和医疗资源优势，科学统筹资源，合理规划布局，稳步推进工作，切实营造了良好的医养结合发展态势，并借助各市自身独特的地理、生态、医疗优势探索形成了贴合各市实际情况的医养融合发展新模式。

在地方政府的支持下，医养融合实践已较前期萌芽阶段有了明显改善。一方面，医养融合服务供给主体不再局限于传统意义上的医疗机构和养老机构，进一步丰富了医养融合服务形式，新型医养融合养老服务模式更符合老年人居家养老的偏好，从情感和心理的角度有效缓解了老人对机构养老的抵触情绪；另一方面，在地方政府的经验积累到一定程度时，中央层面的制度调整也不断完善，国家密集出台多份旨在推动医养融合规范发展的国家级政策文件，以促进形成规模适度、运营良好、可持续发展的医养融合服务体系。

3. 实施整合阶段

国家政策的高位推动及统一部署，一方面将发展医养融合的具体责任分解落实到各省级政府部门，客观上促成了医养融合发展“上下联动”的工作机制，同时，旨在细化国家医养融合政策意见的地方性实施方案随之出台；另一方面也在一定程度上优化了医养融合的发展环境，进一步激发出社会资本、市场机制对医养资源的整合配置能力，政策效果逐步显现。

综合四川医养融合开展情况来看，其实践形式大致可以归结为内设模式和合作模式两大类，其中内设模式是指由养老机构、医疗机构或其他组织主体单独开展医养融合服务，积极拓展自身养老方面或医疗方面的能力优势，在原有功能基础上补充增设内部部门，补足或“医”或“养”的功能短板，实现医疗机构优质资源在养老领域，或养老机构优质资源在医疗领域的溢出效应，具体实践形式包括养老机构内设医疗机构、医疗机构增设养老功能、建设医疗养老联合体等。合作模式是指一个或多个养老机构与医疗机构建立合作关系，实现医疗与养老两种资源相互嵌入的一种模式，能够有效改善养老机构没有足够的医疗设备、技术、医护人员而导致的养老机构入住率低和竞争力弱的局面，同时也能有效解决部分基层医疗机构就诊病人数量有限、设备床位未得到有效利用而造成的医疗资源闲置的问题。2020 年已经是我国开展“医养结合”养老服务试点的第 5 个年头，四川省试点地区通过实践已经发展形成自己的典型经验，基本形成“医养结合”服务网点，进入深化发展的攻坚期，也正处于进一步规范完善和推广的阶段。

（二）发展现状

1. 四川医疗需求服务现状

面对人口老龄化的严峻形势，四川省科学评估人口老龄化给经济社会和家庭发展带来的重大影响，认真研究老年人的健康特点及服务需求，进一步推进医养结合模式创新、制度创新、服务创新、体系创新，以满足老年人的不同层次的健康养老服务需求。

2. 四川养老服务提供现状

《2018 年民政事业发展统计公报》数据显示，截至 2018 年年底，全国各类养老机构和设施达 16.8 万个，养老床位合计达到 727.1 万张，比上年增长 3.3%，每千名老年人拥有养老床位 29.1 张。其中，全国共有注册登记的养老机构 2.9 万个，比上年增长 10.0%，床位 379.4 万张，比上年增长 3.9%；社区养老照料机构和设施 4.5 万个，社区互助型养老设施 9.1 万个，社区留宿和日间照料床位达到 347.8 万张。[①]

从四川省现有人口数量与养老服务提供机构的比例来看，四川省医养

① 《2018 年民政事业发展统计公报》，中华人民共和国民政部网站，2019 年 8 月 15 日，http://images3.mca.gov.cn/www2017/file/201908/1565920301578.pdf。

融合养老服务资源尚不能满足老年人口的养老服务需求，且随着老龄人口的持续增加，发展医养融合服务的需求日益紧迫。

3. 四川医养融合实践现状

根据《四川省医疗卫生与养老服务相结合发展规划（2018—2025年）》中关于构建“一核两带三区三中心”的医养融合格局，建立健全健康养老服务体系的表述可知，使老年医疗卫生服务网络更加完善，真正实现“病有所医，老有所养”的医养新格局的发展思路是四川省各地结合自身优势发展形成独具特色的医养融合模式的发展方向。目前四川医养结合养老服务主要包括在养老机构内开设医疗机构、在医疗机构内开设养老机构、养老机构与医疗机构合作、提供居家医养服务四种模式，前三种模式为目前“医养结合”的主要形式。

成都市紧紧围绕国家中心城市建设和“健康成都、幸福蓉城”建设，加快推进产业项目建设，逐步实现健康服务业项目集聚发展，全力打造“六位一体”健康服务业发展新格局；加强招商引资指导，推进形成产业集群；大力推进医养融合，全面推开长期护理保险。

攀枝花市以全国医养融合试点为契机，结合全市大力发展康养产业、打造康养胜地的战略部署，依托特有的气候条件，积极探索健康旅游新模式；推进医养融合产业化，积极探索深度融合的“医中有养”“养中有医”“双向合作”“社区医养护一体化”“候鸟”等医养融合服务模式。

雅安市坚持“美丽雅安、生态强市”的战略定位，依托中医药特色优势，推动全市中医基本医疗、养生保健、养老康复等相关产业发展；实施“五十百千万”工程，通过载体带动、示范引领促进全市产业转型升级，推动医养融合产业迅速发展。

德阳市全面放开医疗健康产业市场，打造医疗卫生高端人才生态圈，引进国内知名企业集团投资规模化、高水平医疗健康产业项目，形成公立、民营医疗机构相互补充、公平竞争、共同发展的良好局面，构建多元多极化的医疗健康产业新格局。

广元市以创建西部康养高地为目标，建立“政府引导、规划引领、试点示范、市场驱动、社会参与”的工作机制，依托山清水秀自然生态、绿色低碳产业体系、宜居舒适人居环境，构建“一核一极两带四区五廊”的建设格局；以项目建设及产业融合为重点，完善健康服务体系，助推医养融合发展。

自贡市抓住全国老工业城市产业转型升级示范区建设契机，依托“盐龙灯”特色旅游文化助推健康服务业发展，大力实施“234”行动计划，以项目为载体，强力推进医疗与养老产业融合，打造覆盖城乡、精准高效的医养结合“半小时服务圈”和结构合理、功能完整的康养产业链。

绵阳市积极探索医养融合新模式，大力发展智慧健康养老，构建智能化医养融合服务体系，充分利用“互联网+医疗”的科技手段，提高“医养融合”新养老模式下老年人的健康管理水平和疾病防控能力，促进医养融合质量和水平全面提升。

三 医养融合发展存在的问题

（一）医养融合养老服务主体支撑力度不足

医养融合养老服务的责任主体是政府，社会各方力量是共同推动者。但目前四川省这两方面主体在推进医养融合养老服务上的支撑力度均不足。从四川政府看，促进经济发展仍是现阶段的最主要任务，经济建设在现阶段占据了绝对的主导地位，且现阶段老龄化带来负面影响未直观显现，导致对民政卫生方面关注度较低，公共财政投入也明显不足。因此，需要政府财政兜底支持的公立性质的敬老院、日间照料中心等机构发展缓慢，医养融合难以推进。

从社会各方力量看，对四川省的医养融合养老服务资金支持非常有限。医养融合养老服务机构短期盈利能力较低、流动资金需要较多，在尚未建立统一筹资机制、补贴机制背景下，对外来资金吸引力较低。医养融合养老服务相关业务无明确政策支持指引，加之成本回收期长，收益率偏低，具备一定风险性的特点，往往在银行贷款审核中困难重重。银行对公业务优先考虑由政府牵头的基础设施项目、高科技企业，个人业务也以普惠金融为主导，针对“三农”及个人创业提供贷款。其他金融机构，如个人贷款公司、互联网消费金融公司、财务公司等，不具备发放对公贷款资格、融资成本较高使养老机构也无法获得资金支持。资本逐利是其天然属性，因此在医养融合机构养老的市场前景还不明了的情况下，民间资本进入的热情也不高。加之政府对医养融合的金融扶持政策和具体建设指引缺位，未能把如医疗卫生机构、社会公益组织吸纳到医养融合事业中来。因此，现阶段养老服务业的金融支持，主要还是依靠政府拨款和政策性银行对试点单位发放的贷款。

（二）养老服务对象对医养结合养老模式认同度不高

首先，老年人的养老观念普遍传统、滞后。老年人对自身未来养老方式的选择与过去相比变化不大，传统的自我养老和家庭养老仍是主要选择。从老年人角度分析，根据马斯洛需求层次理论，一是在家养老安全可得到一定保障，“离土不离乡”的情况使得子女与老人实际距离并不遥远，老人生病时子女赶回送医较为及时。因此，老年人认为无必要在养老机构进行专人看护。二是符合现阶段社交需求，我国“孝”文化源远流长，“养儿防老”的传统观念依然根深蒂固，老年人认为子女是老年生活的保障，依靠子女居家养老才是真正老有所养、老有所依。若是前往养老机构，不但缺乏过往熟悉的社交环境，而且会受到周围人群“有色眼镜”看待及流言蜚语，无法满足自身的社交需求。三是老年自我实现需求强烈，大部分老年人认为自己仍然可为社会、为家庭做出贡献，仍然活动在生产经营、家务劳动及照顾孙辈、曾孙辈等工作中，居家养老可满足其自我实现需求。

其次，老年人支付能力较弱。四川省虽然基本实现了城镇职工、城乡居民、新型农社的养老保险分类全覆盖，但是受限于整体发展水平仍然在保险保障层面，覆盖面、标准和能力上不甚理想，抵御风险、互相救济的效果仍然有限。在需要进行养老服务的老年人口中，农民是主要的构成人口，他们收入水平低，且多数不具有购买商业保险作为养老补充的意识。急需医养融合养老服务的失能、半失能的老年人，由于劳动能力缺失、收入来源少、收入金额低、缺乏持续性稳定收入来源等，主要依靠拆迁安置款和子女供给养老。经济负担的增加抑制老年人选择医养服务的意愿及可行性，让他们更倾向于选择居家养老来降低自身及亲人的负担，而非自费参与医养结合养老服务。

（三）医养融合养老服务模式运行体系体制不畅

推进医养融合，首先要推进管“医”和管“养”的政府部门共同协作。但事实是，养老机构设立归民政部门审查，养老用地申请需要找国土资源部门，财政补贴需要财政部门发话，医疗卫生机构又属于卫生部门监管，医保报销需找社保部门负责。多个部门协作不调易出现推诿、拖延、缺乏管制等现象，这些都加大了医养融合政策落地的难度。

部分民营养老机构，由于前期投入大，政府补贴仍不足以维持运转，而争相成为医疗保险定点单位，把老年人的一般康复护理变成医疗服务，产生的医疗费用由医保报销。更有甚者利用老年人名义，开大处方、营养液及中医理疗的药品或治疗，这些行为严重违背了“医养结合”养老服务的初衷，也给医疗保险基金造成了损失、浪费，影响其他参保人的利益。

另外，重医轻养的现象比较严重。医院因其公立性质和良好的营收状况，相较于养老院占有更多的人才、器械、资金等资源，医疗机构是医养融合养老服务占主动和主导地位的一方。养老机构中的老年人的看病治疗需求和看护人员的医护培训都必须依靠对口医院方能推动。养老机构受限于资金、场所、专业人才等，能做到的只是内设医务室，治疗一些简单的轻症，当居住养老院的老年人突发重大疾病时，及时就近医疗的需求往往会由于医疗资源紧张、距离大型医院较远等无法得到满足。还有少部分小型养老机构为了节省人力和财力未设立医务室，而是选择挂靠附近的医院、社区医院甚或是个体诊所。同时，除了试点医养机构，大部分身患疾病老人因为报销需要奔波于医院、社保机构、养老机构，负担巨大。当前老年人实际的养老需求更多在于“养”而非在于“医”，如果不加区别地推广医疗机构主导的医养融合养老服务，而不考虑建设足够的养老机构，必然无法满足老年人对长期看护的养老需求，进而降低他们对医养融合养老服务这一新型养老形式的接受度和满意度。

（四）医养融合的专业人才紧缺

2020 年，四川省 60 岁及以上人口规模上涨至 1816.4 万人，占常住人口的 21.71%，与庞大的老年人口和迫切的医养需求相比较，从事医养结合养老服务的专业人才不足，从业者的整体服务水平较低。主要体现在以下三个方面。

第一，医疗养老服务人员不足，种类不完备。按业务责任划分，养老服务提供者应该包括全科医生、专科医生、护士、管理人员、康复理疗师、社工等多种类型的专业人员。现阶段四川医疗及养老机构中配备专业齐全的养老服务者的非常少。2017 年全省医养结合机构照护人员总数虽然比上年明显增加，但与庞大的需求相比仍显不足，尤其是有资质认证的专业服务人员如营养师、康复师、心理咨询师等十分紧缺。2017 年全省医疗机构内设养老机构的 1.93 万名照护人员中专业技术人员仅有 0.71 万人，只占 36.8%，管理人员比专业技术人员多 0.17 万人。医养结合机构中不仅专业技术人员不足，而且很多照护人员专业技能水平偏低、稳定性较差，对医养服务质量的提高均构成了较大制约。

第二，从业人员缺乏系统的、全面的培训，部分从业者甚至缺乏从业资质。养老护理员普遍存在“文化素质低、专业技能差、年龄偏大、流失严重”等问题。目前一线养老护理员主要由 50～60 岁人员以及少量的老年服务专业或者护理专业中职生构成，而中职生虽然有一定的基础知识和基本技能，但由于薪酬不高、社会认同感低，流失率很高。取得职业资格水平证书的助理社会工作师及取得社会工作师资格的人员严重不足，距离满足养老行业专业性的护理需求仍有较大差距。

第三，医养融合养老服务的人才保障机制尚不健全。养老服务行业正在成为一个招不进人和留不住人的行业，诸多有意愿从事相关工作的高学历和高素质的人才，往往因激励保障制度的不完善，工作压力大、时间长，且对老年人进行照护存在较大风险等而另做就业打算，这严重影响了养老产业的持续发展。

养老产业篇

第十三章　四川省养老产业的发展

养老产业是指通过保障和改善老年人生活、健康、安全和参与社会发展，为人民提供各类养老和相关产品（货物和服务）的生产活动集合，其中包含专门为养老或老年人提供产品的活动，以及适合老年人的养老用品和相关产品制造的活动。

一　养老产业的基本内涵

本报告将养老产业作广义理解，包括养老照护服务业、老年人医疗卫生服务业、老年健康促进与社会参与业、老年社会保障业、养老教育培训和人力资源服务业、养老金融服务业、养老科技和智慧养老服务业、养老公共管理业、老年用品及相关产品制造业、老年用品及相关产品销售和租赁业、养老设施建设业以及其他养老服务业 12 个大类。按照产业链，可以划分为如下四个部分。

产业链第一核心：养老服务业。养老服务业在养老产业中属于核心部分，目前主要有居家养老、社区养老、机构养老等几种形式。养老服务业主要包括医疗护理、长期护理、家政服务、心理咨询及机构护工、营养师等专业人员的岗位培训服务等。

产业链第二核心：养老地产。中国养老产业还处于早期发展阶段，目前单纯作为养老地产的楼盘较少。养老产业的社会需求迅速增长，在相关经营方式和服务理念更新转变的带动下，养老产业有望实现社会效益与经济效益的“双赢”，成为引领、辐射、带动全社会养老服务水平发展的重要抓手。

产业链主体：养老支柱产业及辐射产业。养老支柱产业主要包括老年食品、日常生活消费品、老年娱乐设施、医疗护理用品、日托照料、文化用品、老年求学。随着老年人口不断增加，老年人的消费水平不断提升，围绕老年人的各类市场也必然增大。

产业链末端：上下游服务业。养老产业链的末端是养老产业带动的上下游服务业，养老产业涉及的范围大，提供的就业岗位多。就目前而言，养老产业是非常具有潜力的产业板块，不仅能促进养老服务业、养老地产业核心产业发展，同时也能带动如水泥、建筑、钢材等上下游行业的发展。

二　养老产业发展历程和现状

养老产业的发展经历了三个阶段。第一阶段，扩大了养老服务对象群体，包括各单位退休群体及“五保”老人，主要由政府拨款，统筹资金，以加快乡镇养老产业建设。第二阶段，养老产业实现投资主体多元化、服务对象公众化、服务形式多样化的转变。第三阶段，国家鼓励民营资本进入养老产业，社区养老受到重视，出现医养结合、以房养老、智慧养老、综合养老的新模式。

（一）养老产业服务对象扩大

1978年之后，国家开始统一调整恢复各项社会福利保障措施，包括恢复养老产业的发展。这个时期，中国社会福利事业得到快速恢复，并向社会化方向发展。1978年，国务院颁布《国务院关于安置老弱病残干部的暂行办法》《国务院关于工人退休、退职的暂行办法》，对国有企业职工，机关、事业单位人员退休制度进行了统一规范，将退休制度纳入养老服务保险制度体系，扩大了服务对象。同年6月四川省人民政府印发《关于贯彻执行〈国务院关于安置老弱病残干部的暂行办法〉和〈国务院关于工人退休、退职的暂行办法〉的若干具体问题的处理意见》。1981年10月，四川省人民政府下发《严格执行国务院关于工人退休、退职暂行办法的通知》，要求严格掌握退休、退职条件，在办理工人退休、退职手续时，必须严格按照《国务院关于工人退休、退职的暂行办法》规定的条件执行。同时要严格控制聘用退休、退职工人工作，尤其是对返聘拿高工资问题，要严格管理。四川省在一部分地区和单位进行了试点，根据中央组织部老干部工作座谈会和国家劳动总局工人退休、退职会议的有关规定精神，结合实际提出42条具体处理意见。

1994年颁布的《农村五保供养工作条例》和1997年颁布的《农村敬老院管理暂行办法》，明确了五保性质、供养性质，规范了发展农村敬老院等相关内容。20世纪80年代后期开始发展养老企业，推出数量可观的老年产品，包括营养品、保健品等，但大部分产品并未受到市场青睐。究其原因，主要是企业对养老消费的定位不够准确、对养老消费市场分析过于乐观，忽视了老年群体的消费习惯、消费特征和消费水平等。

（二）养老产业服务内容增多

进入21世纪，中国开始进入老龄化，养老成为影响国家经济、政治和社会发展的重要问题。社会各界力量逐渐参与到养老产业建设，促进养老产业变革。2000年，民政部等各部委联合发布《关于加快实现社会福利社会化的意见》，明确提出社会福利社会化的政策，主张以居家为基础，以社区为依托，以社会福利机构为补充的养老方式。2001年，四川省人民政府办公厅发布《关于加快发展社会福利事业的通知》，对社会福利事业的发展进行统筹规划、分类指导的同时加大政策扶持力度和资金投入，对支持社会兴办福利机构予以肯定。四川省积极推进养老产业发展，养老产业服务内容逐渐进入医疗保健、家政服务、娱乐健身及老年教育等领域，养老服务机构数量快速增长，养老产业潜力巨大，老年市场亟待开发。但部分投资者对如何开发养老市场态度犹豫，想做不敢做；部分已经进入养老产业的投资者，将投资重点放在老年消费品市场，即生活用品、健康用品、服装用品、化妆用品等，未能将养老市场做起来。随着市场环境的变化和国际养老市场成功经验的启发，投资者开始有目的、有计划地研究和开发养老市场。

（三）养老产业政策不断完善

2012年，党的十八大提出“积极应对人口老龄化，大力发展老龄服务事业和产业”，为养老产业的发展带来新的机遇。四川省政府出台了系列文件，加快推进四川省养老产业发展。

2014 年，四川省人民政府制定《关于加快发展养老服务业的实施意见》（川府发〔2014〕8 号），指出要大力发展养老产业，鼓励相关行业拓展适合老年人的文化娱乐、体育健身、休闲旅游、精神慰藉、法律信息、残障老年人专业化服务。支持企业开发康复辅具、食品药品、服装服饰等老年产品，引导商业机构设立老年用品专区。鼓励商业银行、保险公司、证券公司等金融机构开发适合老年人的理财、信贷、保险等产品。鼓励发展养老服务中小企业，扶持发展龙头企业，形成养老服务产业集群。

2015 年，四川省人民政府办公厅印发《四川省养老与健康服务业发展规划（2015—2020 年）》对四川省养老空间进行布局，形成了“一区两片三带”养老与健康服务业发展格局。“一区”即以成都为核心，由德阳、绵阳、遂宁、乐山、眉山、雅安和资阳等组成的创新发展核心区。“两片”即依托泸州、南充的优质医疗资源构建的川南融合发展示范片和川东北融合发展示范片。“三带”即依托独特自然资源、民族特色文化构建的攀西阳光康养服务业发展带、秦巴生态森林康养服务业发展带和川西民族特色康养服务业发展带。

2017 年，四川省人民政府办公厅印发《关于进一步扩大旅游文化体育健康养老教育培训等领域消费实施方案》（川办发〔2017〕61 号），全面提升养老消费水平，进一步放宽养老服务市场准入条件，依法对符合条件的养老机构进行设立许可。对营利性养老机构注册登记实行“先照后证”。启动成都市长期护理保险试点工作。制定长期护理评定标准、护理项目、实施细则、经办规程等配套文件。探索商业保险公司参与经办长期护理保险工作，建设长期护理保险信息网络系统，开展长期护理保险待遇支付工作。做好长期护理保险试点的宣传和政策解读工作，跟踪试点实施工作，加强沟通协调，及时妥善处理试点工作中出现的新情况、新问题。

2018 年，四川省人民政府办公厅印发《关于全面放开养老服务市场提升养老服务质量的实施意见》（川办发〔2018〕5 号）文件，明确提高老年人生活便捷化水平、加快养老服务信息化建设、促进老年产品用品升级、拓宽适老金融服务渠道等重点任务，以全面放开养老服务市场，优化供给结构，基本实现均等化服务，明显改善服务质量，显著提升群众满意度。

四川积极落实养老产业的政策扶持。全面开放养老服务业市场、深化改革政策——“放管服”，取消养老机构的设立许可；养老院内设医疗机构由设置审批改为备案制；放开养老服务市场，鼓励境外投资人员在华投资，对其实行同等优惠；重点解决养老机构的消防审批、楼层限制等一系列问题；《城企联动普惠养老专项行动实施方案（试行）》中土地、规划、融资、财税等一系列政策的支持，为广大老年人提供买得到、消费得起、服务得好、儿女放心的养老服务；《关于加强规划和用地保障支持养老服务发展的指导意见》降低了养老服务行业资本进入的门槛，在供地政策支持下，社会资本对养老服务业的投资积极性大幅提升。

2020 年，四川省政府办公厅印发《关于推进四川养老服务发展的实施意见》（川办发〔2020〕9 号），指出全面贯彻落实党中央、国务院和省委、省政府决策部署，大力推动养老服务供给结构不断优化、社会有效投资明显扩大、养老服务质量持续改善、养老服务消费潜力充分释放。到 2022 年，力争将四川打造成西部养老服务高地、全国养老服务示范省，在保障人人享有基本养老服务的基础上，全面建立居家社区机构相协调、医养康养相结合的养老服务体系，有效满足老年人多层次、多样化的养老服务需求，老年人及其子女获得感、幸福感、安全感显著增强。

三　养老产业类型

四川省养老产业是指根据老年人身体及心理特征，为满足老年人需求而提供服务、设施、商品的产业，涵盖老年人的衣、食、住、行、用、医、娱等方面，涉及许多产业，是相互交叉的综合性产业链。养老产业按需求可细分为多个产业：医疗保健、生活用品、家政服务、养老地产、养老旅游、文化娱乐、老年保险等。

（一）养老照护服务业

养老照护服务即对老年人进行生活照料、康复护理、助餐、助行、助浴助洁、助医、日常照料等服务活动。涵盖居家养老照护服务、社区养老照护服务、机构养老照护服务三种类型。其中居家养老照护服务主要由家庭成员或雇佣人员对老人提供照料，涉及行业有外卖送餐服务、家庭服务、社会看护与帮助服务等；社区养老照护服务主要是养老服务机构依托社区养老服务设施向社区老年人提供日托、全托等服务，涉及行业有餐饮配送服务、老年人/残疾人养护服务、社会看护与帮助服务等；机构养老服务照护主要是各级政府、企业和社会力量兴办的养老院、老年福利院、老年公寓、老年养护院、敬老院、光荣院、农村幸福院、养老大院、农村特困人员供养服务机构等养老机构为在机构集中养老的老年人提供养护和专业化护理服务，涉及行业有疗养服务、干部休养服务、护理机构服务、老年人和残疾人养护服务。

（二）老年医疗卫生服务业

老年医疗卫生服务业涵盖老年人预防保健、疾病诊疗、康复护理、临终关怀等老年医疗卫生服务，覆盖老年阶段的基本医疗需求。老年医疗卫生服务包括由各类医疗机构向老年人提供的中医治未病、家庭医生签约、门诊、住院等诊疗、老年康复和医疗护理、老年康复辅具配置、安宁疗护等服务。

（三）老年健康促进与社会参与业

老年健康促进与社会参与业是指针对老年人健康，为其提供相关的健康指导、运动休闲服务和老年人参与的公益性群众文体娱乐活动等。

老年健康促进与社会参与业主要包含老年体育健身服务、老年文化娱乐活动、老年旅游服务、老年健康养生服务、老年志愿服务等五个方面。其所包含的产业有群众文体活动、体育组织、健身休闲活动、游乐园、体育健康服务、图书馆、博物馆、群众文体活动、歌舞厅娱乐活动、体育表演服务、旅行社及相关服务、游览景区管理、理发及美容服务、洗浴服务、养生保健服务、健康咨询等。

（四）老年社会保障业

老年社会保障业是指通过一系列经济、医疗和社会服务等方面的措施，对退出劳动领域或者无劳动能力的老年人实施的社会保护和社会援助。

老年社会保障业主要包括老年社会保险、老年人社会救助、老年人慈善服务、老年人社会福利、养老彩票公益金服务等五个方面。其所包含的产业有提供住宿的社会救助、社会看护与帮助服务、其他社会保障、其他不提供住宿的社会工作、社会事务管理机构、福利彩票服务等。

（五）养老教育培训和人力资源服务业

养老教育培训和人力资源服务业是指为老年人及其家人，以及为老年人服务的从业人员提供与养老相关的职业教育、普通教育、技能培训以及人力资源开发服务。

养老教育培训和人力资源服务业包括养老教育和技能培训、老年教育、养老人力资源服务三个方面。其所包含的产业有中等职业学校教育、高等教育、职业技能培训、其他未列明教育、人力资源服务等。

（六）养老金融服务业

随着老年人社会保障制度的持续推行和保障面的不断扩大，老年人的经济状况越来越好，养老金融服务业是指为一些理财观念很强的老年人提供的金融产品和理财咨询等。

养老金融服务业包括老年商业保险、商业养老保险、养老金信托、养老债券、其他养老金融服务五个方面。其所包含的具体产业有人寿保险、健康保险、意外伤害保险、财产保险、年金保险、其他非货币银行服务，再保险、商业养老金、保险中介服务、保险监管服务、其他保险活动，银行理财服务、公开募集证券投资基金、其他非公开募集证券投资基金，资本投资服务、保险资产管理、信托公司、证券市场服务、资本投资服务、其他资本市场服务等。

（七）养老科技和智慧养老服务业

养老科技和智慧养老服务业是利用新一代信息技术产品，使老年人实现个人、家庭、社区、机构与各类养老资源的有效对接和优化配置的活动。

养老科技和智慧养老服务业包括养老科技服务和智慧养老服务业两个方面。其所包含的具体产业有工程和技术研究和试验发展、医学研究和试验发展、社会人文科学研究、生物技术推广服务、知识产权服务、科技中介服务、创业空间服务、其他科技推广服务业，质检技术服务、互联网生活服务平台、互联网公共服务平台、互联网数据服务、信息处理和存储支持服务、物联网技术服务、软件开发、集成电路设计、信息系统集成服务、运行维护服务、信息技术咨询服务、其他数字内容服务、其他信息技术服务业等。

（八）养老公共管理业

养老公共管理业涵盖政府养老管理服务、社会组织养老服务两个方面，其中政府养老管理服务是指国家及各级民政、教育等部门对养老机构、老年学校安全等进行管理的活动和其他与养老相关的管理和服务活动，涉及行业主要有社会事务管理机构、经济事务管理机构和行政监督检查机构；社会组织养老服务是指由与养老服务相关的老年协会等社会团体和基金会等提供的养老服务，涉及行业有各类社会团体和基金会等。

（九）老年用品及相关产品制造业

老年用品及相关产品制造业是指针对老年人的特点，制造适合老年人的各类生活、医疗产品。老年用品及相关产品制造业主要包括老年食品制造、老年日用品及辅助产品制造、老年健身产品制造、老年休闲娱乐产品制造、老年保健用品制造、老年药品制造、老年医疗器械和康复辅具制造、老年智能与可穿戴装备制造、老年代步车制造九个方面。其所包含的具体产业有营养食品制造、保健食品制造、机织服装制造、针织或钩针编织服装制造、服饰制造、制鞋业、眼镜制造、通信终端设备制造、日用杂品制造、球类制造、健身器材制造、体育用品制造、包装装潢及印刷、玩具制造、游艺用品及室内游艺器材制造、竹制品制造、家用美容及保健护理电器具制造、化学药品原料药制造、化学药品制剂制造、中药饮片加工、中成药生产、机械治疗及病房护理设备制造、康复辅具制造、医疗设备及器械制造、可穿戴智能设备制造、服务消费机器人制造、智能消费设备制造、残疾人专用车制造、助动车制造等。

（十）老年用品及相关产品销售和租赁业

老年用品及相关产品销售和租赁业是指针对老年人的特点，销售和租赁适合老年人的各类生活、医疗产品。老年用品及相关产品销售和租赁业主要包括销售和租赁两个方面。其所包含的具体产业有营养和保健品批发与零售、服装鞋帽批发与零售、通信设备批发与零售、图书报刊和音像制品批发与零售、电子和数字出版物批发与零售、互联网产品批发与零售、体育用品及器材批发与零售、文化用品批发与零售、其他家庭用品批发与零售、中西药批发与零售、医疗用品及器材批发与零售、保健辅助治疗器材零售与零售、医疗设备经营租赁、休闲娱乐用品设备租赁、体育用品设备租赁、文化用品设备租赁、图书及音像制品租赁、文体设备与日用品租赁等。

（十一）养老设施建设业

养老设施建设业是指针对老年养护院、养老院和老年日间照料中心等各类养老设施及其服务用房、场地及附属设施的建设与改造及装修、维修等活动。

主要包括养老设施建设、改造及装修、维修，住宅适老化及无障碍改造，公共设施适老化及无障碍改造三个方面。其所包含的产业有专用设备修理、其他房屋建筑业、管道和设备安装、公共建筑装饰和装修、建筑幕墙装饰和装修、其他建筑安装、住宅装饰和装修、电气安装、其他建筑安装等。

（十二）其他养老服务业

其他养老服务业从养老传媒、法律、展览、婚姻、代理等方面开展，以满足老年人切实的物质生活需求和丰富多彩的精神文化生活需求。主要包括养老传媒服务、养老相关展览服务、老年婚姻服务、养老代理服务、老年法律服务和法律援助五个方面。其中，养老传媒服务、养老相关展览服务、老年婚姻服务、养老代理服务涉及养老健康、文化、娱乐、社会参与、展会、婚姻介绍、婚庆典礼、代办入住养老机构、就医等方面；老年法律服务和法律援助包括老年司法援助服务、老年公益公证服务两方面，为老年人提供法律服务、法律援助、司法救助、公益服务，切实保障老年人的合法权益。其他养老服务业所涉及的国民经济行业十分宽泛，有互联网信息服务、新闻业、图书报纸期刊出版、影视节目制作、律师及相关法律服务、文化会展服务、婚姻服务及其他未列明商务服务业等。

四　养老产业需求

养老服务业作为养老产业链的第一核心，发展最为迅速。养老服务业为老年消费群体提供了几乎涵盖所有物质生活需求和精神层次需求的产品和服务。四川围绕“旅游 + 医疗 + 养老”模式，重点发展集医疗保健、康复养老、运动休闲、旅游度假等多种复合功能于一体的产业，以满足老年消费群体的多元化、多层次需求。近几年来，德阳、绵阳、广元、攀枝花多地建设高标准、高水平健康养老服务产业集聚区，为养老产业提供相互促进与发展的平台。

（一）养老服务业需求

2017 年四川老龄产业市场媒体调查显示，受访的四川老年人主要以配偶互相照顾为主，占比高达 48.4%，其次为子女照顾，占比为 33.7%，养老机构及保姆照顾的占比相对较少（见表 13 - 1）。伴随老龄化的加剧和典型“421”（四个老人，一对夫妻，一个孩子）家庭结构，四川省“空巢”老人比例还将不断攀升，“空巢”老人的生活照料问题将会越发凸显。

表 13 - 1　受访老年人选择的生活照顾方式

单位：%

照顾方式	占比
配偶相互照顾	48.4
子女照顾	33.7
养老机构照顾	0.5
保姆照顾	0.5
其他	16.9

资料来源：《2017 年四川老龄产业市场媒体调查报告》。

在养老模式的选择上，78.7% 的受访老年人倾向于居家养老，9.8% 和 7.7% 的老年人倾向于社区养老和机构养老（见表 13 - 2）。我国第一个人口生育高峰期人群已全面进入老龄化。未来 10 年，居家养老服务将会迎来第一个需求高峰。四川省养老机构床位数量必须超过 7.0% 才能满足未来期望进入机构养老的人群需求。

表 13－2　受访老年人选择的养老模式

单位：%

养老模式	占比
居家养老	78.7
社区养老	9.8
机构养老	7.7
其他	3.8

资料来源：《2017 年四川老龄产业市场媒体调查报告》。

（二）老年医疗保健业

调查显示，受访老年人中有 46.0% 因慢性疾病而选择医疗保健服务，因急症入院的比例为 22.0%，因亚健康状态选择医疗保健服务的比例为 22.0%。受访老年人选择的医疗保健服务主要为常规体检，比例为 65.0%，其他依次为日间照料 26.0%、上门护理 18.0%、特约诊疗 18.0%。

与巨大的需求相比较，老年医疗保健机构的供给还有较大的落差。截至 2017 年年底，全省共有医养结合机构 900 个，255 个医疗机构与养老机构建立合作关系，2537 个养老机构与医疗机构建立协作机制。有 162 个医疗机构内设养老机构，仅占全省医疗机构的 0.2%；483 个养老机构开设医疗机构，仅占全省养老机构的 14.8%。有 779.6 万名 65 岁以上老年人开展家庭医生签约服务，签约服务率 67.4%。[①]

（三）老年公寓（房地产）业

老年公寓（房地产）业主要为老年人提供建筑设施。与普通住宅产品开发相比，养老地产投资不仅回报周期长，而且还涉及医疗、护理、休闲、娱乐等多个环节的服务。对于养老地产项目，后期运营服务是企业的利润点，地产本身却并不是盈利的载体。盈利模式的不明晰，政策支持的

① 《四川省医疗卫生与养老服务相结合发展规划（2018—2025 年）》，四川省人民政府网站，2018 年 9 月 30 日，http://www.sc.gov.cn/10462/c103046/2018/10/9/a97daf76309f436385563e951449825a.shtml。

缺乏，后期物业管理的高要求，使得四川的养老地产项目发展艰难。

因国家对于老年公寓（房地产）业的制度缺失，目前四川养老地产开发模式还处于一个地位不明的尴尬状态，随着四川人口老龄化的不断加剧，市场对养老地产的需求逐渐增加。四川多家房企已经开始试水养老地产，对养老地产这块诱人的蛋糕充满期待。目前已有20余家房产公司涉足四川老年公寓相关的房地产业。

（四）老年保险、金融业

调查数据显示，约有40.2%的老年人选择愿意购买理财/保险产品，59.8%的老年人不愿意购买。在理财方式的选择上，约有86.9%的老年人把钱存在银行，老年人购买理财产品、医疗保险产品、证券/基金投资和人身保险产品的比例较低（见表13-3）。与理财方式的选择相对应，受访老年人选择理财产品最看重的是资金的安全，占比为45.1%，其次为回报收益和支取灵活，对金融机构资信度不看重，但金融机构资信度与资金安全具有正相关性。

表13-3　受访老年人选择的理财方式

单位：%

理财方式	占比	排序
银行储蓄	86.9	1
理财产品	19.6	2
医疗保险产品	16.3	3
证券/基金投资	7.1	4
人身保险产品	4.9	6
其他	5.3	5

资料来源：《2017年四川老龄产业市场媒体调查报告》。

（五）老年娱乐文化产业

老年人退休后或赋闲时，有大量的时间用于开展各种娱乐文化活动，丰富自己的精神文化生活。娱乐方面包含老年活动中心、老年茶园、老年棋牌室、阅览室、歌舞厅、游乐场等，文化教育方面主要包括老年大学、老年职业培训、各种学习班等老龄教育产业。

在受教育方式的选择上，调查数据显示，有47.3%的受访老年人选择老年兴趣爱好班，有29.9%的受访老年人中意于在就近的社区活动中心接受教育，选择老年大学的比例为10.3%，仅有2.2%的老年人选择老年技能培训学校（见表13－4）。在文化艺术教育类型的选择上，受访老年人对舞蹈、书画相对更感兴趣，分别占30.0%和24.0%。

表13－4　受访老年人选择的受教育方式

单位：%

受教育方式	占比
老年大学	10.3
老年技能培训学校	2.2
老年兴趣爱好班	47.3
社区活动中心	29.9
互联网学习平台	6.5
其他	3.8

资料来源：《2017年四川老龄产业市场媒体调查报告》。

（六）老年旅游业

四川位于中国大陆西南腹地，气候特征为亚热带季风气候，区域差异显著，日照充足、降水集中、干雨季分明，全年大部分时间的温度适宜老人居住。同时又是著名的旅游资源大省，世界自然文化遗产和国家重点风景名胜区众多，如九寨沟、黄龙、乐山大佛、峨眉山、都江堰、青城山、卧龙、四姑娘山等都是世界级旅游度假休闲胜地。此外，四川还有国家森林公园11处、自然保护区40处、省级风景名胜区44处，从高原、山地、峡谷到盆地、丘陵、平原，从江河湖泊到温泉瀑布，都非常适合老年人颐养天年。拥有20多个康养项目（包括在建）：成都市大邑县出江孔河坝康养项目、乐山市峨眉山市国际康养度假区项目、巴中市平昌县川东北田园康养小镇建设项目、巴中市南江县铁炉坝五星级康养度假中心建设项目、广元市青川县青龙湖康养旅游综合开发项目、江油市大堰镇狮儿湖田园综合体项目、攀枝花市西区金沙画廊康养旅游综合体项目。

根据调查，四川老年人在休闲旅游产品的选择上，选择“城市及周边休闲游”的比例为38.6%，选择“国内景点景区旅游”的比例是30.9%，选择“其他”“夕阳红主题旅游”“境外观光旅游”则分别占到14.7%、10.9%、4.9%（见表13－5）。随着人们生活水平的提高，旅游已成为一种生活方式，虽然城市周边及国内旅游的选择比例相对较高，但均未超过半数，这表明老年群体对旅游的选择呈现多样性、多元化趋势。

表13－5　受访老年人选择的休闲旅游产品

单位：%

休闲旅游产品的类型	占比
城市及周边休闲旅游	38.6
国内景点景区旅游	30.9
夕阳红主体旅游	10.9
境外观光旅游	4.9
其他	14.7

资料来源：《2017年四川老龄产业市场媒体调查报告》。

四川依托优质旅游资源和“中医之乡，中药之库”，将养老产业与医疗卫生、康养、运动等多个产业结合，促进了多种产业融合发展。已经成功建设全国首个抗衰老健康产业试验区（洪雅七里坪）及四川省首批森林康养试点示范基地（野鸡坪）；规划打造“阿坝藏羌医药文化与健康养生探寻”“甘孜藏医药文化与健康养生探寻”“攀西彝族、摩梭医药文化与健康养生探寻”等5条中医药健康养生旅游精品线路。德阳市发展旅游医养特需服务，发展“旅游、居住、医疗、养生、娱乐”综合项目，形成农旅医养相结合的产业集聚区，同时已建成占地3000亩的春花秋月景区，景区内规划1300张床位的杰宇博爱医养结合项目已开放床位80张。什邡市、绵竹市分别在冰川镇、蓥华山镇和九龙镇等已经形成的夏季避暑集散地规划建设医养结合支撑项目。四川广元康养示范产业园项目于2018年3月进场施工，由广元市中心医院医养结合项目、全龄智慧康养（康养社区）项目、四川健康职业技术学院项目组成，占地2900余亩，总投资41亿元，打造“医、教、研、养、游、居”六位一体的4A级健康旅游示范园。攀枝花市发展医养结合的康养旅游产业打造普达阳光国际康养度假区。

五　养老产业存在的问题

虽然四川省养老产业的发展已经有 20 余年，但是整体发展水平较低，存在形形色色的问题。近几年来，虽然我国政策不断调整变化，但是四川的养老产业发展状况仍然不尽如人意，主要包括以下几个方面。

（一）管理体制不完善，资金投入不足

政府作为服务角色的功能还没充分体现，主要问题表现如下。

一是政策体系还不完善。养老产业的扶持政策呈现零散性、碎片化特点，没有系统完整的政策，对异地养老更是缺乏政策支持，外地老人就医、领取退休金等方面存在政策壁垒。保险产品种类少，难以满足老年人对保险产品的需求。在养老机构的用地、用房、补贴等方面存在政策难执行的问题，实际操作过程中政策执行不到位、不透明。

二是管理体制尚未理顺，政策监管滞后。国家行政管理养老产业的惯性思维一直存在，管理僵化、创新开拓能力不强。目前还未制定具体化的实施意见，养老产业缺少相应的专项政策和推进机制。养老机构数量众多而且多是分散分布，给监管带来困难，目前的监管政策不健全、监管手段陈旧，监管作用未能发挥出来。

三是投资体制还不完善。政府投资远超私人投资，虽然私人资本投资正在增加，但它们受利润驱动，主要基于短期利益，没有长期的战略规划，缺乏控制投资的长效机制。

（二）区域发展不平衡

四川养老产业存在地区间发展不均衡的现象，成都和绵阳等经济发展较好地区的养老产业发展水平明显高于其他地区，一些落后地区养老产业发展滞后，市场消费需求无法得到满足，使得养老产业很难长期稳定发展。经济落后的地区投入资金相对较少，养老产业的发展满足不了形势的变化。即使养老产业发展基础条件相近，但是养老服务产业在这些地区的发展水平仍有较大的差距。

（三）结构单一，产业化程度低

在省内市场，养老服务仅作为普通企业的附加服务或衍生服务来维持其生产经营，以小规模经营为主，没有形成真正意义上的产业化模式。产业链不完整，市场占有率低，市场竞争力弱。与国外养老产业结构相比，四川养老产业的结构相对单一。

大多数养老机构是独立发展的，与医院及社区合作较少，老年人享受养老服务限制条件较多。老年人遇到突发情况就医时手续麻烦，养老机构与医院之间转诊复杂，责任划分困难。养老服务满足不了喜欢居家养老老年人及经常住院就医老年人的需要。养老机构之间缺乏统筹管理，对养老服务认识单一，机构因资金及人力资源的原因灵活性差，服务种类少，发展薄弱。四川现有的养老产业项目中，有规模的专业养老机构数量少，项目质量不高，标准化服务水平不高，不能提供个性化、多样化服务。

（四）市场运作不佳，供需失衡

首先，市场规范和行业准则不健全、服务设施不完备、服务质量较差。我国养老产业的发展还处于起步阶段，服务设施较低级，没有统一完善的市场规范和行业标准，有些商家为了获取最大利益，随意提高服务档次、抬高服务价格、降低服务质量，严重影响养老产业的健康可持续发展。

其次，供应和需求严重不对称，出现问题无法第一时间解决。而养老产业需要较多的资金投入，回本期限较长、面临的风险较高，因此很多企业不敢轻易涉足，对养老服务产业的总体投资规模和投入力度造成了很大的影响，同时社会的养老需求越来越大，进一步加深了供需之间的矛盾。

（五）行业融合度不高

由于传统观念对老年市场的忽视，企业对养老行业认识的不足，对老年产品的研发、生产水平等不足，相关行业的老年市场未能开发出来。目前养老产业发展主要集中在养老院、福利院等养老服务业上，只能简单满足老人的饮食起居，为老人提供简单护理等。而其他的产业链，如老年用品、老年食品、老年疗养、老年家政、老年旅游等多种养老产业业态，还处在摸索和起步阶段。企业对老年人需求调研不足，老年人的需求得不到有效满足，企业发展找不到合适方向，各种产品在养老产业上简单附加、拼凑和贴牌。现有的养老产业项目中，多数为机构养老项目，而“候鸟式”养老、中医健康养老、养老地产项目较少，养老食品、用品开发和生产还没有配套跟进，与旅游、体育、装备制造等产业结合不够紧密，产业融合度不够，联动机制尚未形成。由于养老产品市场未完全打开，生产风险高，大企业不愿生产，小企业由于规模小生产出的产品质量难有保障，在产品功能及创新上难以满足老年人需求，养老制造业发展缓慢。

（六）专业人才缺乏，行业整体服务水平不高

首先，参与养老服务的从业人员具有很大的流动性，且多数不具备相应的专业知识和能力。从业人员工资较低、缺乏职业认同感，造成从业人员流动性较大；从业人员经常“无证上岗”，缺乏专业技能培训，间接或直接地阻碍了养老产业的发展。

其次，从业人员的服务意识差。参与这类工作的人群一般是下岗工人或者外来务工人员，他们能够做一些简单的日常护理家政工作，但仅限于对老人的身体进行照顾，却忽略了精神和心理上的呵护。

最后，部分企业对从业人员的监督管理不够严格规范，甚至对员工不符合职业规范的行为视而不见，对整个养老产业健康优质发展造成了不良影响。且养老产业从业人员普遍存在发展受限、待遇低、认可度低的现象，造成该行业严重缺乏养老产业高端人才、养老产业高素质服务型人才，从而导致从业人员素质不高、服务意识不强等问题。

第十四章　四川省养老与健康服务产业发展经验

加快发展养老与健康服务业，是满足人民群众不断增长的养老与健康需求、提升全民健康素质的必然要求，也是扩大内需、拉动消费、调整经济结构、转变经济发展方式的重要抓手。四川省是人口大省，老龄化程度高，养老与健康服务需求增长迅速，发展空间巨大。为加快发展养老与健康服务产业，四川省先后出台《四川省养老与健康服务业发展规划（2015—2020年）》《四川省医疗卫生与养老服务相结合发展规划（2018—2025年）》《关于推进四川养老服务发展的实施意见》等文件，对健康养老服务产业的发展目标、主要任务、重点项目、保障措施等进行了统筹谋划，全省各地结合自身发展基础和优势特色，因地制宜地提出了相应的发展规划，促进了全省健康养老服务产业有序、规范和良性发展。目前，一个以规划为引领，基于区域优势，特色鲜明、创新发展的全省养老与健康服务业发展格局已经基本建立，各个地方都高度重视，因地制宜地积极发展养老健康服务产业，并取得了一些成效和经验。

一　川东区域养老与健康服务产业发展经验

“十三五”期间，广安市大力支持养老机构内设医疗机构，鼓励医疗机构兴办养老机构，先后引进前锋区民生老年养护院、武胜东双滨江康养中心、邻水县长寿养老康复中心等医养融合养老机构8个，护理性床位达9548张，占总床位的30%。有5所二级医疗机构增设了“老年病科”，开放从事老年医疗服务床位500余张，二级以上综合医院设老年病科占比达

35. 71%。同时，不断加大老年心理健康知识培训力度，培养其健康生活方式和行为，65 岁及以上老年人建档率达 95. 23%，居家老人家庭医生签约服务人群覆盖率达 90. 5%。[①]

（一）政策支撑，完善养老设施

近年来，广安市围绕“办区域性最好的养老”的目标，先后出台《广安市“十三五”老龄事业发展和养老体系建设规划》《关于全面放开养老服务市场提升养老服务质量的实施意见》《关于办区域性最好的养老推进广安养老服务高质量发展的实施意见》《广安市以机构养老理念推进居家和社区养老服务改革试点工作实施方案》等系列文件，全面确立养老服务体系建设框架。

在政策的支撑下，广安市各地积极推进养老设施建设与设备升级，累计投入资金 1. 36 亿元，改造了 210 个养老机构消防硬件设施，维修改造养老床位 4870 张，适老化改造床位 7386 张。同时，积极加强对养老服务从业人员的培训、培养——通过养老人才队伍“5511”培养工程，培训养老服务从业人员 1000 余人次；在省内率先建立养老护理员特岗补贴制度，每人每月最高可享受补贴 500 元；建立高、中等院校全日制毕业生养老服务就业补贴制度，最高享受补贴 3 万元。[②]

广安市一系列养老服务政策的出台，对满足老年人多样化、多层次、个性化养老需求，推动养老服务高质量发展，起到了有力的支撑作用。全市现共有养老机构 210 个，养老床位 3. 18 万张，每千名老人拥有养老床位 35 张，养老服务业呈现出良好的发展态势。[③]

（二）多元养老，把服务送上门

近几年，广安市通过政府购买服务方式，先后吸引全国居家养老标杆企业安康通公司、成都传奇兄弟信息技术有限公司、泸州小蚂蚁、遂宁市

① 《广安：让“老有所养”有“量”又有“质”》，手机人民网，2021 年 1 月 4 日，http://m.people.cn/n4/2021/0104/c1442 - 14664907.html。

② 《广安：让“老有所养”有“量”又有“质”》，手机人民网，2021 年 1 月 4 日，http://m.people.cn/n4/2021/0104/c1442 - 14664907.html。

③ 《广安：让“老有所养”有“量”又有“质”》，手机人民网，2021 年 1 月 4 日，http://m.people.cn/n4/2021/0104/c1442 - 14664907.html。

百行源、达州市福乐居家等外地居家养老服务企业来广安市开展居家养老服务工作，初步构建了市、县、村（社区）三级居家养老服务网络。

依托“12349”养老服务专线，广安市初步构建了居家养老服务信息化平台，可为居家老人提供紧急呼叫、家政预约、健康咨询、物品代购等养老服务项目。

坚持“不能政府省小钱，让老百姓花大钱”的理念，以机构养老推动居家养老和社区养老，让老年人在家里就能够享受专业化、个性化、精细化服务，保障老年人的生命安全、生活便捷、身心愉悦，让他们感受到尊严和幸福。

（三）激活民资，增强医养供给

邻水县积极引进民间资本，将其投入养老事业的社会公益性服务项目中，通过整合养老和医疗两个方面的资源，实现健康养老与疾病救治相结合，为老年人持续提供医养康养服务，增强老年人的幸福感。如总投资3亿元由民间资本建设的皇家老年公寓，总面积20余万平方米，内设老年公寓、休闲体验所、老年病医院、文化娱乐中心、体育健身中心、生活服务中心等，为入住的120余名老年人提供了医养服务。

二 川南区域养老与健康服务产业发展经验

（一）乐山市养老与健康服务产业发展主要经验

乐山市坚持“政府主导+社会参与”，培育多元体，全面放开养老服务市场，提升公办、鼓励民营，着力构建良性竞争、优势互补的社会化养老服务业新格局。市民政部门积极推进健康养老服务体系和网络建设，建成一批各具特色的养老机构、社区日间照料中心，养老服务设施达到全覆盖，在城市社区初步建立步行15分钟居家养老服务圈。全市现建成养老机构153个、城乡社区老年人日间照料中心357个、农村幸福院378个，各类养老床位共计2.17万张。①

① 《【回眸十三五】乐山养老服务全覆盖》，乐山新闻网，2020年12月25日，http://www.leshan.cn/html/113D9C4BB2925A7A/2020/12/15/view_332E7D837CFD0CF6.html。

1. 实施公办机构提档升级

突出公办养老机构在养老事业发展中的示范引领作用，通过争取新建项目、加大改建投入等方式，传统公办养老机构焕发新生。充分发挥社会养老机构专业化、精细化的经营管理优势，持续推出优质产品，探索实施“公建民营”“民办公助”等新模式，一批特色民办机构成为养老服务“主力军”。积极拓展公办养老机构服务内容，开发针对居家养老的多样化、个性化延伸服务项目，面向老年人提供上门服务。

2. 多措并举激发民间投资活力

多措并举，引导鼓励社会力量进入养老服务领域，支持其充分发挥专业化、精细化的经营管理优势。以“公建民营”“民办公助”为发展方向，通过探索实施“两无偿一优先”模式，激发社会投资活力。目前，全市已建成民办和“公建民营”养老机构44个，培育出“孝老苑”“孝思”“海棠花”等多个本土专业化、规模化、连锁化养老服务品牌，正在实现从养老服务“生力军”到“主力军”的角色转变。

3. 全面优化养老服务供给

针对老年人“养老不离亲，养老不离家”的现实需求，积极规划打造社区养老服务综合体、提升社区日间照料设施功能、发挥养老服务信息平台作用等，着力补齐居家和社区养老设施薄弱、服务滞后等短板，打造“一点汇集，多点支撑”的“1+N”社区养老服务体系，在城市社区初步构建起步行“一刻钟”居家养老服务圈。首先，做强社区养老阵地。大力发展社区养老服务综合体，在全市规划了25个养老服务综合体，正在建设的有9个。如中国峨眉山城西南康养项目规划用地面积约1116亩，总投资约100亿元，分3期建设，项目建设内容包括三级甲等标准综合医院、健康体检中心、医疗专家公寓、康养护理中心等。其次，做优居家养老环境。坚持以增强居家养老安全性、便利性和舒适性为目标，积极推进居家养老适老化改造试点工程，“一户一策”制定改造方案，并给予改造补贴。目前，中心城区符合条件的909户家庭已全部完成适老化改造。再次，做实智慧养老服务。依托民政“12349”公益热线，让居家老人享受紧急援助、心理关爱、健康管理等线上信息服务和“助餐、助医、助洁、助浴、助急”等无偿或低偿线下上门服务，打造起一座“没有围墙的养老院”。

引入了建设银行智慧养老监管平台，实现了对机构、居家和社区养老服务的实时监督管理，形成了“服务+监督”的“双同步”格局。开发推出乐山“养老地图”小程序，通过直观明了的方式集成全市所有养老服务设施信息，方便老年人足不出户查询和沟通。

4. 持续缩小城乡养老差距

通过整合资源、完善架构，在犍为县、马边县等地探索建立覆盖县、乡、村、组的四级农村养老服务体系。依托区县中心敬老院设立县级失能特困人员养护中心，对失能特困人员实施全覆盖集中统一照护。做强乡级区域性养护中心，对区位优势明显、环境设施较好的乡镇敬老院实施适老化改造，提升服务功能、增强承载能力。建设村级养老服务分中心，利用全市乡镇行政区划调整和村级建制调整改革后闲置的办公用房和国有资源，建设了一批覆盖周边村组的养老服务分中心，发挥村老年协会、老年志愿服务队作用，积极探索开展以“时间银行”“互助式养老”等为特色的日间照料服务。

（二）宜宾市养老与健康服务产业发展主要经验

宜宾市充分发挥政府的主导作用和市场的主体作用，加强民政、卫生健康、残联、医保等部门合作联动，撬动民办养老服务机构、医疗卫生机构、志愿服务组织等市场资源投入，实施“市区一体化”发展模式，抓住被省委、省政府规划为健康养老产业“川南融合发展示范片区”的机遇，将健康养老服务业纳入全市重点培育发展的五大新兴先导型服务业，成功获批为中央财政支持开展居家和社区养老服务改革试点地区。

1. 做实做优养老服务供给

（1）增加供给总量

“十三五”期间，新建成投用公办养老机构12个，新增养老床位近2000张，新建城乡社区养老服务设施350余个。[①] 创新打造了市老年康复中心、大地坡社区康养服务站等示范性项目33个。

---

① 《宜宾市做实做优养老服务供给》，宜宾市人民政府网站，2021年5月28日，http://www.yibin.gov.cn/bsfw/fwzx/shbz_497/ylbx/202105/t20210527_1466444.html。

（2）提高服务质量

制定《社区老年人日间照料中心服务规范》《居家养老服务规范》2个地方标准。适老化改造公办机构床位1万余张，投入资金300余万元支持14个民办机构的消防改造。27个公办机构实现市场化运营。困难老年人家庭适老化改造惠及近2000户，政府购买居家养老服务覆盖6.5万余名老年人。①

（3）夯实要素保障

出台民办养老机构和日间照料中心运营补贴、养老护理员岗位补贴、养老机构责任保险补贴等政策。累计投入市级资金1.04亿元支持养老服务发展。培训养老管护人员8300余人次，连续举办3届“夕阳天使”养老护理员职业技能竞赛，建成市级养老服务实训基地。②

（4）拓展养老服务功能

支持各类医疗卫生机构与养老服务机构开展多种形式合作。开展失能老年人家庭成员照护培训，探索建立家庭“喘息服务”机制。实现多层次养老服务融合发展，提高养老服务机构运营能力和资源整合利用效率。大力发展老年教育，依托全市11所老年大学、119所社区老年学校、372个老年教学点，探索养教结合新模式。推广运用宜宾市“智慧养老”信息平台。

（5）深化“放管服”改革，营造平等参与、公平竞争的市场环境

培育和引进了20余家品牌化、专业化、规模化的养老服务机构。鼓励商业银行探索向产权明晰的民办养老机构发放资产（设施）抵押贷款和应收账款质押贷款，探索允许营利性养老机构以有偿取得的土地、设施等资产进行抵押融资。

2. 强化养老队伍建设

建立省、市、县（区）养老机构“四级联动”培训体系。依托宜宾市社会福利院、县（区）技能培训机构，开展就业技能、岗位技能、认知症

① 《宜宾市做实做优养老服务供给》，宜宾市人民政府网站，2021年5月28日，http://www.yibin.gov.cn/bsfw/fwzx/shbz_497/ylbx/202105/t20210527_1466444.html。

② 《宜宾市做实做优养老服务供给》，宜宾市人民政府网站，2021年5月28日，http://www.yibin.gov.cn/bsfw/fwzx/shbz_497/ylbx/202105/t20210527_1466444.html。

照护培训，实现养老护理员岗前培训率、合格率达 100%。

3. 保障养老支付能力

完善贫困和低收入家庭老年人救助、基本养老保险待遇和基础养老金标准正常调整机制，稳步提高老年人的经济供养水平。80 岁以上老年人高龄津贴标准提前 3 年达省标，惠及 12.5 万余名高龄老年人。

4. 大力发展森林康养产业

认真践行“绿水青山就是金山银山”理念，紧抓党中央、国务院加快推进生态文明建设、促进森林康养产业发展的重大政策机遇，大力推动森林康养产业发展，建成四川省森林康养基地 28 个、森林小镇 7 个、家庭林场 221 个、森林人家 76 个。叙州区被授予“全国森林康养基地试点建设区”，不仅扛起了宜宾市森林康养的大旗，也将积极为全国森林康养产业闯出新路。

（三）攀枝花市养老与健康服务产业发展主要经验

攀枝花市委、市政府围绕推进健康中国建设战略部署，树立和贯彻创新、协调、绿色、开放、共享的发展理念，坚持以供给侧结构性改革为核心内容，立足特有的温度、湿度、海拔度、洁净度、优产度、和谐度“六度”禀赋，以养老与健康服务业为主要载体，以“康养 + 产业”为主要抓手，全面推进康养产业发展，促进攀枝花市城市经济转型和产业结构调整，实现经济社会、人与自然的和谐发展，为积极应对人口老龄化、破解国内资源型城市经济社会发展困境探索出一条路子。

1. 注重规划引领，编制完善产业发展规划

编制《攀枝花市老龄事业发展规划（2013—2020 年）》《攀枝花市中心城区养老服务设施布局规划》《攀枝花康养产业发展规划》《攀枝花康养人才队伍建设中长期规划（2016—2025）》等多项规划，在战略定位、发展模式、空间布局等方面，引领养老产业快速有序发展。

2. 注重政策保障，制定出台系列激励措施

制定出台一系列加快老龄事业发展、支持养老服务业发展、推进政府向社会力量购买服务、扶持发展医养融合产业、开展康养人群和养老机构保险试点、开展老年人能力评估等政策，构建养老床位建设补助、运营补

贴和支持将养老机构纳入医保定点等机制，有效激发了民间资本参与攀枝花市康养产业发展的活力。

3. 注重供给实效，提供多种养老服务方式

建立高龄津贴制度，在全省率先实现全市范围内80~89岁老年人每人每月享受50元高龄津贴，90~99岁老年人每人每月200元，100岁及以上老年人每人每月800元，切实保障老年人福利。完善社区养老设施，已建成城乡社区日间照料中心178个，服务社区老人近20万人，覆盖率在90%以上。城市社区居家养老服务覆盖率达100%；农村社区（村委会）居家养老服务覆盖率达85%。加强养老机构建设，全市有公办养老机构34家，拥有床位3441张，实现全覆盖，城市“三无老人”入住率达98%，农村“五保老人”入住率达65%；全市民办养老机构从无到有，实现大跨跃，目前已有获得许可的机构13家，拥有床位1050张；各种养老服务场所近300家，拥有养老床位10037张，服务理念和服务水平在全省领先。①

4. 注重队伍培养，提高养老人才素质

加强养老产业人才队伍建设，以“以奖代补”方式解决人才培训培养经费问题。通过“请进来”和“走出去”对城市福利机构、农村敬老院、日间照料中心的从业人员进行培训；通过征集和发布人才需求信息，多渠道、多措施引进产业人才；委托西南交通大学对全市的养老决策人才、养老实用人才、养老企业领军人才、养老护理人才等四类人才进行培训；通过柔性引进国内外高级人才，为产业发展注入新的活力。

5. 注重创新思路，探索推广发展模式

探索以台湾敏盛长辈照护中心为代表的“台湾模式”、以德铭菩提养护院为代表的“日本模式”、以红格风情小镇为代表的“欧美模式”、以普达阳光国际康养度假区为代表的“大型康养机构模式”、以米易车旅休闲度假中心为代表的“康养综合体模式”五种国内外先进业态，并逐步向全市推广。

6. 创新医养融合，打造特色康养服务体系

攀枝花东区突破传统康养、医疗完全独立这一限制，大力发展“康养+

① 《攀枝花民政局关于全市“康养+产业”工作的情况汇报》，2017年4月17日。

医疗”产业，以三甲医院为核心，以基层医疗机构为基础，以特色专科医疗为补充，以健康咨询管理机构为拓展，以康养机构为延伸，打造特色鲜明、个性化突出、覆盖全生命周期的康养服务体系，已经形成“医中有养，养中有医，医养融合”的格局。东区目前拥有各级各类医疗机构 255 家，包括攀枝花市中心医院、攀钢总医院等三甲医院。平均每千人拥有病床约 13 张，平均每千人拥有卫生技术人员 14 人，有全国示范社区卫生服务中心 1 个、全省示范社区卫生服务中心 3 个，荣获“全国社区卫生服务示范区”“国家慢病综合防控示范区”等称号。

7. 做实 5 个“康养 +”，加出产业融合新模式

康养的生命力在产业，康养是基、项目是王、产业是本，攀枝花市 5 个“康养 +”串起了融合发展链，不断丰富产业的内涵和外延。一是“康养 + 农业”。大力发展观光农业，推动“产区变景区”；大力发展体验农业，推动“田园变公园”；大力发展精致农业，推动“产品变商品”。如仁和区 26 度果园“一果多吃”，不仅卖杧果，还推出杧果树认养、采摘体验等活动。二是“康养 + 工业”。推进工业绿色发展，持续提升康养“洁净度”；推进工业转型发展，提升康养“精品度”；推进工业智能发展，提升康养“温馨度”。如西区一些企业制造的钛锅、钛杯进入寻常百姓家。三是“康养 + 医疗”。织好医疗保障网，扩大康养“辐射圈”；找准医养“结合点”，延伸康养“产业链”；扩大合作“朋友圈”，构筑康养“大联盟”。如东区鼓励辖区医院到康养机构免费巡诊。四是“康养 + 旅游”。坚持“特色化”发展，筑牢康养旅游基础；坚持“差异化”发展，创新康养旅游模式；坚持“品牌化”发展，强化康养旅游营销。如米易县推出了一系列乡村旅游路线，并在沿线打造农家乐。五是“康养 + 运动”。高标准建好“运动场”，提升康养供给能力；高水平办好“运动会”，彰显康养胜地魅力；高起点培养“运动员”，激发阳光花城活力。如盐边县打造红格训练基地，促其成为“冬训天堂”。短短数年间，普达阳光国际康养度假区、台湾敏盛长辈养护中心、菩提阳光康养庄园等一大批康养机构蓬勃兴起，到攀枝花过冬的“候鸟”老人超过 15 万人次。

三　川西区域养老与健康服务产业发展经验

（一）成都市养老与健康服务产业发展主要经验

“十三五”期间，成都市围绕加快建设国家中心城市，按照“以人为本，增进福祉；多元参与，明确责任；创新驱动，繁荣市场；统筹推进，协调发展”四大基本原则，2020 年全面建成以居家为基础、社区为依托、机构为支撑的社会养老服务体系，把成都建设成全国“老有颐养”的典范；养老服务设施覆盖所有城市社区、所有乡镇社区和 80% 以上的农村社区，养老床位数达 13.5 万张以上，每千名户籍老年人拥有养老床位 45 张以上，形成政府保障基本、社会增加供给、市场满足需求的发展格局。

目前，成都市共有医疗卫生机构 11954 个，设置床位 15.37 万张，每千人口床位数 7.33 张，每千人口执业（助理）医师 3.45 人，每千人口注册护士 4.18 人；有医联体 132 个，老年专科医院 16 家，65 岁及以上老年人健康管理率达 59.92%，养老机构 552 家，养老床位 12.7 万张，社区日间照料中心 2740 个，农村敬老院 163 个；有医养结合机构 108 家，床位总数达 30332 张。① 这些医疗服务设施、养老服务基础设施和医养结合服务基础设施及基本医疗保险、长期照护险等为成都养老健康产业高质量发展提供了重要保障。

1. 全面放开健康养老服务市场②

（1）放宽准入条件

降低准入门槛。按照国家统一部署，取消养老机构设立许可。鼓励和支持境外投资者在本市兴办养老服务机构。非营利性养老机构，可以依法在其登记机关管辖范围内设立多个不具备法人资格的服务网点。非本地投资者兴办养老服务项目与当地投资者享受同等政策待遇。精简审批流程。

① 成都市老龄工作委员会：《成都市医疗卫生与养老服务相结合发展规划（2021—2025年）》，2021 年 4 月。

② 成都市人民政府：《成都市人民政府办公厅关于深化养老服务综合改革提升养老服务质量的实施意见》，2018 年 12 月 28 日。

推行养老服务机构申办“一站式”服务，取消部分养老机构的消防审验手续。针对1998年9月以前建设使用，且未发生改、扩建（含室内外装修、建筑保温、用途变更）的，不需要办理消防设计审核、消防验收或备案手续；建筑面积在300平方米以下或者投资在30万元以下的养老机构、设施，不需要办理消防设计、竣工验收备案手续；其他养老机构依法办理消防审验或备案手续。

（2）统筹规划养老服务设施

修订《成都市养老设施（机构）布局规划（2016—2035年）》，加快养老设施建设，构建15分钟养老服务圈。实施社区养老服务设施公建配套，养老服务设施与住宅项目同步规划、同步建设、同步验收、同步交付使用；已建成社区养老服务设施不配套的，逐步通过购置、置换、租赁合法用房等方式配备养老服务设施。推进中心城区公共服务设施“三年攻坚”行动计划，2018～2020年中心城区新增社区养老服务设施205处。到2022年，全市养老床位达16万张以上。

（3）推进机构养老服务发展

引导各类资源兴办养老机构，开展城企普惠养老服务专项行动。引导社会力量投资建设和运营专业化的养护型、护理型、认知障碍症照护型、临终关怀型等功能型养老机构。鼓励社区养老机构建设，推进社区养老机构向养老服务综合体发展。充分利用闲置的学校、村“两委”用房等资源，支持建设面向失能、半失能老年人的农村养老机构。加快推进公办养老机构改革，鼓励社会力量通过租赁、联营、合作等方式参与公办养老机构改革，推进具备向社会提供养老服务条件的公办养老机构转制成为企业或开展公建民营。

（4）扩大农村养老服务供给

以乡镇为中心，与农村基本公共服务、农村特困供养服务、农村互助养老服务相互配合，形成农村基本养老服务网络。加快农村社区日间照料中心和互助养老服务站点建设。继续推动邻里互助、老年扶助等适合农村老年人养老的服务模式发展，建立健全农村留守老人关爱服务体系。

（5）推动养老服务区域协同发展

贯彻“一干多支”发展战略，促进养老服务区域协调发展，坚持“中优”发展方向，加快中心城区和近郊区养老资源互惠共享、功能差异发展，重点支持近郊区自然资源条件好的市（县）发展康养项目。积极推动与德阳、资阳、眉山的同城化进程，德阳、资阳、眉山的社会化养老机构收住成都中心城区户籍老年人，同等享受成都市服务性床位补贴政策。

（6）培育养老服务连锁品牌

坚持品牌化、规模化、连锁化发展战略，发挥重点养老产业项目的示范作用。对在全市范围内经营连锁机构数达 3 家及以上，且星级评定为二星级以上的养老机构，给予每家养老机构一次性奖励 15 万元。对在全市范围内连续 3 年经营连锁城乡社区日间照料中心数达 10 家及以上，服务质量良好的养老服务机构或社会组织，经综合评估后给予每个日间照料中心一次性奖励 1 万元。对获得中国驰名商标的养老机构和养老服务机构，给予一次性奖励 10 万元。

（7）完善价格形成机制

政府兴办和运营的养老机构，实行政府定价或政府指导价。对以公建民营等方式运营的养老机构，服务收费依据委托协议等合理确定。对其他养老机构，服务收费项目和标准由经营者自主确定。养老机构的收费标准应保持相对稳定。进一步规范养老服务机构管理，防范非法集资等行为。

（8）加强诚信体系建设

建立覆盖养老服务行业法人、从业人员和服务对象的行业信用体系，将信用记录纳入“成都信用”。将信用信息作为各项支持政策的重要衡量因素，对违规失信者给予相应惩戒或市场限入。探索建立养老设施（机构）及从业人员黑名单制度和退出机制。

2. 深化居家和社区养老服务

（1）深入推进社区嵌入式养老

采取公购（租）民营等方式利用社区底商和闲置空间，引入公益性和专业化养老服务机构，在老年人集中居住的居民小区设立养老服务站点，对提供日托养老服务的站点给予综合运营补贴。拓展现有社区养老院、日间照料中心的服务功能，向居民小区和院落延伸服务。引导同一小区内老年人自愿合伙居家养老，由社区养老院、日间照料中心、养老服务站点等提供居家上门服务。

（2）提升居家养老服务功能

编制养老“关爱地图”和居家养老服务指南，实现供需对接，信息互通；引导养老服务组织开发基本服务清单，鼓励推行私人订制服务；推进养老机构的居家照护、助餐、助浴、康复护理等专业化服务延伸到居家老年人。以社区养老服务综合体等设施为平台，集成各类为老服务资源，为社区老年人提供养生看护、中医门诊、康复理疗、日常照顾、文化休闲等服务。完善困难老年人基本养老服务补贴制度。探索建立居家养老巡视探访服务制度和养老“喘息服务”制度。

（3）推进老年人助餐服务体系建设

大力推进老年餐饮服务的科学规划与布局，在老年人需求较为集中的区域，充分利用社区养老院、社区日间照料中心、农村居家养老服务中心等养老设施的助餐服务功能，引入餐饮企业、配送企业和社会组织，形成以养老服务机构和社会餐饮企业为主体、以其他社会力量为补充、以信息化服务平台为依托的老年人助餐服务体系。建立健全政府支持老年助餐服务机制，对兴办中央厨房、长寿食堂、助餐服务点、邻里互助点等老年人助餐设施给予资金支持，对特殊困难老年人给予适当的助餐服务补贴。

（4）提高老年人生活便捷化水平

通过政府补贴、产业引导和业主众筹等方式，重点推进老旧居住区缘石坡道、轮椅坡道、公共出入口、走道、电梯候梯厅及轿厢等设施和部位的无障碍改造；积极推动、支持老年人集中居住小区既有住宅增设电梯。根据老年人身体状况和居住房屋情况，实施居家无障碍和安全性改造，配备基本的康复辅助器具，提升老年人居家生活能力和生活品质。对散居特困、低保及低保边缘家庭中的失能、失智、伤残、独居、高龄老年人家庭，以及计划生育特殊困难老年人家庭进行适老化改造，市级财政给予每户最高 1000 元的资金补助。

3. 深化养老服务融合创新发展

（1）加快推进医养结合

取消养老机构内设诊所、卫生所（室）、医务室、护理站的设置审批，依法依规实行执业登记备案。鼓励开办康复医院、老年病医院和护理院，发展以基层医疗卫生机构为中心的居家养老健康服务网络，优先做好老年人家庭医生签约服务。大力发展中医药健康养老服务。鼓励执业医师到养老机构内设的医疗机构开展多机构执业。到2022年，养老机构医养结合率达到90%，重点人群（含65岁以上老年人）家庭医生签约率达60%以上。

（2）促进老年产品、用品和服务升级

鼓励企业开发为老年人服务的产品，重点推进供老年人使用的可穿戴设备、便携式医疗设备、照护康复产品及物联网老年电子产品等的研发、制造和销售。打造一批健康养老示范企业，发展老年用品特色街区，开发老年用品租赁和流通市场。加快推进长期照护保险试点工作，引导保险机构开发包括长期商业护理保险在内的多种老年护理保险产品。

（3）推进“互联网+”养老服务创新

健全养老综合服务信息平台，建立涵盖老年人动态数据统计、养老服务包等养老数据库。鼓励养老服务机构、企业和社会组织利用互联网、物联网等信息技术，为老年人提供紧急呼援、家政预约、远程医疗、健康监测、居家护理、走失定位等服务。推进智慧健康养老示范基地建设。探索智慧养老社区建设。依托“天府市民云”，促进老年群众享受一站式服务。

4. 持续增强政策保障能力

（1）完善财政支持政策

逐步提高市本级福利彩票公益金投入比例，统筹财政性资金加大对居家和社区养老服务的支持力度。采取项目补助、以奖代补等方式，加大对养老服务重点领域和重点项目的资助、扶持力度。继续执行省市养老机构、养老设施建设补助和运营补贴等现行扶持发展政策，加快推进财政补贴从“补砖头”“补床头”向“补人头”转变，并适当提升对失能老年人的服务补贴标准。探索实施普惠型的老年人意外伤害保险制度。

（2）完善投融资政策

通过财政贴息、补助投资等方式支持金融机构以养老机构有偿取得的土地使用权、产权明晰的房产等固定资产和应收账款、动产、知识产权、股权等为抵（质）押，办理信贷业务。探索建立养老产业专项基金、PPP（政府和社会资本合作）等模式，支持发展面向大众的养老服务产业，带动社会资本加大投入。支持养老企业上市融资，对在境内外主要证券市场进行首发融资的养老服务企业给予最高500万元奖励。持续推进养老机构责任保险工作。

（3）加强养老服务队伍建设

支持市属高等院校、中等职业学校（含技工学院）开设老年人服务与管理相关专业。增设养老服务公益性岗位，鼓励养老机构吸纳高校毕业生、建档立卡贫困户、低保和低保边缘家庭、返乡农民工、征地拆迁家属劳动力就业，对签订一年以上劳动合同并参加社会保险的，按每人1000元的标准给予机构一次性奖励，并按规定落实岗位和社保补贴。对入职本市同一养老机构连续从事护理岗位每满三年的护理人员，择优给予一次性3000元的奖励资金。支持培训养老护理、管理人员，建设实训实习点和示范性培训机构。将符合条件的失能老年人家庭成员纳入免费养老护理培训范围。对获得部、省、市级护理员职业技能竞赛三等奖以上的护理员给予5000～25000元不等的一次性奖励。探索开展养老护理员职业水平能力评价。

（4）保障养老服务设施用地

统筹利用闲置资源发展养老服务，对列入省、市重点项目的养老服务建设项目，优先给予用地保障。养老服务设施用地符合《划拨用地目录》的，可采取划拨方式供地。对利用具有产权的现有闲置厂房、闲置社区用房和城市经济型酒店等非民用房转型改造成养老服务设施的，报民政、房管、城乡建设、国土资源、规划等部门备案，从事非营利性养老服务且连续经营一年以上的，五年内可不增收土地年租金或土地收益差价，五年内可暂不办理用地性质、项目名称变更手续和不动产登记变更手续。对在养老服务领域采取PPP方式的项目，可以国有建设用地使用权作价出资或者入股建设。鼓励村集体建设用地优先用于发展养老服务，民间资本兴办的非营利性养老机构与政府兴办的养老机构可依法使用农村集体建设用地。

（5）减免相关税费

落实国家在养老领域相关税费优惠政策，养老机构的行政事业性收费，对营利性的减半征收，对非营利性的全免。养老设施（机构）的电、水、气和有线电视，按居民生活类价格执行，养老机构申请办理电、水、气、有线电视等业务，实行限时办结制度。

（二）德阳市养老与健康服务产业发展主要经验

德阳市高度重视养老与健康服务产业发展，坚持“党委领导、政府主导、社会参与、全民行动”的工作方针，为促进人民健康和老年养老事业高质量发展保驾护航，制定了《德阳市“十三五”老龄事业发展和养老体系建设规划》《德阳市人民政府办公室关于全面放开养老服务市场提升养老服务质量的实施意见》等，以构建老龄工作大格局为抓手，大力整合公共资源和政策资源，着力提升社会保障水平，加强加快建设养老体系，培育壮大老龄产业，切实维护老年人合法权益，完善老龄事业管理体制和运行机制，不断满足全市老年人日益增长的对美好生活的需求，不断满足老年人多层次、多元化的服务需求，全面提升老龄事业发展水平，全面提高老年人的幸福感和获得感，确保全市老年人共享全面建成小康社会的新成果。

截至 2020 年 9 月，德阳市累计投入 9682 万元维修和升级改造公办养老机构床位 12882 张，累计投入约 1.2 亿元建成 418 个日间照料中心；建有社区养老服务设施 711 个，基层老年人协会 1700 余个，老年志愿服务队伍 900 个；鼓励和引导社会力量参与社区日间照料中心建设运营，培育发展 20 余家社会组织开展社区养老服务项目；开展医养结合服务的机构有 25 家，医养结合床位有 3978 张。德阳市老年大学新设教学科目 11 个，新开班级 21 个，全面提升养老机构管理服务水平，实现了养老服务多元化。①

1. 加快放开养老服务市场

（1）深化审批改革

推动出台了《德阳市人民政府办公室关于全面放开养老服务市场提升养老服务质量的实施意见》，结合旌阳区和罗江区开展相对集中行政许可权改革试点工作，深化市辖区养老机构设立许可审批改革，市本级公办养

① 《德阳：推进养老服务提质增效 构建养老服务新格局》，四川省人民政府网站，2020 年 9 月 18 日，http://www.sc.gov.cn/10462/10464/10465/10595/2020/9/18/0bbb4905a7e146109f9813295a1fbb03.shtml。

老机构设立许可由市民政局负责审批，市民政局委托旌阳区和罗江区分别负责本行政区域内的养老机构设立许可。

（2）精简审批环节

已经批复的控制性详细规划区域，不再对区域内具体养老投资项目进行交通影响、水影响、地震安全性等方面的评估审查。能够提供服务设施产权证明的，不再要求提供建设单位的竣工验收合格证明。食品经营实行“先照后证”。建筑面积5000平方米以下的养老机构免环评手续。放宽部分养老机构消防备案手续。目前，符合设立条件的申请人在10个工作日内即可领到养老机构设立许可证。

（3）优化行业环境

推动德阳市在《德阳市市域城镇体系规划和德阳市城市总体规划（2016—2030）》中增设了6块社会福利用地规划，基本满足了养老机构建设用地需求。对养老机构收住德阳市户籍60岁以上老年人的，按照每人每月不低于50元的标准给予服务性床位运营补贴。落实了对养老机构的税收优惠政策。

2. 不断完善养老与健康服务保障体系

坚持“全覆盖、保基本、多层次、可持续”的基本原则，着力提升城乡居民基本养老保险制度一体化水平。完善基本医疗保险制度，继续实行基本医疗保险制度对老年人的全覆盖。建立养老服务需求评估机制，加大对经济困难的高龄、独居、失能老年人及重点优抚对象、计划生育特殊困难家庭老年人的救助力度。健全老年人社会福利制度，继续实施高龄老人津贴发放制度。建立医养联系机制，鼓励具有一定规模、技术实力较强、管理规范的民营医疗机构与养老机构建立医养联合体，全市二级以上医疗机构和社区卫生服务中心（乡镇卫生院）应按照就近就地、安全便捷的原则与养老机构建立合作关系。鼓励医疗机构开办养老服务机构，促进医疗资源与养老服务的合理对接。推进基层医疗卫生机构建立家庭医生签约服务制度，为老年人提供连续性的健康管理和医疗服务。按照“全员覆盖、多元筹资、保障基本、待遇分级、鼓励居家”的原则，探索建立德阳长期护理保险制度。大力发展居家养老服务，夯实社区养老服务基础，加快推动各类养老服务设施的标准制定，加强老年人日间照料中心、老年人活动中心、嵌入式中小微养老机构建设，并配备医疗护理、康复辅具、文娱活动等设备，开展自助互助养老活动，探索医养结合型社区日间照料中心建设、管理和运营模式。加快推进公办养老机构改革，强化公办养老机构托底功能，鼓励社会力量通过独资、合资、合作、联营、参股、租赁等方式参与公办养老机构改革。支持社会力量兴办养老机构，加快推进养老服务业“放管服”改革，进一步建立健全社会力量兴办养老机构在投融资、用工、税费、土地等方面优惠政策。通过运营补贴、购买服务等方式，积极鼓励社会力量投资兴办面向失能、失智、高龄老年人的养老机构。鼓励民间资本对企业厂房、商业设施、存量商品房及其他可利用的社会资源进行整合和改造，用于养老服务。

3. 大力发展中医药医养结合服务

鼓励基层医疗机构拓展居家和社区中医药医养结合服务。加强中医医疗机构与养老机构的合作，建设中医药特色医养结合服务示范基地，鼓励社会资本建设中医药医养结合服务机构，促进中医药医养结合服务集团或连锁机构发展。坚持养老与养生相结合，将中医药“治未病”理念、中医药养生保健、中医药康复医疗、中医特色护理等融入健康养老全过程，开展中医健康体检、健康评估、健康干预和中医药“治未病”、药膳食疗等科普活动，推广太极拳、健身气功、导引等中医传统运动，普及中医药健康养老知识。依托中药材规范化、规模化、集约化种植和地方绿色经济发展优势，积极推进中医药主题医养结合产业发展。

4. “三新”推进养老服务提质增效

（1）激发养老服务新活力

以新修订的《中华人民共和国老年人权益保障法》为统领，围绕《德阳市“十三五”老龄事业发展和养老体系建设规划》，出台了系列政策文件，在土地供应、税费优惠、补贴奖励、金融支持、人才培养和就业引导等方面给予政策扶持，鼓励社会力量参与养老服务业，有效满足老年人多样化、多层次养老服务需求，让老年人老有所安。

（2）构建养老服务新格局

引进清檬养老服务有限公司集养老健康人才教育、互联式居家养老服务、养老健康云平台、养老健康大数据和智慧照护系统于一体的先进的国内养老运营管理和服务体系，积极探索社区养老服务模式。

（3）提升养老服务水平

出台《德阳市人民政府办公室关于全面放开养老服务市场提升养老服务质量的实施意见》，进一步降低养老机构的准入门槛。扎实推进医养结合新模式，初步实现了“医、养、康、护”连续服务。积极探索社区嵌入式养老服务新模式，旌阳区孝感街道、广汉市雒城街道、绵竹市紫岩街道社区养老服务综合体建设项目有序推进。全面提升养老机构管理服务水平，实现多元化养老服务新举措。

5. 实施“123”工程，推动“互联网＋养老”产业持续发展

建立1个平台。投入资金44万元，建立了德阳市“12349”养老服务信息平台，并配套建立了“12349”居家养老呼援中心，开发了具有软件著作权的智慧养老信息系统，开设了“12349DY”网站，开通了“12349”居家养老服务热线，为老年人提供助餐、助洁、助浴、助医、助急等居家养老服务，月均服务300余人次。培育2个主体。将居家养老服务列入民生工程和民生实事重点推进，2014年以来，各级财政累计投入1.34亿元，累计为44.9万名散居特困人员、低收入家庭中失能、失智、独居和计划生育特殊困难家庭老年人以及80岁以上高龄老年人提供居家养老服务支持。通过政府购买居家养老服务这一举措，不仅促使老年人成为养老服务的消费主体，还培育了一批社会组织和企业成为养老服务的承接主体。目前，全市有近10家企业或社会组织自主研发或引进了专门的养老服务信息系统，面向指定对象提供养老服务，为养老服务业发展注入了新活力。完善3个保障。一是加强政策支撑。相继出台了《德阳市“十三五”老龄事业发展与养老体系建设规划》《德阳市人民政府办公室关于全面放开养老服务市场提升养老服务质量的实施意见》《德阳市人民政府办公室关于制定和实施老年人照顾服务项目的实施意见》等文件，确定养老服务发展重点，优化发展布局，明确发展途径，为“互联网＋养老”发展提供政策支撑。二是加强示范带动。德阳市人民政府与清檬养老服务有限公司签订了战略合作框架协议，基于“标准IT化、护理员教育成长体系、智慧照护体系”三大支撑，建设集养老人才教育、互联式居家养老服务、养老健康云平台、养老健康大数据和智慧照护系统于一体的运营管理和服务体系，着

力打造具有德阳特色的“互联网＋智慧养老”服务体系。三是加强监管创新。上线了全市居家养老服务监督管理系统，拟利用入户扫码、位置定位、服务拍照、满意测评四个维度对居家养老服务全过程进行监督。

（三）绵阳市养老与健康服务产业发展主要经验

绵阳市委、市政府高度重视养老与健康服务产业的持续高质量发展，出台了《绵阳市人民政府贯彻落实省政府关于加快发展养老服务业实施意见的通知》《关于绵阳城区2014—2020年养老设施规划的通知》《绵阳市2017年养老服务体系建设工作安排意见》《绵阳市农村养老服务体系建设实施方案》《绵阳市养老与健康服务业发展规划（2016—2020年）》《绵阳市人民政府办公室关于全面放开养老服务市场提升养老服务质量的实施意见》等系列文件，明确了投融资、土地供应、税收优惠、补贴支持、人才培养和就业、鼓励公益慈善组织支持养老服务六大政策措施，逐步放开养老服务市场，为建立和完善绵阳特色的养老服务业开辟了广阔发展空间，取得了预期成效。

1. 注重顶层设计，规划引领大格局

（1）借势明方向①

党的十九大提出，要构建养老、孝老、敬老政策体系和社会环境，为新时代中国特色养老事业指明了方向。绵阳因势而谋、应势而动、顺势而为，在市委经济工作会上明确提出要大力发展养老服务业，以提高质量和提高效益为中心，把握稳中求进的总基调，全面构建有质量、有效益、可持续发展的老龄工作大格局。绵阳市人大代表、市政协委员连续3年聚焦养老服务业的发展，先后提出各类建议、提案50余个，为绵阳市发展养老服务业提供了良好的政治环境。

（2）借力抓思路

本着实事求是、取长补短、推动工作、促进发展的目的，先后派出4个考察组分别赴台湾、上海、青岛和成都等地学习养老服务先进经验、

---

① 《绵阳市“三个注重”务实推进全面构建老龄工作大格局试点工作》，四川省民政厅网站，2018年5月28日，https://mzt.sc.gov.cn/scmzt/xxxcgcddsjdjs/2018/5/28/b3f204b2930e4d4083b86bec849754b0.shtml。

工作模式、服务方法，并最终形成学习报告，从3个方面提出21项推进措施。

（3）借智破瓶颈

充分借助全市各级党政干部、专家学者和广大基层群众的智慧，在深入调研、集思广益的基础上，制定出台《中共绵阳市委办公室　绵阳市人民政府办公室关于印发〈绵阳市全面构建老龄工作大格局试点工作实施方案〉的通知》和《绵阳市“十三五”老龄事业发展和养老体系建设规划》，首次提出了建立老龄工作组织领导、政策保障、宣传激励“三项机制”，实施养老服务信息化、标准化、多元化建设“三大行动”，并开展“12349”居家和社区养老服务试点工程、“1+N”农村养老服务试点工程、繁荣老年用品市场试点工程、医养融合试点工程、养老服务人才培育试点工程、老年人才开发试点工作“六项试点”的“336”工作规划，对未来一个时期养老服务工作进行全面的排兵布阵。

2. 创新“医养结合”养老新模式[①]

（1）居家医疗

采用“基层医疗机构+居家养老”模式，开展个性化家庭医生签约服务，组建健康管理服务团队，为65岁以上老年人提供家庭病床、远程健康监测等特色服务。

（2）双向转诊

政府采用“公建民营”模式，引入民间资本，兴办非营利性益康老年护理院，建立双向转诊制度和就诊绿色通道，实现养老机构、基层医院、上级医院双向转诊。

（3）政策支撑

建立以服务质量、费用控制等为核心的签约服务考核体系，将符合条件的养老医疗机构统一纳入医疗保险联网结算；探索建立按病种、人头、床日等付费新方式，针对失独、五保户等特困老人采用“政府购买基本健康养老服务”的方式解决养老问题。

① 《绵阳市探索“医养结合”养老新模式》，四川省人民政府网站，2018年5月14日，https://www.sc.gov.cn/10462/10464/10465/10595/2018/5/14/10450873.shtml。

3. “智慧养老”助力健康养老服务业发展

（1）建设“智慧基地”

与国家卫计委签订“智慧养老健康基地示范项目”合作协议，在游仙区万鸿生态颐养院和富乐社区老年康复护理中心开展试点，通过对目标人群使用信息化技术，实现老年人健康实时监测，提供远程健康管理、健康指导等服务。

（2）创建“智慧社区”

依托国家智慧城市试点市建设，推进城市“一卡通”和社区综合服务信息惠民工程，在各社区和小区安装1100台“便民一点通”，推广10000户智能养老紧急呼叫服务。支持长虹探索创建“智能社区”，采取线上线下联动的方式为老年人提供服务。

（3）建立“智慧平台”

在全国率先采用PPP模式引进绵阳居家安养老服务公司，建成投运“12349”智慧居家养老服务信息平台。该平台加盟商已达290家，服务对象突破20万人次，总投入1800万元，实现产值3400万元。整合企业、社会组织服务资源，以及社区日间照料中心、老年人活动室等养老服务机构，为全市10.4万名困难家庭失能老人和80岁以上高龄老人提供服务。

4. 强化农村养老体系建设

及时补齐农村养老服务供给短板，着力破解老龄事业发展城乡二元矛盾的重点难点问题。建立了市、县（区）、乡（镇、街道）三级工作领导机制、工作推进报告制度、资金管理及绩效考评制度，进一步规范农村养老服务工作。深入开展调研摸底，对三个具有代表性的乡镇全面走访，发放600份调查问卷，与554名农村老人进行面对面座谈，形成了《绵阳市农村养老服务体系建设工作的调研报告》，梳理出六大矛盾，并有针对性地制定了《绵阳市农村养老服务体系建设试点工作实施方案》，出台了试点工作绩效考评、资金管理等办法措施。[①] 截至2018年5月，已建成32个

① 《绵阳市“三个注重”务实推进全面构建老龄工作大格局试点工作》，四川省民政厅网站，2018年5月28日，https://mzt.sc.gov.cn/scmzt/xxxcgcddsjdjs/2018/5/28/b3f204b2930e4d4083b86bec849754b0.shtml。

农村区域性养老服务中心。其中，安州区河清养老服务中心、盐亭县两河养老服务中心已充分发挥中心作用，为辖区内老人提供了生活照料、医疗保健、法律维权、文化教育、体育健身、精神慰藉等养老服务。

5. 强化养老服务业人才队伍建设

针对养老服务人才综合素质低、持证上岗率低、年龄偏大、结构设置不合理等问题，进一步加快培养养老服务业专业人才步伐。与四川中医药高等专科学校签署战略合作协议，在人员培训、政策研究、学生就业等方面开展全方位合作，开辟“校局合作”的新局面；与中国人寿绵阳分公司达成协议，培训农村老年协会会员3000名，进一步提高了基层老年协会规范化建设水平；与四川幼儿师范高等专科学校等高等院校和中等职业学校紧密联系，鼓励院校开设老年医学、管理学、护理学、营养学以及心理学等方面的专业培训；拟从福彩公益金中列支10万元设立养老服务专业奖学金，用于表彰品学兼优的养老专业学生；强化培育养老服务专业人才，全年共培训养老机构负责人、养老机构护理员达1640人。

6. 狠抓养老产业发展亮点建设

围绕“坚持保障基本、突出产业属性、培育市场主体、提升为老服务”的工作思路，编制了《绵阳市养老服务产业2018年度行动方案》，在保障基本养老服务全覆盖的基础上，依托现有条件，构建特色鲜明、合理布局的“一区两带三集群”的养老服务产业空间发展格局，实现养老事业与养老产业同频共振、互促互进。全市现有养老服务体系建设储备项目16个，总投资额达43亿元。养老服务业已逐步成为绵阳市经济持续健康发展的重要助推力量。

（四）雅安市养老与健康服务产业发展主要经验

雅安市高度重视养老与健康服务产业发展，制定的《雅安市“十三五”服务业发展规划（2016—2020）》明确提出将重点发展养老健康服务业，构建“一核两区多点”的养老健康服务空间发展格局，着力打造国家健康城市、国家医养结合试点市、中国西部康养目的地和川西区域养老健康服务中心。雅安市委、市政府印发的《加快建设川西医养中心的实施意见》强调，要以不断满足人民群众日益增长的养老与健康服务需求为根本出发点和落脚点，以建设“健康雅安”为目标，以改革创新为动力，围绕打造川西医疗高地、川西健康净地、川西康养胜地，将雅安市建设成为川西医养中心，促进全市经济社会发展，加快建设绿色发展示范市。到2020年，全覆盖的医疗服务网络基本搭建，力争创建省级临床重点专科5个、市级重点专科30个，市域、县域内就诊率均达90%，吸引川西区域就诊每年增加2%；每千名老年人拥有养老床位数达35～40张，护理型床位占养老机构床位比例达30%以上；二级以上综合医院开设老年病科比例达90%以上，二级以上中医医院设置治未病科室比例达100%；65岁及以上老年人健康管理率和中医药健康管理率均达80%以上；医养产业规模达200亿元，年均增长速度达到10%以上，康养产业成为雅安生态富民的重要着力点和转型发展的重要突破口。[①]

1. *大力发展居家养老服务*

建立居家养老服务三级网络。各县（区）建立居家养老服务指导中心、各乡镇（街道）建立居家养老服务中心、村（社区）建立居家养老服务站，形成以养老服务企业和社会组织为主体、以社区为纽带，满足老年人各种服务需求的居家养老服务网络。加强居家养老服务设施建设。按照资源整合、就近就便、功能配套、方便实用的要求，加快建设村（社区）居家养老服务站。针对中高收入老年人，提供品质服务项目，开发并提供家政服务、生活照料、医疗护理、文体娱乐、法律咨询、送饭上门、辅具配置、代购、紧急救援等服务。发展居家养老服务组织。通过政府补助、购买服务、协调指导、评估认证等方式，鼓励社会力量在城乡社区兴办居家养老服务专业机构和企业等养老服务实体。扶持和引导有条件的居家养老服务实体实行规模化、网络化、品牌化经营。引导经营能力强、业绩好的养老服务个体工商户向生产经营规范化、组织形式企业化方向发展。2020年直接从事居家养老服务组织达100个以上。着力整合社区服务资源。加强村（社区）居家养老服务站与社区服务中心（服务站）、社区卫

---

① 《到2025年基本建成西部康养胜地　市委市政府印发〈加快建设川西医养中心的实施意见〉》，雅安市人民政府网站，2018年11月8日，http://www.yaan.gov.cn/xinwen/show/70950ce4-d3d3-4e43-a86f-e2325a2f7ff1.html。

生服务站以及社区文化、体育等设施的功能衔接。各类具有为老年人服务功能的公共设施都要向老年人免费开放。

2. 加快发展社区养老服务

统筹规划发展社区养老服务设施，加强老年人日间照料中心、托老所、老年人活动中心、互助式养老服务中心等社区养老服务设施建设并配备医疗护理、康复辅具、文娱活动等设备。加快社区日间照料中心建设。2020年，建成56个城市社区日间照料中心、37个农村社区日间照料中心，实现城乡社区老年人日间照料中心全覆盖。丰富发展社区养老服务内容。利用社区公共服务设施，为健康老人提供学习、娱乐、健身、午间就餐、聊天、心理疏导、短期看护、基本康复训练、简单医疗等服务，实现居家养老服务和社区养老服务的有机整合。完善社区养老服务设施。按照无障碍设施工程建设相关标准和规范，加快推进社区的坡道、公厕等与老年人日常生活密切相关的公共设施、家庭无障碍设施建设和适老化改造。发展智慧养老服务。支持企业和机构运用移动互联网、云计算、大数据、物联网等技术手段与养老服务深度融合，加快居家养老服务信息平台、老年人居家呼叫服务系统和应急救援服务网络建设，为居家老人提供助餐、助浴、助洁、助医和助急等服务。

3. 全力繁荣老年消费市场

积极拓展符合老年人特点的文化娱乐、体育健身、休闲旅游、健康服务、精神慰藉、法律维权等服务。开发老年食品。支持企业利用雅安农产品资源丰富的优势开发面向老年人的绿色食品、有机食品、无公害食品、保健食品、营养滋补品、保健茶、健康饮料、素食产品等产品体系，形成老年食品保健品的雅安品牌。研发老年康体用品。支持企业加强老年健身辅助用品、医疗器械、保健器械、运动健身器械、按摩器械、智能型器械等老年康体用品的设计与制造，创建老年康体用品连锁经营卖场及品牌。发展老年旅游。充分发挥雅安生态、文化资源优势，鼓励企业针对老年旅游推出经济实惠的休闲度假、运动健身、医疗康养等特色旅游产品。发展老年用品市场。培育一批开发生产老年日常生活用品的龙头企业，打造一批知名品牌，在市、县（区）一级开办针对老年用户的实体店，方便老年人选购日用必需品。培育养老产业集群。积极扶持发展龙头企业，特别是发展居家养老服务企业和旅游健康养老基地，引导服务企业将金融、服务、健康、养生、旅游等产业要素融合经营，形成一批产业链长、覆盖领域广、经济和社会效益显著的产业集群。

4. 推进医养融合发展

一是健全医疗机构与养老机构合作机制。建立健全协作机制，整合医疗、康复、养老和护理资源，共同打造“预防、养生、医疗、养老”深度融合的健康养老服务平台。二是推进医疗机构与养老机构融合发展。加强老年病医院、康复医院、护理院、临终关怀机构建设。稳妥地将部分公立医院转为康复、老年护理等接续性医疗机构。支持养老机构申请开办老年病医院、康复医院、护理院、中医医院、临终关怀机构等，提高养老机构提供基本医疗服务的能力。支持企业围绕老年人的预防保健、医疗卫生、康复护理、生活照料、精神慰藉等方面需求，积极开发安全有效的食品药品、康复辅具、日常照护、文化娱乐等老年人用品用具和健康服务产品。三是强化社区医养融合服务。加强社区卫生服务中心（乡镇卫生院）与社区日间照料中心、居家养老服务站等的合作，鼓励为社区高龄、重病、失能和半失能老年人以及计划生育特殊家庭老年人等行动不便或确有困难的老年人，提供定期体检、上门巡诊、家庭病床、社区护理、健康管理等基本服务。建立健全长期照护项目内容、服务标准、质量评价等行业规范和体制机制，探索建立从居家养老、社区养老到专业机构养老等比较健全的专业照护服务体系，保障老年人长期护理服务需求。

5. 依托资源优势，打造特色康养产业

雅安雨量充沛，气候温和，全市森林覆盖率达 67.38%，居全省首位。依托各地的独特资源，打造康养基地和医养中心，是雅安康养产业的发展方向。作为“一座最滋润的城市”，雅安不但有“天府之肺”“动植物基因库”的美誉，还有“三雅”文化、熊猫文化、茶文化、红色文化、西康文化交相辉映，同时拥有世界上第一只大熊猫的科学发现地、命名地、模式标本产地和世界茶文化发源地两大超级“IP”，为康养产业发展提供了有利条件。通过推进环境康养、药材康养、医疗康养、温泉康养、运动康养、旅居康养“六养”特色产业发展，将雅安打造成为川西生态康养目的地；通过加快建设长江上游生态高地、全省西向拓展开放高地、成渝地区双城经济圈绿色产业发展高地“三个高地”，大力发展生态经济、门户经济、数字经济、共享经济“四大经济”，充分把生态优势、区位优势、资源优势转化为经济优势、发展优势。雅安正在努力打造川西医疗高地、川西健康净地、川西康养胜地和成渝地区双城经济圈高品质康养宜居地，致力于康养产业强市建设。2021 年 5 月 24 日，《康养蓝皮书：中国康养产业发展报告（2020）》发布 2020 年度中国康养可持续发展 20 强市和 100 强县。雅安成功上榜 20 强市。

四　川北区域养老与健康服务产业发展经验

（一）广元市养老与健康服务产业发展主要经验

《广元市“十三五”老龄事业发展和养老体系建设规划》和广元市《关于全面放开养老服务市场提升养老服务质量的实施方案》为广元市养老与健康产业发展提供了指导遵循和实施路径，提出要紧紧围绕建设中国生态康养旅游名市，加快推进养老服务业供给侧结构性改革，积极引导社会资本进入养老服务业，促进养老资源向居家服务、农村、失能半失能老年人倾斜，鼓励管理创新、产品创新和品牌创新，强化市场监管，优化服务环境，繁荣养老市场，全面提升养老服务质量。到 2020 年，养老服务市场全面放开，供给结构更加合理，均等化服务基本实现，服务质量明显改善，群众满意度显著提升。全市政府运营的养老床位数占养老床位总数的比例不超过 50%，护理型床位占养老床位总数的比例不低于 30%。90% 以上的城镇社区和 60% 以上的农村社区被纳入居家社区养老服务网络。养老服务业成为促进广元市经济社会发展的新动能。①

1. 丰富老龄产业业态

依托广元自然生态、医疗保健、文化教育、休闲养生等资源，围绕老年人的衣、食、住、行、医、游、娱等需求，加快发展老年人健康管理、康复护理、家政服务、文化教育、宜居服务、金融理财等养老服务产业，

① 广元市人民政府办公室：《关于全面放开养老服务市场提升养老服务质量的实施方案的通知》，2018 年 12 月 28 日。

培育养老服务知名品牌。鼓励家政、物业、金融、特色护理、餐饮住宿、健康管理、文化教育、体育健身、物流快递、法律援助、心理咨询、休闲旅游等行业和领域开发个性化、特色化、专业化的为老服务项目。推动养老服务产业与医疗、健康、养生、旅游、文化、健身、休闲、金融等产业融合发展，打造养老服务新产业、新业态、新模式。推进互联网、物联网、大数据等信息技术支撑健康养老发展，创新健康养老服务模式，开展面向家庭、社区的智慧健康养老应用示范，提升健康养老服务的覆盖率和质量。

2. 优化康养产业空间布局

以实现中国西部旅居养老目的地、健康养老集聚地、智慧养老新高地为目标，构建“一心一带两区三线”的发展格局。依托中心城区公共服务设施和康体疗养条件，突出“绿色广元、康养之都”特色，建成川陕甘结合部医养融合示范中心。在人口、产业聚集的中部城镇河谷地区，建成居家智慧养老示范带。根据自然环境和区位特点，在南部丘陵地带建成以日间照料和社区养老服务为主的示范区，在北部山区建成以邻里互助养老为主的示范区。立足独特自然生态和特色文化，建成以曾家山、唐家河、米仓山等高端生态康养旅游，白龙湖、亭子湖等水上休闲旅游，剑门蜀道、中国红军城等文化旅游为主体的旅居养老示范线。

3. 培育老龄产业市场主体

依托区域产业集聚优势和资金、技术、人才等优势，打造一批主导产业突出、产业链条完整、服务功能完善的示范产业园区和生产基地。鼓励竞争力强、有实力的老龄服务企业走集团化发展道路，扶持中小型老龄服务企业连锁经营，培育一批生产老年用品和为老年人提供服务的企业集团和龙头企业。加强老龄产业的技术集成和市场应用，引导企业开发、生产和经营老年护理用品、康复用品和辅助器具。培育发展老龄产业行业协会和中介组织，充分发挥其在行业交流、自律管理等方面的积极作用。

4. 强化老龄产业政策支持

充分发挥政府的引导作用和市场的主体作用，深入推动养老健康服务业作为重点培育发展的新兴先导型服务业加快发展。构建老龄服务业分级准入制度，扩大老龄服务业社会供给平台，鼓励和支持社会组织从事老龄服务。完善金融信贷支持政策，鼓励和引导老龄企业通过银行贷款、上市、发行债券、融资租赁等多种渠道筹措资金。研究制定扶持老龄产业发展的技术、贸易、人才政策。鼓励条件成熟的县（区）编制老龄产业发展规划，注重体现区域特点，增强产业竞争力。

5. 打造成渝地区生态康养“后花园”

广元市委、市政府坚持“生态立市、工业强市、文旅兴市、融合发展”的总体思路，加强生态环境保护，提升医疗卫生水平，加快文旅经济发展，持续推动中国生态康养旅游名市建设。将“生态立市”作为全市的发展思路之首，在历届市委的接续努力下，广元生态康养业取得了长足发展。一是挖掘景区的自然资源和文化资源，开发多元化文旅产品。广元是北方的南方，是南方的北方。广元有 49 个 A 级景区，排在全省前列。境内有剑门蜀道和唐家河 2 处世界级旅游资源，有国家级旅游资源和品牌 135 处。作为 20 世纪 30 年代川陕苏区、红四方面军的后期首府和主要活动区域，红色文化遍及七县区。内外联手强化现代旅游的时尚化、体验化、创意化和国际化。二是打造休闲康养旅游度假最佳目的地。推动生态康养、医疗卫生、现代旅游、文化教育深度融合发展，积极打造成渝地区休闲康养、旅游度假最佳目的地。首先，聚焦做强医养康养产业。加大与成渝优质医疗资源合作力度，建成一批国家级、省级重点医学专（学）科、特色专科联盟，搭建成渝广就医绿色通道，提升危重病患应急救治能力，快速提升医疗卫生服务水平，为建设成渝地区生态康养“后花园”提供医疗保障。其次，聚焦丰富生态康养业态。推动剑门蜀道文化旅游区、武则天文化旅游区、曾家山国家级旅游度假区、嘉陵江生态文化旅游区等引领性项目建设，研发“女皇味道”特色餐饮，推出广元特色主题文化旅游演艺节目，开发系列特色文化旅游商品，提高“剑门蜀道”“女皇故里”“熊猫家园”“红色广元”品牌影响力。

（二）巴中市养老与健康服务产业发展主要经验

巴中市委、市政府为积极应对人口老龄化，满足老年人日益增长的养老服务需求，使养老服务产业成为保障民生、推动经济转型升级的重要举措，出台了《巴中市养老服务产业发展规划（2016—2030）》。该规划以

“坚持保障基本、突出产业属性、培育市场主体、提升为老服务”为基本思路，明确了养老服务产业的发展目标、体系构建及空间布局，对养老服务产业和中心城区养老服务设施进行了规划，明确以“生态巴中·康养胜地”为定位，打造“一核一环三极十集群”的养老服务产业发展格局，形成由老年基础服务业、生态康养产业、医养融合产业、老年用品制造产业和相关养老配套产业等组成的巴中养老产业体系。

1. 完善养老服务产业体系

（1）完善老年基础服务设施

主要完善居家养老服务、机构养老设施、社区日间照料中心和农村养老设施。提供居家养老“智慧养老”线上服务，到2030年，各类居家养老服务企业（机构）和社会组织将达到3200个左右。[①] 主要服务对象为60岁以上失能半失能老年人和80岁以上高龄老年人。其服务包括居家养老基础性服务和居家养老信息平台服务两方面内容。居家养老基础性服务指为服务对象提供助餐、助浴、助洁、助医、助急等“五助”线下服务。居家养老信息平台服务指运用移动互联网、物联网、云计算、大数据、智能可穿戴设备、智能终端设备等信息化技术、手段，通过居家养老信息平台实现老年人电子建档、GPS定位、一键求救、健康管理、人文关怀和居家养老服务功能，为服务对象提供“智慧养老”线上服务。

（2）实行分区分级统筹机构养老

设置“市、县（区）”两级养老服务设施体系。市级养老服务设施指服务巴中市域老年人的大中型社会福利院，主要发挥示范、保障作用。县（区）级养老服务设施指主要服务平昌县、通江县和南江县内老年人的中型养老服务设施，并兼顾为所在镇或街道的老年人提供养老服务，主要发挥保障、补缺作用。到2030年，实现100%的城市社区建有社区老年人日间照料中心，严格执行养老服务设施人均用地0.1平方米的标准，实现养老服务均等化。充分发挥社区公共服务设施的养老服务功能，加强社区养老服务设施与社区服务中心（站）及卫生、文化、体育等设施的衔接，提

① 《巴中市出台养老服务产业发展规划（2016—2030）》，四川省人民政府网站，2017年2月13日，http://www.sc.gov.cn/10462/10464/10465/10595/2017/2/13/10413863.shtml。

高综合利用效率。农村社区养老则按照“1＋7”模式进行设置，以行政村为基础，建设社区服务用房不小于500平方米、居民公益性服务设施及活动场地不小于2000平方米。

2. 加强生态康养服务产业开发

（1）建成一批精品老年度假森林康养基地

依托巴中市4个国家森林公园、1个国家地质公园、12个4A级景区和17个国有林场，重点发展森林康养产业，并与海南多地市合作，形成“三亚过冬、夏居巴中”的跨地市生态康养产业链。以“清心避暑、赏心观景、潜心静养、舒心健身、安心疗养”为主题，打造光雾山—米仓山、诺水河—空山、镇龙山、天马山、佛头山森林康养基地，把巴中打造成中国最佳森林康养目的地。

（2）打造一批老年亲水疗养项目示范区

以巴中市内丰富的水乡、湖泊和温泉资源为基础，注入亲水娱乐、亲水养生、亲水活力、亲水健康和亲水膳食等养生保健理念，培育具有巴中特色的老年亲水疗养产业。延伸发展温泉疗养、中草药浴、茶浴和盐水浴等针对老年人康复疗养的水疗项目，用于老年人常见病的康复治疗。依托湖泊提升风景区品质，丰富老年人的日常生活，并利用水库周边可建设用地适度发展养老度假村、颐养院等养老服务项目，结合特色水乡古镇，开发适宜老年人悠闲享乐的娱乐项目。利用温泉资源，打造陈河温泉疗养、化湖亲水疗养、玉湖亲水疗养和驷马水乡疗养等老年疗养项目示范区。

（3）建设多元化银发观光旅养产业链

结合大巴山乡村旅游精品游线、大巴山水生态精品游线、红色文化精品游线，建设多元化的银发旅游产业链，实现“动”态养老。重点打造以光雾山、诺水河和空山等地组成的观光旅养产品，以红军碑林、红军石刻和烈士陵园等组成的红色旅养产品，以驷马水乡、天马山和玉湖—长滩等组成的山水游憩产品，以米仓古道、南龛崖壁和恩阳古镇等组成的文化体验产品，以“巴山新居”、江口渔村和“农家乐”等组成的乡村旅养产品和以红叶节、茶文化节、银耳节等组成的节庆旅养产品。

（4）促进农业与养老服务业有机互动

发挥巴中市农业资源优势，结合“巴食巴适”品牌、农业体验园等特色农业资源，促进农业与养老服务业有机互动，实现老年人“老有所乐”，让老年人生活得更加充实、健康和有活力。发挥“中国富硒茶之乡”和“优质富硒茶绿茶核心产区”的品牌优势，在平昌县、通江县建设养生茶园养老项目。加快恩阳特色农业园建设，开发有机膳食、田园体验、瓜果采摘和“农家乐”住宿等项目，打造巴中生态农养基地的品牌。

3. 组建医养结合服务综合体

建立完善覆盖城乡的医养结合体系，建立健全医养结合机制，采取医院主办、协办、托管等多种形式，建立康复护理、预约就诊、急诊急救等双向绿色通道，共同打造“预防、医疗、康复、养老”高度融合的养老与健康服务机制。支持大中型养老机构和医疗卫生机构组建医养结合服务综合体。三级医院要与3所以上较大规模的养老机构建立合作关系，二级医院要与2所以上养老机构建立合作关系。建立社区卫生服务机构、乡镇卫生院，结合基本公共卫生服务的开展为本辖区老年人建立健康档案，并对65岁及以上老年人提供健康管理服务。加快推进全科医生、家庭医生制度，逐步实现签约服务。加强医疗机构对养老护理人员的定期指导，为养老机构提供人才培养、心理辅导、义诊巡诊、健康教育等方面的专业技术帮扶。

4. 开发特色老年用品

开发老年绿色健康营养套餐。充分利用巴中市“中国银耳之乡”“中国核桃之乡”“中国富硒茶之乡”“中国金银花之乡”“中国南江黄羊之乡”等绿色、有机品牌优势，大力发展老年健康食品产业。结合地方传统加工方法，把南江黄羊、空山黄牛、巴山土鸡、巴山猪、核桃、森林蔬菜、菌类等加工成具有地方特色、符合食物疗法要求的老年营养套餐。依托各康养中心、自然景区、城市周边森林公园，打造以“食疗”为特色的森林康养餐厅。以标准化为主要手段，强化康养食品质量管理，保护好“巴食巴适”综合性农产品区域品牌，开发出更多特色康养食品。开发中医药健康养老康复药品（服务）。针对巴中市重点发展的中药材品种，开展金银花、银耳、川明参、天麻、白芍、虎杖、药用皂角等重点中药材GAP基地建设工作，结合基地建设中医药养生保健服务园区，开展中医药健康养老服务。发展中医药健康资讯、技术服务和养生保健产品，支持养生美容、亚健康检测与防治及药膳等新兴中医药养生保健行业发展。

5. 加强养老配套产业（产品）

完善文化体育服务设施。按照“市—县（区）—街道（乡镇）—村”四级体系进行老年文体设施布局，实现老年文体设施服务场所和服务内容全覆盖。市级和县（区）级老年文体设施为老年文体中心，市、县（区）各设置1所，街道（乡镇）、村级老年文体设施为各管辖区域所布置的文体中心内的老年文体功能设施。市、县（区）级老年文体中心（含老年设施）服务半径3000米，街道（乡镇）级文体中心服务半径1000～2000米，村级文体中心（含老年设施）服务半径1000米以内。鼓励发展与基本医疗保险、养老保险相衔接的商业养老保险，继续推进商业保险公司承办城乡居民大病保险，扩大人群覆盖面。积极开发长期护理保险以及与健康管理、养老等服务相关的商业健康保险产品。到2020年，实现城乡居民大病保险、养老保险全覆盖。探索推进反向住房抵押贷款等“倒按揭”养老金融产品，实现老年人的不动产价值流动，使老年人在其余存生命期间享受长期、持续、稳定的养老现金保障。积极推进农村土地和房屋产权制度改革，实行以农村土地等资产入股分红的村社产业股份制，用红利保障农村老年人养老。

对策建议篇

第十五章　四川省养老与老年健康服务面临的形势与经验借鉴

谋划四川省养老与老年健康服务的未来发展需要准确厘清并把握面临的良好机遇与严峻挑战，并借鉴发达国家和我国兄弟省区市的成功经验，本章对此进行梳理，并得出对四川省养老与老年健康服务的启示。

一　养老与老年健康服务面临的机遇

（一）彻底消除绝对贫困，为减少地区养老与老年健康服务差异创造了条件

经济发展水平与养老服务水平、老年健康服务水平密切相关。2018年，四川省60岁及以上老年人口规模居西部第1位、全国第2位，但地区生产总值居全国第6位，地区间经济发展水平差异较大；2019年地区生产总值数据显示，成都有着高达17012.65亿元的地区生产总值，排全国城市的前8位，但省内第2强市绵阳的经济规模只有成都的1/7，人均地区生产总值排全国第18位。四川曾经是国家级贫困县最多的省份之一，贫困人口多、贫困面积大、贫困程度深，农村贫困人口分布在全省20个市（州）161个县4159个乡43919个村落，“四大片区”里一共有88个贫困人口主要分布的县。其中，“疾病”“缺资金”“缺技术”是最主要的三个致贫原因。东部地区对口援建除成都市以外的20个市州，是全国范围内扶贫攻坚任务最为繁重的省份之一，制约了养老与老年健康服务的发展。例如，被称为养老服务“助推剂”的长期照护保险，受医保基金运行情况影响，四川省仅有成都市被纳入试点。从试点效果看，由于覆盖范围极其有限，只

将城镇职工基本医疗保险参保人员纳入报销范围，未将普通居民中的中度和重度失能老年人，特别是经济困难的老年人纳入享受范围。同时，尚未建立稳定的筹资机制和财政补贴机制，运行缺乏稳定性和可持续性。

精准扶贫开始以后，四川着力解决深度贫困地区的贫困问题，2019 年四川省农村贫困人口由 2013 年年底的 625 万人减少到 20.3 万人，贫困发生率从 9.6% 下降到 0.3%；涉藏地区 32 个贫困县 2063 个贫困村 36 万贫困人口全部脱贫，贫困发生率降至 0.1%。凉山州也已有 4 个贫困县退出贫困县行列，全省贫困村由 2013 年年底的 11501 个减少到 300 个，绝大部分县市已经彻底消除了绝对贫困。2021 年 2 月 25 日，全国脱贫攻坚总结表彰大会在北京人民大会堂隆重举行。会上，习近平总书记发表重要讲话，庄严宣告：我国脱贫攻坚战取得全面胜利！在现行标准下全国 9899 万农村贫困人口全部脱贫，832 个贫困县全部摘帽，12.8 万个贫困村全部出列，区域性整体贫困得到解决，完成了消除绝对贫困的艰巨任务，为实现全面建成小康社会目标任务做出了关键性贡献。[①] 脱贫群众不愁吃、不愁穿，义务教育、基本医疗、住房安全有保障，饮水安全也都有了保障。

四川省委书记彭清华在国新办在四川省成都市举行新闻发布会的讲话中指出，“脱贫攻坚”是实现现行标准下贫困人口全部脱贫，即消除绝对贫困。减贫是一项长期任务，任何时候、任何阶段总有相对贫困的人口，四川在今后一定时期还会继续保持和延续帮扶政策，把改善交通条件、教育医疗条件、产业发展条件摆在突出的位置，增强相对贫困地区自我发展能力，不断解决相对贫困问题。[②] 从 2021 年 4 月开始，四川在 53 个县（市、区）开展了建立解决相对贫困长效机制试点工作，聚焦医疗、教育、城市基础设施、养老、托幼等一系列公共服务的一体化和均等化发展，统筹布局公共服务资源，为减少地区养老服务差异创造了良好的社会条件和环境条件。

（二）深度推进乡村振兴，农村养老与老年健康服务迎来重大利好

为补齐农村养老、健康服务短板，四川省采取了多项措施，但是农村

---

① 习近平：《在全国脱贫攻坚总结表彰大会上的讲话》，《人民日报》2021 年 2 月 26 日，第 2 版。

② 《彭清华：四川“两不愁三保障”任务已基本完成》，《当代县域经济》2020 年第 10 期。

地区养老与老年健康服务始终面临困境。一是养老与老年健康服务资源匮乏。截至2018年年底四川省已建成9805个城乡社区日间照料中心，城市、农村各占60.98%、39.02%。由于建设初期未按照服务半径和服务功能进行科学布局规划，绝大多数点位采取挂牌，共享党建、司法和文化阵地等方式建设，部分地方"重数量轻质量"，远远不能满足日间照料中心定位的半失能老年人就近养老服务需求，农村社区养老服务更是空白，甚至出现建好之时即荒废之日的情况。据抽样调查，约33.8%的老年人到最近社区养老服务设施需步行20分钟以上，社区养老服务设施实际没有发挥服务社区老年人的作用。二是资源配置不合理。在城市，公办养老机构由于有财政补贴而"价廉物美"，备受老年人青睐，特别是服务需求旺盛的主城区、老年人集聚区，"一床难求""排队入住"现象较普遍，而民办养老机构由于高成本而收费相对较高，许多老年人难以承受，少人问津。在农村，敬老院总体小、远、散、乱，服务质量不高，加之受传统养老观念的影响，导致床位大量闲置。三是农村老年人养老水平低。相对城市而言，四川省农村地区居民基本养老保险、基本医疗保险起步晚、待遇低。目前，大部分的农村老年人基础养老金还难以达到"保基本"的目标，甚至不能保障老年人最低生活标准。此外，制度保障不全以及基本养老服务项目的规范、对象和标准不明确，农村居民尤其是经济困难的高龄、失能半失能老年人能够享受到的公共养老服务十分有限。

2017年，国家正式提出乡村振兴战略，2018年，专门出台了《中共中央　国务院关于实施乡村振兴战略的意见》指导乡村振兴工作，强调乡村振兴是经济、政治、社会、文化、生态和党建的全面振兴，其中产业兴旺是重点。四川省是典型的农业大省，农村面积大、农业人口多、城乡发展不平衡，农村产业兴旺对省内社会经济全面发展意义重大。

2018年以来，四川以现代化农业产业体系建设为重点的乡村振兴已经取得了五个方面的重要突破。一是重视法治化建设，让乡村振兴有法可依，树立乡村治理法治意识。四川省人大常委会正在审议《四川省乡村振兴促进条例（草案）》，这是四川首次针对乡村改革进行立法。树立法律意识，引导特色产品经营主体注册商标，抢先占领市场。二是完善乡村治理外部环境。四川陆续出台了《关于坚持农业农村优先发展推动实施乡村振兴战略落地落实的意见》《加强农村水环境治理助力乡村振兴战略实施工作的方案》等具体的政策措施和方案，推出了全省首个乡村振兴示范市，树立榜样、提供方向。三是土地政策灵活放宽，激发乡村治理活力。一方面，积极集中农村闲置资源，试点宅基地管理制度、土地征收制度和集体经营性建设用地入市等制度，将农村闲置的农房、宅基地和耕地资源激活。另一方面，鼓励“点状用地”，引导个体农户利用零星土地发展休闲农业、乡村旅游和健康养老等产业。四是强调人才兴村，为乡村治理提供人才保障。四川省采取措施吸引农民工回流，培养、发现创业人才和治理人才，解决劳动力转移输出带来的空心化和老龄化问题，保障农村人才的可持续性。五是产业体系横纵发展，乡村治理凝聚力更高。在横向上指导经营者从产品设计、生产、包装、运输、销售各个环节形成产业链条，保障农产品生产销售的稳定性。在纵向上突破行政区划限制，形成多个国家级、省级、市级和县级产业园区，合理布局产业，坚持适度经营。通过乡村产业振兴，四川农业发展的条件更加完善，农业资源得以优化重组，产业结构得到调整，相对贫困地区农业发展短板得以补齐。

四川省在乡村振兴中取得的重要成绩为发展农村养老与老年健康服务的发展提供了重要的机遇。一是为发展旅游康养创造条件。近年来，旅游康养、生态康养、文化康养，深受老年人欢迎。在乡村振兴战略下，四川省农村地区依托良好的生态，不断推进如特色小镇、老年文化礼堂、旅游文化节等建设，经济及文化发展水平日益提升。一方面，为城市老人到农村进行文化康养提供了良好的基础，促进了农村经济及乡风文明发展；另一方面，有效满足了农村老人的文化康养需求和精神文化需求。二是为改变农村老年人养老观念创造条件。农村实体经济的发展、养老基础设施和公共服务的完善、老年文化活动的开展、与城镇人口交流机会的增多，有利于改变农村传统养老观念，适应新时代的发展。

（三）协同成渝区域发展，促进川渝养老与老年健康服务共建共享

尽管，四川省养老与老年健康服务发展较为迅速，但与人口老龄化发展的严峻形势和人民群众日益增长的养老服务需求相比，四川省养老服务市场供需不平衡、发展不充分的问题依然突出。一是市场发育不平衡。目

前，四川省的居家养老服务主要由政府通过购买服务的方式为特殊困难老年人提供兜底性服务，由社会通过市场调节的方式为普通老年人提供社会化服务，由公益组织提供志愿服务作为补充。但大多数地区社会力量参与不足、服务水平较低、市场运作手段缺失，不能有效承接政府购买的服务项目和内容，致使政府购买服务的作用发挥不充分。二是社会老年人消费少。现在，四川省每年通过政府购买服务的方式为符合条件的200万名居家特困老年人提供“五助”上门服务（此项目自2014年起实施，每位老年人300元，其中省级和地方各承担50%）。受传统消费观念影响，多数社会老年人不愿接受有偿服务，全省每年仅有20万名社会老年人接受有偿服务。社会老年人消费少，服务承接主体服务成本无法降低，限制了社会老年人消费市场发展。三是市场化运行程度不高。目前，四川省有76%的社区养老服务机构由政府运营，与一般性公共服务供给模式相似，“等、靠、要”思想在这些运营组织中普遍存在。而养老服务产业市场化发展又普遍面临回报周期长、经营风险大、持续发展困难等问题，让一些具有市场运作雏形的社区养老服务机构不敢走品牌化、连锁化的发展道路，无法自我造血。四是民办养老机构运营成本高。目前四川省民办养老机构普遍存在前期投入大、运行风险高、成本回收慢等问题。据调研，在受访的民办养老机构中三成养老机构亏损、五成基本持平、两成有所盈利，超过四成的受访机构表示，养老机构投资回收周期在10年以上，投资者信心不足。虽然政府财政补贴激发了社会投资活力，但部分民办养老机构过于依赖政府补贴，市场化竞争手段不足，生存极为困难。五是承办医养结合养老机构条件高。从全国范围看，四川省医养结合养老机构类型齐全、兴办时间早，但从现阶段四川各地实践来看，受制度分设、行业差异等因素影响，政策“碎片化”与管理“部门化”问题仍然存在。比如医疗机构和养老机构在土地规划上属于不同的类别，规划建设要求不同，加大了医养结合机构建设难度，变相提高了医养结合机构的准入门槛，导致市场主体积极性不高。

2020年1月，习近平总书记主持召开中央财经委员会第六次会议，在会议上做出推动成渝地区双城经济圈建设的重大决策，指出推动成渝地区双城经济圈建设，有利于在西部地区形成高质量发展增长极，对打造内陆开放战略高地，推动高质量发展具有重要意义。成渝地区双城经济圈位于长江上游，地处四川盆地，东邻湘鄂、西通青藏、南连云贵、北接陕甘，是我国西部地区发展水平最高、发展潜力较大的城镇化区域，是实施长江经济带和“一带一路”倡议的重要组成部分。数据显示，2018 年，重庆和四川的地区生产总值合计超过 6 万亿元。成渝城市群人口和经济总量均占川渝两地总和的 90% 左右。2014 年，成渝地区生产总值占全国的 5.49%，2018 年这一比例已经提升至 6.6% 左右。成渝地区双城经济圈的建设，可以形成优势互补、高质量发展的区域经济，有利于市场空间的拓展和产业链、供应链的优化、稳定。四川省高度重视成渝双城经济圈建设工作，先后印发了《中共四川省委关于深入贯彻习近平总书记重要讲话精神　加快推动成渝地区双城经济圈建设的决定》《成渝地区双城经济圈便捷生活行动方案》等多项重要文件，在交通、产业、社会治理、维护生态安全等方面打造成渝地区城市群，辐射周边节点城市，推动四川省全域发展，拓展了养老与老年健康服务市场空间。

党的十八大以来，四川省先后与重庆市签订了《川渝养老工作协同发展合作协议》《川渝黔三省养老服务协同发展合作框架协议》《川渝养老工作协同发展合作协议 2020 年实施计划》，初步建立互惠合作协调机制。积极推动川渝两地养老机构开展业务交流，建立常态化交流机制。通过公布政策投资清单等方式，主动为社会力量在川渝两地兴办养老服务设施、开展养老服务业务牵线搭桥，促进养老机构跨省市发展。2020 年 4 月，川渝两地民政部门召开座谈会，深化两地在民政领域的合作，签订了《川渝民政合作框架协议》，就川渝养老服务合作事宜进行深入商讨，为推动养老服务领域深度合作打下了坚实基础。

（四）疫情防控时期多举措推动养老产业进入发展快车道

养老服务业是一个投入大、周期长、回报率低的产业。目前，四川省养老服务业市场主体主要是中小微企业，在新冠肺炎疫情防控时期普遍面临运营成本大幅增加、营业收入锐减的问题，众多保本微利经营的养老服务企业可持续经营面临较大困难和挑战。2020 年的政府工作报告提出，必须稳住上亿市场主体，尽力帮助企业特别是中小微企业、个体工商户渡过难关。诸多涉及增值税、所得税、养老保险费率等减税降费的阶段性政策和制度性安排的相继出台，多重利好的政策红利叠加将大幅减轻养老服务企业的税费负担、降低生产经营成本和融资成本，能够有效缓解困扰养老服务业多年的“运营难、融资难、盈利难”等老大难问题。此外，面对2020年的新变局、新形势、新挑战，扩大内需是新时期我国实现高质量发展的关键举措。服务业发展水平是一个国家现代化程度的重要标志，养老服务业发展具有拉动消费、增加就业、改善民生等多种经济社会效益。通过加快发展养老服务业来培育新的消费增长点、打造经济增长新动能，既是拉动内需的当前选择，也是扩大内需的长远之计。四川是人口大省，养老服务市场消费潜力大，尤其是陆续进入老年期的“60后”新生代老年人，他们具有更强的消费实力和消费意愿、更高的时尚品质需求和独立个性追求，将为养老服务业发展提供强劲需求驱动力。

二　养老与老年健康服务面临的挑战

（一）常态化疫情防控和养老与老年健康服务协调发展问题

疫情防控既是机遇也是挑战。2020年初，疫情初期全国部分交通停运，企业停产，医院日常工作秩序被打乱。养老机构是典型的人员密集型场所；老年群体身体机能退化，罹患多种疾病，是感染新型冠状病毒的高危人群。

四川省高度重视养老机构的疫情防控工作，认真贯彻落实《中共四川省委关于贯彻落实习近平总书记重要指示精神，切实加强党的领导、为打赢疫情防控阻击战提供坚强政治保证的通知》和民政部养老服务司《关于在养老服务系统做好新型冠状病毒感染的肺炎疫情防控工作的意见》文件要求，先后印发了《关于做好春节期间养老机构安全管理工作的通知》《关于实施全省养老机构全封闭式管理的通知》《养老机构新型冠状病毒感染的肺炎疫情防控指南（第一版）》等重要文件，形成了较为科学的疫情防控工作流程，切实降低了老年群体的感染风险。

疫情对四川省乃至全国的养老服务行业产生了很大的影响。一是养老服务人员短缺问题。养老服务业是典型的劳动密集型行业，养老机构护理人员和工作人员多数来自农村或外地，为满足疫情防控的需要，多数一线护理人员和中层管理人员被阻隔在外地，不能按时到岗。二是无探视导致老人心理极度脆弱。养老场所是典型的人员密集型场所，许多住在养老机构的老人会被接回家过年，即使不回家的老人，也会有家人来探视。疫情初期，出于疫情防控需要，许多养老机构关闭或者是暂停家人探视，许多老年人因长时间无法见到家人，引发了心理不适和情绪失调，加大了养老机构的工作难度和老年人对养老机构的抵触情绪。三是增加养老机构、养老场所的运营成本。疫情发生后，各养老机构对口罩、消毒剂和手套等物资的需求量激增，只有加大对公共卫生的清洁力度才能达到疫情防控的要求。日常医用消耗品和食品的支出超出之前数倍，影响了市场主体兴办养老机构的积极性。

尽管随着新冠肺炎疫情在全国范围内得到有效控制，我国疫情防控的形势总体平稳，但根据民政部《关于加强养老机构新冠肺炎疫情常态化精准防控及应急处置工作的通知》和四川省疫情防控要求，对省内养老机构的疫情防控仍然不能松懈。2021 年 3 月中旬，四川省民政厅下发通知，部署四川省养老服务领域在转入新冠肺炎疫情防控常态化管理阶段后的相关工作，要求有序恢复养老机构、老年活动场所秩序。家属可以在达到疫情防控的要求后，探视住院治疗的老人。养老机构可以通过设置专门的探访区，让家属在指定的区域内探访老人。社区养老服务设施在做好各类常态化疫情防控措施的情况下，可以为老人提供正常服务，并建议助餐、助急等服务尽量采取“无接触式”。各类养老机构、老人、家属都应自觉遵守疫情防控秩序，适应新的探视秩序和生活秩序。因此，新冠肺炎疫情将会对四川省养老服务事业和健康养老服务产生持续性影响，统筹疫情防控和养老与老年健康服务协调发展成为新挑战。

（二）基层医疗卫生机构养老与老年健康服务能力不足

2003 年非典型肺炎疫情发生后中国公共卫生事件应急处理工作进入法制化轨道，实施了《突发公共卫生事件应急条例》《国家突发公共事件总体应急预案》等规定，四川省也出台了相应的实施方案，建立了突发事件应急处理机制，定时开展应急演练，避免抗击非典型肺炎疫情中出现的问题。中国在此次抗击新冠肺炎疫情中采取的措施和取得的成效得到了全国人民和国际社会的高度认可，但仍有不足。四川省虽不是重点疫情区域但也同样面临基层医疗机构服务能力不足的问题。

基层医疗机构（社区卫生服务机构、乡镇卫生院、村卫生室、诊所和门诊部）是我国城乡三级医疗卫生体系中的末端，是疾病防控、疫情防控的第一道防线。虽然构建分级诊疗体系一直是全国医疗体制改革的核心内容，但此次新冠肺炎疫情仍然表明我国绝大部分地区基层医疗机构服务存在不足，集中表现为医疗设施设备和床位匮乏，没有达到防控传染病的标准；疾病的诊疗能力薄弱、对新型疾病的识别能力弱、专业化程度低和医护人员不足等问题。居民往返就诊于各大医院，得不到及时治疗，加大了感染风险和治疗难度，疫情防控职能有待进一步加强。缺少抗击疫情的联动机制，不能与乡镇（街道）、社区等部门和组织配合做好疑似病例筛查、慢性疾病管理、送药上门等疫情联防联控工作，慢性疾病患者、老年病人医疗保障得不到满足。与建立“四级老年健康服务网络”的目标还有很长一段距离。

（三）养老与老年健康服务体系、供需、人才储备问题突出

政府在养老与老年健康服务中占据主导地位，为养老与老年健康服务发展提供政策支撑。从政府角度来说，目前四川省在养老与老年健康服务政策制定和执行过程中还存在以下问题：政策制定系统性、科学性和可操作性不强，对民办养老机构的优惠和支持不充分，土地划拨政策落实难，信贷支持政策落实难，优惠政策吸引力受限，保障体系不健全、水平低，缺乏质量监管评价，医养结合机制不畅。

目前在四川省范围内，无论是居家养老服务、社区养老服务、机构养老服务还是老年健康服务都存在明显的供需矛盾。“医养结合”是一种新型养老服务模式，但四川省不少开展医养结合服务的机构没有很好地契合本地区的人口结构、实际养老需求。同时，家庭签约医生落地困难。家庭签约医生被看作提供居家养老服务的新方式，但省内普遍存在家庭医生签约服务形式大于内容的现象。此外，四川省养老服务和老年健康服务发展

进程中，专业人才储备不足、人才队伍建设滞后、人才结构失衡等问题是养老服务体系建设及老年健康服务良好的发展的最大的挑战。

三　养老与老年健康服务的经验借鉴

国外部分发达国家进入老龄化社会时间较早，已经形成比较完善的养老服务体系；国内发达地区养老服务发展率先试点，也已经形成比较成熟的养老服务体系。国外发达国家和国内兄弟省区市均在经营理念、管理方式和运行机制等方面积累了一定经验，对四川养老和老年健康服务发展具有重要借鉴意义。

（一）国外经验

1. 日本经验

作为世界上老龄化程度较高的国家之一——日本，长期面临人口老龄化和少子化的双重压力，倒逼日本社会不断思考老年人养老的问题。一是政策支持。日本政府在养老产业发展的初始阶段占主导地位，政府非常积极地推动养老产业政策的制定，并以产业指导和培训的方式推进养老产业的发展，同时给予税收减免扶持。日本政府同样将老龄工作纳入社会经济发展规划中，先后制定了《国民年金法》《老人福利法》《老人保健法》《护理保险法》等重要法律，保障日本养老产业持续运转。二是设立介护保险制度。日本是典型的利用长期护理保险制度来缓解老年人护理资金方面问题的国家。日本于2000年开始实行介护保险制度，介护保险费通常由政府、企业和参保个人共同承担。参保人根据年龄分为两类，65岁以上（含）为Ⅰ类，费用由个人和政府各承担一半；40～65岁归为Ⅱ类，个人首先缴纳10%的保费，国家承担50%，其余的40%由各地上缴的介护保险承担。自介护保险法案施行后，老年人可以享受90%的介护费报销额度，个人只需要承担10%的费用，大大减轻了家庭负担。日本的介护服务可以分为三种模式：居家养老介护服务、机构养老介护服务和地区亲密型介护服务。目前在日本，居家养老、社区养老与机构养老是一种互补关系，90%的年龄在80岁以下的需要护理的老年人以居家养老及社区养老为主，大部分80岁以上的老年人在养老院生活。可以说，对低龄老年人的护理以居家养老结合社区服务为主，对高龄老年人的护理以机构养老为主。三是注重发挥老年人自我价值。在保障老年人自身养老需求外，强化与社会的接触可以尽可能地使老年人不与社会脱轨，尽可能地保持其独立生活的能力。为退休老年人设置发挥特长的岗位，让老年人互帮互助，一方面加强老年人与社会的联系，另一方面让老年人力所能及地发挥余热，同时丰富老年生活。四是借孝道文化与科技保障养老服务。日本受儒家文化影响，具有悠久的家庭养老传统。在日本，养老服务的特殊性在于把尊老敬老文化贯穿于管理服务的各个环节，并做到身体力行。此外，日本养老院的智慧化水平也较高，借助智能技术和信息技术，可以提供家庭安防、实时定位、家政服务呼叫、健康监测、紧急救助呼叫等服务，被称为“没有围墙的养老院”。

2. 美国经验

美国早在20世纪50年代就已进入老龄化社会，其养老保障体系的建设一度导致政府财政日益沉重，但其构架模式具有一定的参考意义。一是“三条腿的板凳”养老保障体系。“第一条腿”是公共养老保险制度，即老龄、遗属、残疾保险，它由政府主办、强制执行，公共养老金是美国最基础的养老保障制度，覆盖率超过95%。私人养老金是该体系的“第二条腿”，它覆盖了政府雇员的公共部门养老金计划和私人雇主的养老金计划。私人养老金由雇主设立出资或政府补充出资，因此带有福利性和税收优惠的双重性质，是美国养老保障的重要形式。商业养老金是“第三条腿”，包括个人和家庭开设的个人退休账户以及个人购买的商业人寿保险、个人储蓄与投资等自我保障计划。二是发展养老地产。美国已经形成了集大规模开发、市场化运作、专业化程度高、市场细分清晰等特征为一体，结构完善、门类齐全的养老地产产业结构与老年住宅体系。其设施完善、环境优美，有机整合了老年地产与休闲、娱乐、健康、教育等产业，不仅促进了产业链的延伸和整合，也有提升了地产的价值和吸引力。三是兴建养老社区。社区养老是养老产业发展的重要形式之一，也是美国解决养老问题的主要模式。美国的养老社区根据老年人的居住方式分为“全托制”和“半托制”，老年人根据自身情况可以全天候居住在社区，或者仅在白天居住。根据服务对象的不同可以把养老社区分为四种类型：生活自理型、生活协助型、特殊护理型以及混合型。四是“倒按揭”式的以房养老。“倒按揭”是美国在养老产业发展中创立的一种特殊的以房养老模式。这种模式主要针对62岁以上的老年人，老年人可以将自有住房抵押给银行或相关机构，在确定房产价值后，对老年人的健康状况、预期寿命进行评估，然后定期向老年人支付养老资金，不愿接受养老金的老年人可以选择进入养老机构接受养老照顾。到达约定期限后老年人归还借款并将房产收回，或者老年人离世后房产归银行所有和处置。这是一种让双方互惠互利的双赢养老模式，既能够保障老年人的消费能力，也能使银行获得利润。

3. 新加坡经验

作为世界上人口老龄化速度较快的国家之一——新加坡，也是较早开始关注老年人问题的国家，并取得了一定成效。一是注重政策法规作用。一方面，新加坡政府通过法律的形式强化家庭对老年人的照料责任。新加坡制定了《奉养父母法》，颁布了《赡养父母法》，成为世界上第一个将“赡养父母”立法的国家。另一方面，制定了一系列福利政策支持居家养老。鼓励儿女与老人同住，推出津贴计划，为需要赡养老人的低收入家庭提供养老、医疗方面的津贴，以减轻其家庭负担，提高赡养老人的积极性。二是强调个人和家庭的责任。新加坡以个人积累为基础的中央公积金体系是新加坡养老金的主要来源。新加坡中央公积金面向所有公共部门和私人部门，在个人退休账户必须保留一笔法定最低存款的前提下，雇员在年满60岁后，可按月领取养老金。从中央公积金的性质来看，新加坡政府同样坚持以家庭为中心的原则处理养老问题。三是完备的为老服务设施。新加坡的养老设施比较完善且细致，从日常生活看可以说是最适合老年人居住的国家之一。为确保老人能在住屋附近获得医疗照顾，政府在各个组屋区设立老人保健中心，服务包括康复治疗、定期检查身体以及为家人开办照顾老人课程。在一些新建组屋区，为老人居住的单元安装警铃系统。系统与社区乐龄活动中心连接，老人遇到问题，只要拉动家中的警报器，活动中心的职员就会根据显示器所显示的门牌号码上门查看。由于组屋电梯旁也安装了显示器，因此在非办公时间，路过的民众也可以及时帮助遇到困难的老年人。

（二）国内经验

1. 上海经验

上海市是我国最早进入老龄化社会的城市，也是我国老龄化程度最高的大型城市。相关数据显示，2019 年，上海市户籍中已有 518.12 万人年龄在 60 岁及以上，占户籍总人口的 35.2%。首先，上海市在全国范围内率先推广了“社区嵌入型小型养老机构”模式，让养老机构扮演枢纽角色，承担多种功能，以智能化、网格化运营降低运营成本，与社区服务、居家养老服务互联互通，提高了服务效果和质量。其次，率先统一需求评估与实施养老专项规划。为实现基本养老公共服务“应保尽保”，通过对老年人的身体状况、经济状况进行第三方评估以获取基础数据，将根据基础数据分析老年养老服务需求纳入专项规划和工作框架，保证了养老服务有章可循、精准有效。再次，率先推进老年宜居社区的建设。通过打造社区养老服务综合体、搭建高科技为老服务信息平台，支持社会力量通过政府购买服务、专业项目的方式参与养老服务，推出一批适配性较高的为老服务项目和设施。

2. 深圳经验

深圳市是一个典型的移民城市。近年来，老年人口规模也在快速增长，为应对人口老龄化挑战，深圳市积极建立并完善养老服务体系。一是参考北京市居家养老服务体系、上海市社区养老服务模式、南京市居家养老模式和日本“没有围墙的养老院”等经验做法，借助粤港澳大湾区建设契机，通过以政府力量推动养老服务融资、以非政府组织力量优化社区照顾服务、以市场力量强化私营市场的角色、以互联网力量发展资讯科技等手段，专门打造了具有养老特色的低龄老年人“都市养老”模式。二是在公办养老机构——深圳市养老护理院进行市场化改革。包括为深圳市养老护理院配备先进设施、专业化运营服务团队，提高服务质量；实施“医养结合”，提供常见病的诊疗和慢性病管理服务；进行康复治疗，为有需要的老年人提供智能化的康复仪器，帮助其改善身体状况；心理服务，关注老年人心理健康，联合专业社会组织，利用节假日组织老年人开展活动。既让养老护理院坚持公益属性，优先收住低保、高龄、失能等困难老年人，有效保证养老院托底保障功能，也向社会开放市场化床位，以服务定价，释放事业单位内部的管理活力。

（三）对四川的启示

按照国家要求，结合四川实际，借鉴国内外养老与老年健康服务发展经验，四川省在“十四五”甚至更长时期，应加快构建与四川省社会经济发展水平相协调、与人口老龄化发展趋势相适应的养老服务体系和老年健康服务体系，满足城乡老年人日益增长的美好生活需要，在更高层次上实现“老有所养、老有所医、老有所教、老有所学、老有所为、老有所乐”。

1. 对发展原则的启示

政府主导与社会参与相结合。多层次养老服务体系建设是一项长期的战略任务，坚持以政府投入为支撑，以政策扶持为导向，严格履行制度规划、政策扶持、资金筹集、服务建设、监督管理等方面的职责，对各个养老服务设施的建设和发展做到统筹考虑、整体规划。打破行业界限，充分发挥市场在资源配置中的基础性作用，积极鼓励和支持社会公众力量参与养老服务，通过采取公建民营、民办公助等多种方式，形成养老服务体系发展的整体合力。

突出重点与适度普惠相结合。坚持以居家养老服务为导向，以社区日间照料、长期照料和护理康复为重点，在保障落实中低收入的“三无”、“五保”、高龄、空巢、失能半失能、优抚等困难老年人服务需求的基础之上，不断将服务范围和服务对象扩展到普通老年人，采取科学合理的方式，推进四川省养老服务建设由补缺型向适度普惠型转变。

因地制宜与统筹发展相结合。立足于四川省老年人口数量、养老服务水平及现有社会资源，合理安排社会养老服务体系项目建设，采取优化空间布局、整合相关资源等服务措施，科学制定社会养老服务体系发展规划。逐步改革传统城乡二元和救济型社会福利的养老模式，统筹推进城乡养老服务事业设施机制建设，激发发展活力，全面构建布局合理、功能丰富、种类齐全的社会养老服务体系。

民生为本与和谐发展相结合。从老年人的实际服务需求出发，充分尊重老年人的心理、生理特征，为老年人提供生活照料、医疗康复、文化娱乐、精神慰藉等细致周到的人性化服务。进一步加大尊老爱老的宣传力度，营造敬老助老的社会氛围，着力落实各项养老服务优惠政策，加快推动环境友好型、人文健康型养老服务事业的完善发展。

2. 对服务体系建设的启示

分析总结国内外养老服务的主要做法，对建立和完善四川养老与老年健康服务体系，具有以下几点启示。

一是立法先行、强制实施。这是发达国家养老保障制度最基本的特征之一。养老保障是国家和政府通过立法强制实施的，所以国家和政府必须要担负起为养老保障制度的发展制定完善法律体系的责任。

二是明确政府与市场定位。“国家保基础，市场保品质”的养老保障体系充分明确了政府和市场各自的定位，使政府和市场的关系相得益彰，同时大大减轻了个人的养老压力，提升了消费能力。

三是注重养老制度设计。各国政府通过财政税收支持、制度供给、人才指导和培训等方式来扶持和推进养老产业的发展，并以一定的养老保险金制度为保障。美国“三条腿的板凳”养老保障体系、日本的介护保险制度，都使老年人在退休时能享受到充分的养老政策照顾。

四是注重老年人的需求评估。以老年人需求为主导，提供多层次的服务。由于年龄、健康状况、文化水平等各方面的差异，不同的老年人对养老服务的需求有所不同，这就要求我们要有一个多层次的服务体系，针对不同老年人的不同需求，设计、提供不同的服务项目。

五是借助市场力量，以产业化方式来运作。政府鼓励市场对养老实体进行投资，能更好更快地完善养老服务的体系建设。通过市场机制来发展养老产业，吸引人才和资源等社会力量加入产业的管理和运营当中，运用先进的模式将市场资源进行整合与再分配，能很好地解决养老服务资源不足、质量差等诸多问题，使老年人得到优质的养老服务。

3. 对工作目标的启示

将国内经验与四川省人口老龄化发展的实际相结合，立足省情，紧紧围绕“六个老有”的总体要求，以健全和完善养老和医疗保障制度为重点，进一步推进社会养老服务体系建设，积极发展老年文教体育事业，丰富老年人精神文化生活，完善老年人权益保障机制，鼓励老年人参与社会发展，加快基层为老服务网络建设，强化农村老龄工作，实现城乡老龄事业的协调和可持续发展，切实保障老年人的基本生活权益，促进全省社会稳定和和谐社会建设。

一是力争实现养老保险制度全覆盖。进一步健全和完善与四川经济社会以及人口老龄化发展水平相适应的养老保障制度，重点解决体制外老年人养老保障问题，继续完善企业养老保险制度，扩大制度覆盖面。研究建立与物价水平和职工收入水平挂钩的养老金正常调整机制，让老年群体共享经济发展成果。缩小群体间养老保险待遇差距，做好机关事业单位养老保险制度改革。稳步推进城乡居民社会养老保险制度，在加大制度宣传力度、优化制度设计的基础上，重点做好45岁以上群体的参保工作。落实城乡居民最低生活保障制度，做到“应保尽保”。继续推动社会互助工作，帮助特困老年人提高生活保障水平。

二是重点落实弱势老年群体的医疗保障。加强老年人医疗保障和卫生服务建设，重点落实农村地区老年人口的医疗保障。老年阶段是人生医疗需求最大的时期。面对严峻的人口老龄化趋势，要探索建立由围绕老年人基本医疗需求的基本医疗保险和针对老年人慢性病、大病的补充医疗保险所组成的多层次老年医疗保障体系，稳步提高城镇居民基本医疗和新型农村合作医疗保险的保障水平；整合制度，降低制度的管理和运行成本，促进社会公平；进一步完善医疗救助制度，扩大医疗救助覆盖范围。完善社区卫生服务体系建设，为老年人提供优质便捷的预防、医疗、康复、护理照料等一体化服务；发展家庭病床，建立健康档案，开展健康监测与健康教育等。

三是着重满足失能老人照护需求。加快发展社会养老服务，重点解决失能半失能老人照护问题，满足老年人不断增长的养老服务需求。进一步完善以居家养老为基础、社区养老为依托、机构养老为补充，各种养老服务模式协调发展的社会养老服务体系。加快社区服务信息化建设步伐，深化社区为老服务工程，初步形成以服务设施为基础、信息技术为支撑、专业化服务和志愿者服务为内容、定点和上门服务为手段的居家养老服务体系。大力发展各类养老机构，推动农村敬老院的转型升级，鼓励和支持民间资本兴办养老机构，重点发展护养院，引导公办机构采取政府购买服务方式解决失能老人照护，满足不同层次老年人的养老服务需求。切实巩固农村“五保”和城镇“三无”对象集中供养成果。制定养老服务标准，提高养老服务质量。加强服务队伍建设，完善为老服务工作网络。积极创新体制，不断完善养老服务指导中心、养老服务中心的功能。坚持政府主导、社会参与、市场运营的原则，注重发挥政府投入资金的主导作用，开展养老服务评估，建立养老服务补贴制度。

四是满足不同老年群体不同层次需求。顺应老年人口需求变化，争取在更高层次满足老年人的多层次精神文化需求。伴随经济社会的发展以及社会保障制度的日益健全和完善，越来越多的老年人在基本物质生活有了保障后，开始有了更高层次的精神文化需求。要加大对老年教育文化产业的财政投入力度，设立专项资金，纳入财政预算；进一步完善老年教育网络，加快建立集老年学校教育、远程教育和社会教育等于一体的多层次、多形式、多内容的老年教育新格局，提高老年人的教育覆盖率，保障他们的受教育权。大力开发面向老年人的文化产品，积极开展群众性老年文体活动，在办好老年文化艺术周、老人节庆祝活动、老年体育运动会的基础上，支持和引导老年人开展丰富多彩、有益身心健康的各种健身活动，定期开展老年人国民体质监测。努力满足老年人参与社会的需要，鼓励老年人通过积极有益的活动交往，实现精神的愉悦和满足，重建自身价值追求和社会角色认同。提高老年人优待水平，建立高龄津贴制度。

五是让科技手段更好地为老年群体服务。高度重视新技术对养老服务体系建设的影响，积极发挥新技术在解决老龄化问题中的作用。科技进步是人类社会文明发展的趋势，面对人口老龄化对老年生活照料和文化生活带来的挑战，必须充分发挥科技手段和现代信息技术在养老服务体系中的作用，加快推进和开发老年网络监控系统、应急呼叫救助系统以及日常生活服务系统等社区电子网络服务平台建设，及时掌握老年人的生存和安全状况，为居家养老的老年人提供方便、及时的帮助和服务，确保他们发生意外时能够得到及时的救助和服务。

六是强化养老、健康服务事业“造血”功能。建立多渠道可持续的养老服务体系建设经费投入机制，确保养老服务体系建设有稳定的经费来源。一方面，要加大政府公共财政对老龄事业的投入力度，将其纳入国民经济和社会发展总体规划，明确各级政府的责任，建立按照经济社会发展水平和老年人口规模来提取老龄事业发展经费的机制。另一方面，要增加福利彩票公益金、体育彩票公益金等对老龄事业的投入。积极引导和鼓励社会和民间资金、慈善捐赠支持养老服务事业的发展，从而建立政府主导、社会参与、公众支持的多元化可持续经费投入机制，促进四川养老服务事业更好更快地发展。

第十六章　四川省健康养老服务发展思路

习近平总书记曾明确指出：“满足数量庞大的老年群众多方面需求、妥善解决人口老龄化带来的社会问题，事关国家发展全局，事关百姓福祉，需要我们下大力气来应对。”① 基于四川省目前的健康养老服务体系的建设状况，要抓住解决人民日益增长的美好生活需要与不平衡不充分的发展这一主要矛盾，要掌握老年人日益增长的多层次、多样化养老需求这一主要趋势，建设全面多层次的健康养老服务体系，坚持城乡统筹，抓重点、补短板、强弱项，推进城乡服务均等化，切实保障老年人基本民生，让每位老年人都能生活得安心、舒心、顺心，这是未来四川健康养老服务发展方向。

一　居家社区养老服务需提质增效

居家养老和社区养老服务在养老服务体系建设中占据基础性地位，是推动养老服务协调全面发展的重点。居家社区养老具有成本低、覆盖广、服务方式灵活等优点，可以用较小的成本满足老年人的服务需求，对促进民生改善、养不离家、家庭和睦、社会和谐具有重要作用。但四川省的居家社区养老服务长期维持在一个较低的水平，服务提质增效已迫在眉睫，应秉承科学发展观，在社区发展规划时就布局居家社区养老服务的内容，

---

① 《习近平强调推动老龄事业全面协调可持续发展》，人民网，2016 年 5 月 29 日，http://jhsjk.people.cn/article/28387539。

针对城乡居家社区养老服务的短板，提高质量，减少浪费，提高服务使用效率。

在我国“孝文化”传统下，居家养老具有明显优势，并且其作为应对老龄化、保障和提高老年人生活质量的有效方式，在我国养老体系中起着基础性作用。我国若要更好地开展居家养老服务，首先要充分考虑我国国情，其次要考虑我国的传统文化思想。居家养老（服务）的核心是以家庭为基础，以社区为依托，依靠专业化服务，为居住在家的老年人提供以解决日常生活困难为主的社会化服务。生活照料、医疗服务、精神关爱等是居家养老主要提供的服务。其主要形式有两种：一是在自己家养老，只是日常的生活照料服务由原来的家人提供泛化为社会化服务，由经过专业培训的服务人员上门为老年人开展照料服务；二是在社区创办老年人日间服务中心养老，由服务中心为老年人提供“四助一托”（助餐、助浴、助洁、助行、日托）加长期照料的养老服务。它最大的特点是解决了社会养老机构不足的问题，将需要居家养老看护、缺乏生活照料的老年人与大龄下岗职工有机结合在一起，相互帮扶，有其独特的优势。同时，随着科技的发展，诸如“智慧养老”高科技产品应运而生，这也是对中国式养老的一种新的探索。

（一）居家社区养老服务与城乡社区规划治理同步进行

居家社区养老服务应成为各级社区规划治理的重要项目，推进居家养老服务、社区养老服务和社区工作内容的有效衔接。城乡社区治理的建设实践，使居民充分了解居家社区养老服务的机制、内容、形式、收费，推动居家社区养老服务得到广泛接受。

1. 建立“居家社区养老＋基层党建＋基层治理”的工作机制

科学合理的工作机制能够全面协调各项工作的顺利推进，因此四川省应该将居家社区养老和基层党建以及基层治理有机结合，合力促进社区各项工作的进行。一方面，将基层党委的核心领导作用充分发挥出来，统筹协调各部门的工作，形成合力共建、分工高效、权力分属、责任分明的工作机制；另一方面，有利于发挥党组织和党员干部的积极性，探索以党建为引领、以融合为突破、以服务为导向的居家社区养老服务创新模式。

2. 加大社区智能养老服务平台建设力度

四川省应该牢牢把握建设城乡社区公共服务综合信息平台的契机，将智能化养老服务平台作为其中的重要内容，利用“互联网+”技术手段，建立反映老年人需求的动态信息系统。通过对老年人生理、心理、精神、经济条件和生活状况等综合分析评价，科学确定老年人服务需求类型、照料护理等级等基本需求，并高效对接专业医疗健康服务机构、康复中心、家政服务、急救服务等。

3. 整合衔接各类资源开展为老服务

四川省要充分发挥社区的基础性作用，将社区中各项资源进行整合衔接，开展为老服务。强化提升家庭的养老功能，将养老相关的专业服务延伸至普通家庭，例如设立“家庭照护床位”，将家庭成员培训为专业照护者等；加快社区养老服务的推广落实，例如帮助协调餐厅食堂、养老机构及社会组织的合作，以老年餐厅的形式提供配餐、助餐、送餐等服务；鼓励探索群众需要的为老服务项目，比如探索建立“家庭喘息服务”机制，为有需要的家庭看护者提供暂时的替代照护服务，以减轻和缓解他们因长期照护失能、失智老年人而产生的身体负担和精神压力；全面提升社区养老服务能力，准确把握老年人养老需求，例如建立“居家探访”制度，倡导物业、志愿者、社会组织等社会主体开展家庭随访，建立个性化养老需求手册，开展陪伴就医、帮助购物、精神慰藉等养老服务；大力提升社区医养结合功能，推动卫生服务机构和居家社区养老机构的合作，切实发挥日间照料中心作用；另外，充分发挥社区邻里相帮文化，释放活力老人人力资源，借助“时间银行”“养老积分”等制度，形成老年群体相互照料的护理互助体系。

（二）以政府为主导精准对接老年人养老服务需求

居家社区养老服务必须以人为本，切实掌握老年群体的真实所需，施以精准服务。一是通过第三方机构进行需求调研，健全驻点普遍联系群众、网格化走访群众、居民议事协商等工作机制，深入了解老年群体最迫切的需求。二是关注老年群体的个性化需要，建立涵盖医疗、护理、康复、生活照料的照护需求评估机制。同时，通过对老年人的个性化评估，建立以家庭为单位的需求手册，全面掌握老年人身体状况、经济条件、服务需求等，并在此基础上提供不同的服务方案。三是科学划分政府保障对象、补助对象和自费对象，合理界定基本项目和拓展项目，针对不同的服务对象提供不同的服务内容。

政府在居家社区养老服务中承担着宏观调控、行业规范、监督管理、业务指导、建立平台等职能。要注重顶层设计，完善机制体制，进行总体布局。四川省居家社区养老应主动融入乡村振兴、精准帮扶、社会治理、成渝双城经济圈建设等国家战略，把养老服务纳入经济社会发展规划，细化居家社区养老服务目标、推进步骤和重点举措。一是统筹社区公共服务设施布局空间，推动养老设施融合共用、功能复合利用、效应放大叠加。例如，通过政府支持、引导，进行老年人居住环境的适老化改造；以社区为基础，将社区党建、社区文化宣传、社区医疗机构、社区养老服务机构等处所联合，整合资源，形成集医疗、教育、养老等服务功能于一体的社区养老服务综合体。二是居家社区养老服务机构的监管部门较多，应明确政府各职能部门的职责分工，避免多部门盲目齐抓并管的弊端，发挥多部门联合监管的职能，严格落实专业部门监管责任，形成事中监督、事后惩处的监管机制，规范居家社区养老服务管理。

（三）建立多元参与可持续发展联动机制

居家社区养老服务必须统筹企业、团体、家庭、个人以及社会各界力量，才能保障长效可持续的发展。第一，延续社会化发展趋势。探索建立政府、企业、社会组织、慈善、家庭和个人共担机制，增加服务资源和资金供应，找到企业保本微利、财政负担减轻、老人合理消费的平衡点。第二，健全居家社区养老服务市场化运作机制。全面开放养老服务市场，将居家养老服务机构和设施交由专业社会力量运营，有效培育养老服务市场发展新业态。第三，完善“三社联动”机制。整合“社会组织、专业社工、社会志愿者”三方力量，实现社区范围内的老年人互相帮助、精准服务、就地养老。动员老年人走出家门，享受一站式居家社区养老服务；支持社会组织和养老服务送到家门，提供就近或亲情化养老服务；搭建“社工+护工+义工”专业队伍上门服务，入户为特殊困难老人排忧解难。

二　促进机构养老服务专业化、市场化、优质化

养老问题是重要的民生问题，加快养老机构体系建设是改善民生的有效保障，也是经济新常态下的必然要求。现阶段，四川省机构养老发展过程中存在的供需失衡的结构性问题，需通过转变政府职能、改革公办养老机构、优化民办养老机构、加强服务质量监督的方式予以缓解，通过改革创新以实际行动诠释“老吾老以及人之老”。

（一）转变政府职能，调整供给结构

政府在养老机构发展建设中应尽快转变职能、调整角色，彻底改变政府在养老机构发展建设中既当“裁判员”又当“运动员”的尴尬境地，充分发挥协调和监督的作用。具体的做法是减少公办养老机构，鼓励民营养老机构参与市场自由竞争，发挥市场“看不见的手”的资源调配作用，让社会资源以自由公正的方式参与养老机构建设，使四川省老龄事业的发展健康有序，养老机构建设符合市场供需结构。第一，根据服务对象差异匹配多层次服务需求。一方面，公办养老机构要彰显其“福利养老”和“雪中送炭”的角色和作用，承担起托底和普遍的基本保障责任，将有限的财政资金用以最重要的事务；另一方面，民办养老机构通过评估省内各地区老年人口情况及变动趋势、消费水平等，合理布局，提供个性化养老服务，满足不同层次、不同需求的老年群体。第二，要改变追求机构数量、床位指标的做法。养老机构及床位仅是养老服务的载体，与养老服务供求及质量相关的是养老机构的等级和床位的功能。四川省应大力推进养老机构在城乡、社区等细分领域的战略性布局；协调基本照护床位和医疗护理床位的科学配比；切时解决机构养老的框架性问题，实现机构养老资源利用最大化。

（二）推动公办养老机构转为社会化运营

公办养老机构的传统运营体制已不再适应当前时代的发展，为了解决

老年人“豪华型”机构“住不起”、“简陋型”机构“不想住”、“福利型”机构“挤不进”的“三难”境地，应积极促进公办养老机构的改革和转型。一是加快有条件的公办养老机构改革，推动公办主体的养老机构转制为企业建制，或者采取“公建民营”运营方式的养老机构。引导社会主体积极参与公办养老机构改革，以联合运营、独自或合资运营以及参股、联营等方式灵活进行，激发养老产业的生机和活力，推进养老产业市场化、社会化进程。同时，由政府出资建设的养老设备、处所，以及新建小区按标准化配备的养老设施、老旧小区的适老化配套改造等都应加快推进其改革，其中除了适当保留托底服务的部分养老院、福利院等，各级职能部门、国有企事业单位监管的疗养院、培训基地等都应当进行市场化改造，实现公建民营的改革方式。另外，对于需要兜底服务的特殊困难老年人实行评估制度，以保证公立养老机构重点且确实为失能、失智、失独的特困老年人提供无偿或低偿托养服务。二是完成公办养老机构改革后，需完善改制后养老机构的管理办法。首先，以政策导向将先进的管理理念、管理办法、专业团队和优质资本引入，调动和激发运营方的积极性、主动性和创造性，合理布局各项资源，依据公办性质民营养老机构的现实条件，科学设置其运营方式和服务形式。其次，明确工作流程，建立行业规范。养老机构的运营应该完全依照市场化原则，产权方以法律程序公开公正的组织或委托有资质的专门机构，对社会力量进行招标、评标，保障公办民营养老机构的产权清晰，及所用土地、养老设施、相关设备的国有资产的性质。

（三）鼓励民办养老机构实现普惠养老

四川省要实现民办养老机构承担起社会普惠养老的重任，首先要保障其长效可持续地蓬勃发展，那么就要进一步促进养老服务市场的全面开放，在政策层面也需有提升养老服务质量的要求。力求做到消除行业壁垒，制定宽松的申办准入条件，统筹配置各项优质资源，鼓励并支持社会力量承办各类养老机构及养老服务项目。在政策方面，以优惠的政策对社会力量兴办及运营养老机构的投资、融资、税务、人才培养予以支持，尤其在养老机构的用地方面，应给予一定的优先权。在资金方面，社会力量兴办、运营养老机构，前期资金需求大、运转周期长，政府应将社会养老视为保障民生的事业，予以一定的补贴，将其纳入政府财政预算，以公办民营或者民办公助的形式，给予民办养老机构相应的建设和运营补贴、贷款贴息优惠政策以及政府购买服务等扶持。在供需方面，要以解决现实供需结构不均衡的问题为抓手，将普惠养老作为重点民生项目。合理调配养老机构供给档次的结构，重点发展满足中低收入老年人的中端普惠型养老机构，严格控制新项目投资高端养老机构。对已经建成的高端养老机构要进行适度调整，以免导致资源浪费；对于已有的低端养老机构，需加强监管，逐步提质增效。

（四）加强服务质量监督消除安全隐患

机构养老是一种集中式、专业化的社会养老模式，其服务质量是保证其安全运营的关键。首先，养老机构的硬件设施应严格按照标准建设，按照相关标准对养老机构进行等级评定和划分，完善机构内各种场馆及设施的标准化建设。老年人的生活条件、设备设施应符合相关规范，比如饮食应符合老年人身体状况，做到营养均衡、健康；住宿应符合老年人起居习惯，做到防滑防摔、安全完善；文娱活动要符合老年人兴趣，做到丰富多样、愉悦身心。同时，要注重防患于未然，及时整治安全风险隐患，确保老年人养老环境的安全。其次，养老机构的软件建设体现了运营主体的专业化水平，必须做到服务项目全面、服务标准规范、服务水平专业。一是养老机构要有专业人员进行管理，同时注重一线护理人员的专业化水平提升。机构从业人员要经过严格的筛选和培训，管理人员须经过竞聘环节，护理人员须通过职业资格考试持证上岗。二是要加强护理人员的职称认证体系建设，以人才优化提升养老服务质量。再次，在养老机构发展前景方面，我国很多地区的养老问题呈现趋同化，因此要注重联合跨区域的优质资源，实现资源共享，构建区域互动养老的连锁化、互助式、互补式养老机构。把握成渝双城经济圈公共服务共建共享的历史机遇，共谋川渝养老服务协同发展。破除地域限制，促进机构养老的规模化、品牌化发展，使养老产业科学化、体系化发展。

三 推进农村健康养老服务查缺补漏

农村养老服务是四川省养老服务的薄弱环节，主要表现在居家社区养老正在起步阶段，功能释放十分有限；机构养老资源少，且基础设施陈旧落后。另外，农村大多数养老服务机构是财政拨款建设项目，资金来源供给单一且严重不足。加之，随着农村青壮年劳动力流出而导致的农村老年人“留守”“空巢”问题凸显，农村养老问题变得异常棘手。推进农村养老事业和产业发展，是实施乡村振兴战略的基础环节，是补齐民生短板、实现乡村高质量发展的必然选择。

（一）促进农村养老服务机构改造提质

养老服务，关系民生，情牵百姓。基层政府要充分发挥战略眼光，聚焦养老难题，积极推动多方社会力量行动起来筹办农村养老服务中心。第一，农村地区养老服务机构的供养设施和服务条件普遍偏差，应尽快全面提升，实现改造升级。具体做法是要对养老院、福利院等机构进行危险隐患排查、服务质量评级，对危险隐患较大的机构应立即改建或重建，对服务水平较差、服务功能不足、供养人数偏少的养老院进行提质升级。同时，农村养老服务体系的构建应该配合乡镇行政区划调整，避免资源闲置浪费，从养老需求出发打造成“村—村”联合的区域性养老中心，实现“应建尽建”和“建而不废”，促进农村养老服务机构区域合理布局。第二，农村养老服务机构要突破“兜底”的最低保障，服务的差序格局应首先满足农村特殊困难老年人的集中供养；其次，以无偿或政府购买形式，优先为低保、低收入家庭及计划生育特困家庭中有需求的老年人提供养老服务；再次，农村的养老服务机构应向社会开放，有偿为服务范围内所有有需求的老年人服务；最后，农村养老服务机构还应将养老服务向周边村落的居家老年人延伸，最终形成农村养老的“应养尽养”格局。第三，与城镇养老机构相同，农村养老机构也应顺应发展趋势加快推进公办机构的社会化改革，引导支持社会主体通过承包、委托和联合经营等方式，吸引专业且具备实力的社会服务机构参与农村养老服务机构的运营，这样既能带来护理服务经验，又能实现可持续发展。第四，建立城乡养老服务协作与对口支援机制。众所周知，城镇地区人多地少、资源丰富，而农村地区人少地多、资源不均，因此，应该联合城乡地区的资源优势，形成城乡互助式、互补式养老格局。具体做法是鼓励城镇地区运营情况良好、经验丰富的养老院与乡镇敬老院、村际养老服务站等开展结对帮扶或合作经营，例如城镇养老院为农村养老院代培护理人员，提供技术咨询，支援设备设施等，或者城镇养老机构在农村地区注资兴办、联办养老机构，以农村的农事娱乐、新鲜空气、天然风景为吸引力，转介城市老年人在农村异地养老或阶段养老，这样既提升了农村养老机构的服务管理水平，也为农村养老机构的发展带来了活力与生机。

（二）关爱留守老人，建立帮扶机制

四川省是劳务输出大省，成千上万的农村年轻人外出务工，留下老年人驻守空村。长久以来，农村留守老年人的养老问题已经不容回避，成为紧迫的社会问题。农村留守老年人不仅仅是经济供养的问题，还有更加突出的精神关爱问题。因此，构建农村留守老年人关爱服务体系，是营造社会尊老、敬老、孝老社会氛围的重要内容。第一，要全面掌握农村留守老年人的基本情况，建立关爱巡访制度，针对农村的留守老年人和分散供养的特困老年人，了解他们的所困所需、身体情况及心理状况。第二，关爱服务工作要有专人负责，成立由村党员、干部组成的巡访小组；落实责任分工，或就近就便，或分片包干实施定期巡访；建立以家庭为单位的巡访手册及信息台账，评估了解留守老年人的赡养责任落实情况，并及时提供援助服务；最后要进行工作考核评价，查缺补漏，做到应帮尽帮。第三，在留守老年人关爱服务机制推进过程中，逐步探索留守老年人的风险评估制度，按照留守老年人的情况划分风险等级，严格监控并及时干预风险等级高的留守老年人，并按照风险等级评定区分出“重点”“次重点”“一般”不同级别的帮扶对象，实行“一人一策”展开针对性和实质性的关爱扶助行动，切实解决留守老年人的实际困难。第四，积极引导推动社会工作专业力量向农村地区延伸，参与留守老年人的关爱服务。在农村地区建立社会工作服务站点，发展培训村闲散劳动力成为工作者或志愿者，同

时，加大政府购买服务的力度，探索留守老年人的养老需求，提供诸如心理咨询、疏导，精神安抚、慰藉，人际沟通、关系调适，社会融入、参与等服务。

（三）发展农村互助式养老服务模式

扎根于农村传统的非正式互助网络，将各类农村人力资源有序地组织动员起来，发展互助式养老服务，是破解农村养老困境的可行途径。第一，以村干部为主导带动互助型养老模式。村干部通过自身在村集体中的影响力，充分利用社会资源，鼓励其参与社会养老服务，并在村范围内推行、运作互助养老服务。兴办互助养老设施，建设农村幸福院、互助养老合作社、互助照顾中心等；筹集各级财政补助、村集体共有收入、社会慈善募捐等，多渠道解决日常运转经费来源，支持互助养老服务模式的建设和发展。第二，以村里“能人”为主导带动互助型养老模式。鼓励乡村贤达能人参与农村老年慈善公益活动。逐步在农村地区构建社区为老服务组织、培育农村老年联合协会，填补农村老年人社会支持体系的空白。由老年协会等组织推动互助养老模式发展，实现老年人自我服务、自我管理。第三，探索搭伴结对式的互助型养老模式。农村老年人有近乡亲邻的熟人网络社交传统，因此开展互助型养老能够更加准确地把握老年人的养老需求，更加便于实施养老服务措施。宣传倡导积极老龄化的思想，挖掘健康、低龄、活力老年人的人力资本，将健康、低龄、活力老年人和招募的农村闲散劳动力等组成为老服务志愿组织，按照自愿结对、就近从便的原则，将志愿者与被帮扶老年人结成邻里乡亲互助小组，提供互助养老服务。

四　实现健康养老服务功能深化拓展

自 1997 年四川省率先步入老龄化社会以来，二十几年间，老年人养老需求已呈现多样化升级发展的明显态势。需求类型已从单一的生存型向老年人的全面发展型转变。老年人追求的不仅是衣食无忧的物质生活，还有身心愉悦的精神生活，甚至也有自我实现的精神升华。伴随老年人需求的多元化，养老服务也应多样化发展，朝着专业化运营和精细化服务的方向转变，实现养老服务功能深化拓展。

（一）深化医养结合

医养结合是积极应对人口老龄化趋势加剧的长久之计。针对近年来四川省在推进医养结合过程中存在的问题，提出以下建议。

第一，明确监管部门和职能部门的范围，理顺管理体系。一是完善医养结合扶持政策，在“卫生准入、民政扶持、医保定点、政策优惠”等方面减少制度交叠冲突的现象；二是推进医养结合标准化建设，制定出台老年人慢性病管理、突发危急重症的识别处理、转诊等制度，实现医养结合服务的标准化、规范化；三是制定统一的医养结合服务机构管理办法，明确机构的服务性质、服务对象、服务主体、服务范围、准入标准、机构设置标准、从业人员上岗标准，促进医养结合有法可依。

第二，整合资源、营造多元化的服务供给体系。实施医养结合养老模式必须整合社会资源，构建“政府—市场—社区”多元化服务供给体系。一是推动医养结合服务向社区、家庭拓展，合理布局社区养老设施建设和区域卫生规划，促使医疗资源和养老资源在基层融合。对新建地产项目要求社区养老场地配套。推动社区养老服务设施与社区医疗设施同址临近设置。二是推动医疗联合体建设。支持并鼓励有一定条件和规模的大型医院开设老年病专科及养护病房；支持并鼓励中型小规模医院转型为以康复照护为主业的医疗机构；推动乡镇卫生院与敬老院合并建制，实现农村地区医养结合。三是落实优惠政策，推进养老社会化发展。通过降低准入门槛、放宽准入条件、提供养老用地、减免税费、财政补贴等政策手段，鼓励社会力量兴办社区养老护理机构、在养老机构设立老年病区。推进政府、企业之间的跨界合作。四是规范家庭医生签约制度。以特困老年人和特殊家庭老年人为重点人群，切实落实家庭医生签约服务。五是以长期护理险为依托，以“互联网+”为纽带，在社区及农村地区大力发展居家和社区养老模式。

第三，推进医养结合保障体系建设。一是医保和民政部门应探索创新医疗报销机制，加大医保对医养结合的支持力度。二是将健康体检纳入基本医疗范畴，减少盲目过度就医问题。三是推广长期护理险，调整失能、半失能老人的康复护理服务价格，发挥价格调节供需关系的杠杆作用。四是推动保险公司与基本医保机构合作，发展多样化的补充保险产品，满足不同老年人医养结合的需求。针对老年人日常生活中容易发生的意外风险，政府可与保险公司达成适合老年人的商业责任险，这样既可降低养老机构的风险，也对老年人意外风险进行保障。

（二）发展智慧养老

随着互联网的发展，人工智能和大数据正在与养老行业深度结合，智慧养老正在成为实现老年人养老需求与养老服务之间快速、准确对接的有效路径。但智慧养老起步较晚，还需进一步健全完善。

第一，从顶层设计构建智慧养老服务制度体系。新型养老方式的推广，需要有利于其发展的社会环境。首先，政府部门应创造良好的法律、政策环境，构建与其匹配的制度体系支持智慧养老的发展；其次，要建设部门间共享信息机制，养老事业涉及卫生、人社、民政等部门，各部门信息资源来源不同、统计口径不同，因此要加强协调沟通，实现信息资源共建共享；最后，要制定完善且便于操作的智慧养老行业标准，科学、规范的促进智慧养老发展。

第二，充分调研把握养老需求、精准对接养老服务。老年人是异质性很强的群体，不能以“一刀切”的方式提供养老服务。应通过基线调研，在充分掌握老年人的一般性需求和个性化需求后，再进行理论研究与政策探索。由此指导智慧养老运营服务商具体制定线上线下的养老服务项目规划，这样既能够避免资源浪费和设施闲置，又能够满足不同老年人的养老需求。同时，通过对调研数据的统计分析，对老年人各类需求进行分类研究，生产智能养老产品满足老年人多样化服务需求。另外，以入户讲解或集中操作等宣传方式向老年人展示智慧养老产品的高效性和便捷性，让老年人快速接受智慧养老产品，刺激老年人的养老消费需求。

第三，推出智慧养老模式典范，实现养老领域公共数据开放。在四川省内积极创建智慧健康养老示范市县，打造省级养老服务数据和实训基地物联网工程，建立完善省市县三级养老服务信息平台，打造一批“智慧养老院”和“智慧养老社区”，形成示范推广效应。

（三）优化老年教育

老年教育是“构建终身教育体系”的重要内容，但是，目前四川省的老年教育还存在诸多问题，很多老年人并没有充分获得学习和受教育的机会，老年教育事业发展任重道远。一是健全老年教育的体制机制建设。加强对老年教育工作的前期规划、领导组织和管理评价。完善与人口老龄化趋势相适应、与社会发展相协调、与终身教育体系相衔接的老年教育法律政策体系，对老年大学、老年学校的隶属关系、资金来源、机构设置、人员编制、办学规模、课程设置、考核机制等做出明确规定。对老年教育予以明确定位，将其纳入政府的教育体系，与其他教育工作同安排、同部署、同考核。二是构建老年教育的经费保障体系。构建政府投入与社会力量支持相结合的多渠道老年教育发展体系。各级政府要把老年教育工作所需经费列入预算，并将老年教育工作纳入各级成人教育规划和社会发展规划。要鼓励企事业单位和各界社会力量支持老年教育事业的发展，例如捐资助学、设立专项基金等。同时还应该鼓励、欢迎国内外慈善机构对老年教育进行资助。三是提质升级老年教育发展平台。对已建成的老年大学进行质量评估，对欠规范或低质量的教育平台实施整改行动；提升社区老年教育的优先级，探索养老与老年教育相结合的新模式。注重老年大学等教育平台建设的地区性特色，推动优质的老年教育机构成为具有示范性的老年教育基地。开展四川省老年教育远程公共服务平台，推广新型授课方式。四是改革教学方式，提升教学成效。加强教学改革，促进老年教育的全面发展。在课程设置上，不但要根据老年人的兴趣需要，开设书法、绘画、音乐、舞蹈、烹饪等传统课程，还需兼顾老年人发展，开设电脑应用、金融理财、幼儿教育等实用新课程。根据老年人的身心特点，坚持多实践少理论的原则，编写图文并茂的老年通用教材，以简单易学的方式把新知识传授给老年人。

五　激活老年人为老服务消费意愿

（一）完善保障制度

目前我国正处于经济社会高速发展阶段，物价变动频繁，生活成本稍显起伏，因此要灵活合理地调整已退出劳动领域的老年人的基本收入，完善保障制度。

第一，动态调整老年人基本养老保险和基础养老金。综合评估四川省的经济发展水平以及平均生活收入和支出差额、市场物价变动情况等，完善老年人社会养老保险水平和基础养老资金标准的动态机制，缩小老年群体与其他年龄群体之间的待遇保障差距。探索性地拓展缴费渠道，实现社会养老保险基金可持续运转，例如社会保险续接转移机制的建立。另外，实施机关、事业单位职业年金制度，扩大企业职业年金的覆盖面，推动储蓄性商业养老保险发展。同时，进一步完善和加大四川省相对贫困、低收入家庭老年人的救助制度和救助力度。

第二，健全多层次的医疗保险制度，以适合、方便老年人就医及康养服务为重点内容，进一步拓展医疗保障范围，强化老年重点疾病专科建设，将治疗性康复辅助器具以及护理等各项服务按规定逐步纳入基本医疗保险支付范围。进一步完善异地就医的医疗保险联网结算功能，拓展异地医疗异地结算范围，实现异地医疗保障无障碍。

（二）推进养老保险发展

1. 推广实行长期照护保险制度

从四川省老龄化发展趋势来看，失能、失智等需要长期照护的老年人数量在不断增长，而目前无论家庭还是个人来承担老年人的长期照护均力不从心，因此，大力推广长期照护保险是应对未来老年问题的有效手段。目前，长期照护保险已经在全国多个城市进行试点，应作为一项补充性的保险制度成为现行基本医疗保险制度的一部分，形成完善且符合社会经济发展实际的基本医疗保险政策框架。有序推进长期照护保险要采取参保人、国家财政和社会捐赠、募集等多种办法筹集基金的方式；同时，明确长期照护的行业规范，包括服务项目的内容、服务标准和服务质量评价等；另外，形成“居家—社区—机构”全覆盖的照护服务体系，保障长期照护保险的有效运行。

2. 大力发展商业养老保险

首先，在老年群体方面，坚持保障适度、保费合理、保单通俗的原则，鼓励老年人购买意外伤害险、长期护理险、商业医疗险等适老性较强的商业保险，另外，发展老年人住房反向抵押的养老保险，激活老年人消费能力和养老资金。同时，完善以保贷款、养老金多元支付等配套的金融服务。其次，在养老机构方面，养老机构需购买降低养老服务机构运营风险的养老服务责任险等。最后，在承保单位方面，政府要鼓励和引导各级金融机构，如商业银行、保险公司、证券公司等开发老年人理财、信贷、保险等适老金融产品，以提升老年人自身的养老能力。

（三）推动川渝养老服务协同发展

推动川渝两地养老事业协同共进，是实现地区间优势资源联动，促进川渝地区经济社会协调发展的重要内容。但是，川渝两地存在地区发展不平衡、政策体系有差异、供给体系不匹配、管理水平不统一的问题，需要通过科学合理的统筹机制加强两地的制度衔接和资源共享，并致力于满足川渝两地的养老需求，构建区域养老服务体系。

1. 统筹解决制度衔接问题

首先，要统一两地的养老服务规范和标准，例如统筹川渝地区养老服务机构的建设标准和运营规范，以统一的标准、规范的建制，保障两地养老服务机构的构建水准和服务质量。其次，川渝两地应加强政府间的沟通交流，按相关程序研究对接两地与养老服务相关的医疗卫生、福利补贴、慈善救助等相关政策，实现两地政府及职能部门在财政、卫健、金融、人才教育、民政监督等领域的衔接与协作，形成川渝两地养老服务的政策扶持体系。最后，构建区域养老服务体系，注重两地在发展进程中的养老事业的政策对接、资源互补和行业联动，以两地的协同发展和优势互补促进“四川—重庆”基本养老服务的均衡化发展。

2. 以资源共享提升养老服务水平

第一，医疗资源共享。积极鼓励川渝两地大型医院的医生沟通交流，实现医疗资源两地流动、共享。第二，养老服务资源共享。共同布局两地居家养老、社区养老服务网点的建设，合理配置养老公共资源，促进两地居家养老、社区养老与机构养老的协调发展。第三，养老设施设备共享。重视两地养老文化发展，在社区、养老服务机构等配备相关养老设施设备，实现两地共建共享。第四，养老人才共享。建设养老护理人才职业技能培训机构和养老人才供应基地，面向川渝两地培训各养老机构、社区养老服务站点的护理人员，并以人才流动、人才交换、经验交流、合作培养等方式实现两地养老服务人才的共享。

3. 推动异地养老便捷化发展

异地医疗和异地养老机制的建立是非常重要的问题，也是目前川渝两地养老服务事业协同发展关注的焦点。需建立异地养老补贴异地结算，异地医疗“费随人走”的统一标准；同时，建立川渝两地统一的养老服务设施管理办法，实现异地养老的便捷化发展。

4. 推进智慧养老，建立诚信体系

首先，利用互联网在线上解决异地养老问题成为川渝异地养老的实现路径。构建智慧养老的服务数据库，加大信息共享力度。通过养老服务培训情况、老年人身体评估状况、志愿服务信息等互通共享，实现川渝养老供需对接和资源整合。其次，强化网络联动监管，在川渝两地，对在养老服务行业中失信失德的企业和个人登记在册，形成失信登记制度，构建养老服务诚信系统，加强川渝养老行业的综合监管，并通过行业监管实行信息互通共享。对异地处罚和严重的失信行为要予以及时通报，对违反规定有重大失信劣迹记录的养老服务机构应实施区域内的从业限制。

（四）推动健康养老产业发展

健康养老产业是服务生命的产业，加快养老服务和养老产业的发展已成为一项国家大力推进、社会广泛呼吁、民众热切期盼的事业。为了给四川省老年人的消费赋能，应做到如下部署。一是逐步构建健康养老产业集群。构建城镇化养老产业链，建立健康养老产业园区，合理布局健康养老服务业的集聚区、特色养老产业基地。二是有序培育健康养老服务产业。着力构建老年医疗保健体系，开发老年教育市场，激活老年文体娱乐业；积极发展老年旅游业，培育特色突出、号召力强、适老宜老的旅游、养生、康复、教育、商贸、金融、信息等方面的养老服务产业。三是开发老年用品市场。着力吸引一批在国际国内有一定知名度、掌握核心技术的保健食品、营养食品、功能性食品等项目落户四川；鼓励支持有条件的企业研究开发智能化养老设施及设备，生产适老化的养老用品，通过体验、展示等方式宣传推广，让老年人接受并购买。

六　加快养老服务人才培养

目前，四川省正处于多层次养老服务体系建设的过程中，无论居家养老、社区养老还是机构养老，都需要大量养老服务专业人才为全省的老年人提供专业化的服务，以保证养老服务的质量。但是，前文已述，四川省养老服务人才的职业化建设存在多方面的问题，导致养老服务行业职业认同感低、人才流动性大、从业人员整体素养偏低等，影响了养老服务人才在公众视野里的职业印象，形成当前养老服务行业一方面人才从业意愿低，另一方面市场“供不应求”的尴尬局面。为解决养老服务行业的人才问题，应注重发挥政府引导和市场调控两方面的力量，以实现就业为目标。一方面，进行专业教育，提升专业教育层次；另一方面，创新培养人才机制，提升培养人才的效率和质量。

（一）打通人才培养的高速路

现阶段，四川省养老服务人才类型比较单一，大都是提供日常照料服务。但是，目前老年人的养老需求呈多元化发展，另外，医养结合养老模式的兴起，也对养老服务专业人才的职业素养提出了更高的要求，需形成多层次的养老护理服务人才体系以应对养老服务对象多样化的需求。第一，致力于系统性培养养老服务专业人才。鼓励高校设置与养老服务相关的专业。重视养老服务人才的系统性，集知识型、服务型、管理型、技术型和复合型人才为一体，以人才多样化满足市场多元化需求。第二，加强养老专业体系的建设。养老相关专业的核心是以老年服务与养老管理为主体，其中养老服务的相关专业有护理、康复、社区服务、社会工作等，养老管理的相关专业有健康管理、康复辅具应用、老年服务企业管理等。第三，提升老年服务专业的办学层次。支持有条件的高校在某些涉老专业学科上招收硕士研究生，申请学位点，形成“学士—硕士—博士”的多层次养老服务人才队伍，满足不同层次的养老服务业的需求。第四，大力推进职业院校开展养老服务应用型人才的培养。在中等职业院校或是高等职业院校开设与老年服务相关的护理、管理专业。同时，通过减免学费或提供高额助学金并要求留在养老行业一定年限等方式鼓励学生报考并从事养老服务工作。第五，通过减免费用支持现有养老机构人员培训。提高取证率，开展千人养老护理员计划，免收培训、鉴定、食宿等费用。第六，鼓励“一专两转”的人才培养模式。“一专”即中、高职院校培养；“两转”即把护理等相关专业学生和已经就业的相关人才，通过免费培训或公益性岗位补贴转到养老服务专业。

（二）建立以市场为导向的人才培养机制

院校要以市场为导向，实现产、学、研一体化。一是已开设老年服务与管理专业的院校要丰富课程设置。提高实践课程的比例，充分锻炼学生的实际操作能力。针对市场需求，不仅要开设介护技术专业技能课程，还要提高实训课程的比例；同时针对老年人多层次需求，开设营养学、康复护理、老年活动策划、老年运动等课程。在学习过程中要求学生秉持“细心、爱心、耐心”原则，在保证高水准技术服务的同时，开设老年心理学、沟通技巧等课程，满足老人沟通交流需求。二是实施“校企联合”的人才双向培养办法。推动学校与多家知名养老机构深度合作，将理论成果转化为实践，不仅为养老机构输送人才，更重要的是促使院校进行专业反思，不断提升养老专业人才培养水平。

（三）完善养老服务业的从业激励机制

一是建立从业人员年限补贴制度。逐步建立护理员入职年限补贴制度和特殊岗位津贴制度，并在住房和落户方面给予相应的政策优惠倾斜。对于大中专院校的毕业生，应当在从事养老服务业之前签订协议，给予入职补贴；再根据他们在养老机构一线岗位上的工作年限，给予入职年限补贴；或者对于在读期间有助学贷款的毕业生给予一定比例的助学贷款代偿。对于已经从业的养老服务人员，应建立有差别的养老服务人员薪酬待遇机制，如与职业技能等级、服务年限和服务评价挂钩，按照养老护理人员不同的专业技能等级、服务年限、被服务群体的满意度等标准，给予差别性的岗位津贴补助。二是养老服务一线岗位从业人员的职业技能等级认定。促进养老服务业从业人员的专业化、职业化发展，增强职业前景，提升职业吸引力。政府职能部门应尽快推进养老企业职业技能等级认定工作试点，同社会培训评价组织合作打通养老从业人员的职业发展道路。

（四）建立社工、志愿者为行业主力的服务机制

养老服务社会工作者和志愿者都是推进养老服务行业发展的主力军。社会工作者拥有专业知识、专业价值观和职业伦理规范，但工作却受到专业人才数量不足、社会认知度不高的现实问题制约。而志愿者服务社会认同度和群众参与度较高，但志愿者的非职业性等原因又局限了服务的效果和质量，需要专业的、职业的引导和管理。因此，养老服务社工和志愿者各有优劣，能够形成弥合劣势、优势互补的联动机制，构建以社工为专业引领，志愿者为有效补充的服务合体，参与养老服务各项工作的进行，同时增进养老服务社会福利。第一，科学布局建立合作联动服务站。统筹部署四川省城镇各级的“社工＋志愿者”服务站点，并逐步实现社区全覆盖。由于专业社工人才数量有限，应合理配置到相关的养老服务站点，保障每一个服务站点都有专业的社工进行技术指导。第二，重视养老服务志愿者队伍的建设管理。按照统一的招募标准，实行统一的组织管理模式，进行统一的部署行动计划，组建养老服务志愿者队伍，志愿者队伍应由党员干部、医护人员、教育工作者等涉及各行各业的人员构成，形成社会各界积极参与社会养老工作的氛围。第三，养老服务工作深入广泛开展。养老服务的工作应以政府引导监督、相关社会组织统筹协调、社会工作者全程指导和志愿者全程参与的工作模式展开。社会组织按照人员配备情况尽可能广泛地组织社会工作者和志愿者下到基层一线开展各式各样的养老志愿服务活动，在实践过程中不断提升养老服务专业水平，同时，通过广泛的为老志愿活动，吸引更多的社会力量加入老年志愿服务队伍。

七　加强养老服务的综合监督管理

（一）加强养老服务的监管能力

建立政府、市场、社会三位一体，事前、事中、事后全覆盖的综合养

老服务监管体系。成立由职能部门、驻地社区、专家学者、相关领域志愿者、老年人及家属等参与的监督机构，各司其职、协同配合，提高机构运营透明度，形成完善的内外监管机制。从养老服务的供给方来看，应不断提升养老服务设施的管理能力，严格监管养老服务运营过程；确立养老服务周期巡检机制，尤其是关乎老年人人身安全的消防安全、食品安全、药品安全等，同时对养老服务行业的卫生、应急预案等方面进行定期监督检查。从养老服务的消费方来看，应积极引导老年人的消费行为，形成健康的消费理念，严防老年人过度消费，避免老年人紧缩消费。同时，对于侵害老年人权益的行为要严格查处、从重处罚，切实保障老年人的人身财产安全。

（二）推进养老服务的规范化建设

第一，推动四川省养老服务行业的标准化建设，实现全省范围内养老服务行业整体有规可循、有法可依。例如，出台完善各类养老服务组织的管理办法及规章制度，保证社会福利机构、民办养老机构、城乡居家养老服务站点和社区日间照料中心等处所具备统一的服务规范和行为准则，推动落实四川省养老服务行业标准。同时，围绕各地州县等健康养老服务产业发展制定实施一批地方标准，推动形成养老机构分类等级服务标准，塑造地方性的养老服务品牌。第二，建立健全养老服务市场准入退出机制。形成全省统一的依照市场规律进行养老服务的公平竞争规定，破除地方保护和行业垄断等不良行为，真正建立公正、有序的养老服务开放市场。第三，推进养老服务行业的社会信用累积机制建设，实施养老服务行业的信用登记管理。对于信用记录不良的机构或组织，形成行业间、部门间和领域间的跨界联合惩戒机制，以大惩治力度遏制养老服务行业的失信行为。同时，通过信息公开、资金审计、行业自律等方式，规范养老服务机构和从业人员行为。

（三）健全养老服务的考评体系

将养老服务工作纳入四川省各级政府目标考核管理体系，按时开展相关规划执行情况的中期评估和全面评估考核，建立老龄事业统计公报定期发布制度。建立养老服务业科学评价体系，委托第三方专业机构对财政资金资助的设施项目建设、资金使用和服务质量开展综合评估，严厉整治养老服务领域非法集资乱象；建立养老服务机构的星级评定制度，利用考核评估结果合理引导个人消费和公共养老服务资源配置，促进养老服务业健康发展。

第十七章　四川省老年健康服务发展思路

当前，四川省已进入深度老龄化社会，但健康养老服务发展不平衡、不充分的问题仍较为突出，需要在公共卫生、医疗服务和医养结合等方面综合施策和大力发展。总的思路是，坚持以习近平新时代中国特色社会主义思想为指导，深入贯彻党的十九届四中全会和省委十一届六次全会精神，认真落实《国家积极应对人口老龄化中长期规划》，着力把握养老服务工作的关键环节，摸清各类老年群体的养老服务需求，充分发挥不同养老服务主体作用，积极稳妥推进养老服务改革发展，加快构建公共卫生、医疗和医养结合协同并进的养老服务体系，为满足老年人多层次、多样化养老需求提供新引擎、新动力，努力让全省老年人都能老有所养、老有所依、老有所乐、老有所安。

一　老年公共卫生服务发展思路

（一）提高老年人对公共卫生服务的认识

目前，四川省公共卫生服务理念虽有提高，但公众健康素养普遍较低，尤其老年人对公共卫生服务在卫生健康领域的重要性认识还不足，缺乏防病治病的健康管理意识。有研究表明，80%的老年人对健康管理服务不了解，9%的老年人认为身体很健康，仍然持有病才治疗的传统观念，特别是处于贫困状态或偏远地区的老年人，他们对健康管理的认识和参与度非常有限。政府、社区以及社会相关部门应当积极组织开展老年健康宣传活动，围绕常态化疫情防控、营养膳食、运动健身、心理健康、中医养生保健等老年人感兴趣的健康科学知识进行指导，并对老年人及其照护者宣传老年健康相关政策和预防保健知识等，帮助老年人提高健康素养，形成健康生活方式，有效提高四川省老年人健康素养和健康水平。

（二）提高基层医疗机构公共卫生服务能力

基层医疗机构作为公共卫生服务的提供方，其服务能力深刻影响服务质量。首先，目前基层医疗机构对优秀人才的吸引力有限，要思考怎样让人才愿意来、留得住、用得好这些问题；其次，基层公共卫生服务人员的服务能力与老年人的服务需求之间还存在一定差距，要思考如何提高工作人员的专业技能水平；再次，基本公共卫生服务项目是以公益性为主，基层机构直接收益不明显，资源投入有限；最后，基层医疗机构的相关仪器设备在种类和精度上都无法和大型医院相比，并不能满足老年人的需求。各部门应当落实国家相关政策，不断推进基础设施和能力建设，提高相关工作人员的待遇；解决养老问题，稳定人员队伍，加大基层医疗卫生投入，全面推行财政经费定向补助。

（三）提高公共卫生健康服务信息化水平

截至2019年，四川省基层医疗卫生机构管理信息系统已覆盖全省155个区县，推进家庭医生电子签约服务和健康管理服务应用，省级监管平台已同步127个区县电子健康档案数5581万份。[①] “天府医健通”省级医疗健康在线服务平台，统筹汇集全省医疗健康在线服务资源，信息化水平不断提高。但如何能够更好地让老年人适应信息化、网络化、智能化的转变，如何体现处处关爱以及维护老年人权益等服务细节方面还存在着不容忽视的问题。为此，提出以下建议。针对老年人优化公共服务，为老年人服务进行指引，智能产业积极参与智能产品适老化改造，主动开展互联网适老化改造；公共场所应建立“无码绿色通道”；相关场所保留现金支付

---

① 《2019年四川省卫生健康事业发展统计公报》，四川省卫生健康委员会网站，2020年3月31日，http://wsjkw.sc.gov.cn/scwsjkw/njgb/2020/3/31/6922a434a6454fc481f037bbaa9031da.shtml。

及线下办理渠道，加强现场服务人员对持有老年证的老人进行现场操作指导。同时，完善相关政策法规，保护老年人在使用智能技术中的合法权益，帮助老年人迈过“数字鸿沟”。

（四）提高公共卫生服务多样化供给能力

在健康体检方面，老年人由于健康状况不同，对于体检项目的需求各有侧重，但是基层医疗机构在为老年人提供健康体检时，体检项目较少、不全面，而且无法提供有针对性的体检，从而使老年人的兴趣不大。而且在为老年人提供健康指导时，很多医务人员无法提供有针对性、个性化和可操作的干预方案和措施。建议在现有的服务项目基础上，针对有特殊需求的老年人提供相应的帮助。同时，加快建设医疗保障体系，针对体检发现较大异常的老年人，为其提供上级医院优先复诊的机会，既可解决老年人体检的后顾之忧，也能提高基层医生的诊疗水平。

（五）加快推进家庭医生签约服务

针对目前老年公共卫生服务人员不足的情况，家庭医生签约服务可以在一定程度上建立起居民与基层医疗机构之间的信任关系，提高人员的利用效率，满足居民多样化医疗卫生服务需求，从而推动公共卫生服务项目有效开展。通过家庭医生签约服务与居民建立长期稳定的联系，使公共卫生医师能够对老年居民的服务需求进行持续跟踪与评估，以促使基层医疗机构的公共卫生服务更加有针对性。将家庭医生签约服务和基本公共卫生服务等多项工作密切结合起来，在医疗方面可以通过全程服务、上门服务、错时服务、预约服务、转诊服务等多种服务形式，为居民提供综合性的、连续性的、动态性的健康管理服务。强化签约服务技术支撑，包括加强硬件支撑和信息化支撑，通过“互联网+健康医疗”优化签约服务形式。

二 老年医疗服务发展思路

（一）鼓励开通老年人就医绿色通道

据调查，目前老年人到医院就诊极少能享受到优先待遇，或不知道有相应的绿色通道，通常还是与其他人一样排队等候挂号、缴费、就诊、取药等。但老年人由于身患多种疾病，通常到综合性医院看病一次就需要挂多个科室的号，找多名相关的专业医师才能解决问题，这对疾病的系统诊治极为不利，并且若经诊断认为需要住院治疗时，往往没有一个科室适合接收此类多种疾病的老年患者，需要医院相关部门介入协调方可解决，这给老年人的疾病规范诊治和身心健康带来较大影响。因此，建议开通老年人就医绿色通道，除了在挂号、缴费、就诊、取药方面提供便利，更有利于为同时患有多种疾病的老年人提供更专业全面的服务。

（二）加强老年医疗人才队伍建设和老年医学研究

在老年患者战胜疾病、提高生活质量和延长健康寿命方面，老年病医生的专业化服务将起到很大的作用。为此，我们必须重视老年医学人才的培养工作。目前，四川省乃至全国对老年医学教育的重视都较之前有所提高，部分高校也开设了老年医学专业课，但多在研究生教育时才设置老年医学专业。然而，据预测，到2025年，全国大概需要老年病专业人员10万名。面对这种现实情况，迫切需要加快建立一支既懂老年生活护理，又懂老年医疗康复保健、心理调适的复合型专业护理人才队伍，为健康养老产业的发展提供有力的人才支持。为此，高校和相关职业院校必须完善专业设置，增设老年医学、康复、护理等老年护理相关课程，将老龄问题纳入医学课程主流；支持医学院建立老年医学中心，加强老年医学的教学研究；加大养老服务机构对从业人员的职业技能培训力度，把相关养老服务技能培训纳入城乡就业培训范围，落实职业培训补贴政策，同时鼓励医疗机构优秀人才到医养结合机构中服务，逐步提升护理人员的整体素质；最后还需要引导社会提升对老年护理人员职业的认识、重视与尊重，合理提高老年护理人员待遇，促使老年护理人才队伍稳步发展。同时，为了提前培养行业人才，养老机构可以与相关院校签订协议，安排学生自愿利用寒暑假到机构去实习，可安排表现优异的学生直接进入机构工作，实现机构良性发展。

（三）不断改善老年群体的生活待遇

随着社会经济发展水平的提高，老年群体的生活待遇也应当得到改善。应适当提高城乡居民养老保险金和低保补贴，特别是农村老年人的养老补贴；加大财政投入力度，提高医保报销水平，将养老机构、社区卫生服务机构以及符合条件的养老机构内部医疗机构归入医保支付结算，提高老年人生活水平，拓宽药品选择范围，进一步完善贫困和低收入家庭老年人救助机制；并且针对目前城乡居民养老保障水平较低的实际情况，提高对失能失智老年人、伤残老人必要的经费补助，探索建立长期护理保险；探索医疗护理保险制度试点工作，将相关开办医养结合型养老机构的看护、康复、护理等项目纳入医保范畴；扩大医务人员提供医疗服务的范围，为老年人提供连续的社区健康与家庭医生服务。

（四）增强社会对老年服务的认同感

在全省范围内树立敬老爱老的社会风气，通过媒体等多种方式进行宣传，让更多人能够了解这一职业的工作重难点及意义，增强社会对老年服务的职业认同感，让社会大众普遍认为老年服务是高尚的职业。同时，鼓励服务人员既要自我认同，也要凭借自身所提供的优质服务而取得服务对象的尊重，从而增强外界对老年医学服务相关职业的认同感。

三 医养结合发展思路

（一）推进构建多元化医养结合模式

全面建立居家、社区、机构相协调，医养、康养相结合的养老服务体系，加强养老机构的不同模式兼容度建设。根据四川省老年群体的消费习惯和心理状态，结合居家医养、社区医养、机构医养的不同需求，建立每位老年人“有人管理、定期评估、就近按需、服务连续、费用可担”的医养结合服务体系。对养老项目进行规划设计，建设养老相关基础服务设施。在此过程中需要注重老年人需求，设计令老年人满意的特色功能区，为老年人提供服务，将“互联网+”理念引入养老机构建设，打造智能养老服务机构，整合线上线下资源，不断扩展养老服务项目，搭建医养融合联盟平台，推进医养服务向社区延伸，惠及当地老年人。在英国、日本等国家，建有众多发展良好的社区老年公寓、护理院等养老机构，形成了有自己特色的养老模式，满足了老年群体的养老需求，深受社会认可。

（二）拓宽资本进入养老医养市场渠道

1. 政府牵头鼓励民间资本进入

资金是医养结合深入发展的强力保障，因社会养老具有公益性，政府应该作为社会养老的主导角色，通过税收优惠、费用免除、财政性资金贴补等方式筹措资金。除了政府出资这一单一形式，政府应当鼓励更多的社会力量进入养老服务市场。政府可以通过简政放权，精简养老服务设施各项工程的审批流程，同时加大对民间养老机构的政策扶持力度，从而吸引更多的社会力量。对于市场中民营性质的养老机构，因为服务项目以及收费标准主要由市场决定，经营者有自主定价权。除此之外，还可以奖励提供良好医养结合服务的机构。就国外养老服务模式而言，英国比较完善，其通过市场规律来引导养老服务项目，公办养老机构以及民间出资的私人养老机构享受同等的贷款、政策、税收。

2. 发挥政府“蓄水池”的作用

目前各养老机构均存在资金不足的问题，养老机构应该多方联系积极筹措资金，拓宽筹集资金渠道，努力取得社会信任，获得各个地方资金援助。国家通过协调民政、财政、卫健委等部门，建立医养结合专项基金，用于各类专项医疗求助。就医养结合社会保障养老项目来讲，因需要提供长期照护服务，英国、美国、日本等国家主要通过税收、社会保险等方式筹措资金。目前不同国家老年照护制度存在较大的差异性。

（三）健全医养融合服务人才培养机制

专业人才培养是实现医养融合养老模式深入发展的主要环节。只有健全人才培养机制，才能更好地实现四川省成为全国首个整合规划医疗与养老相融合的省份的目标。人才培养主要涉及两个方面。一是要加大对专业人才的培养力度。首先，要在医学类学校开设相关学科课程，对其进行专业性、系统性的理论与实践培训。其次，要设置上岗资格认证，提升学生专业素养和就业能力。在国际上，日本规定专业从事老年照料服务的人员必须取得国家职业资格和地方认定的资格两类认证，所有医护人员在护理、康复锻炼方面的专业素质普遍较高；美国则要求医疗行业全体人员都投入养老服务行业中，且该类人员必须经过系统学习，考取资格证书，调查显示，从事该行业的医生和职业治疗师基本上都获得了硕士及以上学位。可见，发达国家医养融合养老服务业准入门槛更高，专业化水平更强，我国也需要不断健全人才培养机制，对医护人员进行技能和岗位培训，为老年群体提供高品质的养老服务。二是要建立薪资保障机制和绩效考核机制，以提高专业人员的薪资待遇和职业认同度，吸引一大批高水平、高职业道德素养的专业人才进入行业领域，提高行业整体服务水平和医护服务团队素质。

（四）健全医养结合支撑保障制度

1. 理顺监管机制，提升多部门多项政策执行效率

建立健全完善的监管体系，政府部门各司其职，明确自身的责任是深入发展医养融合养老模式的重要保障。第一，明确工作责任，建立工作标准，清晰界定监管责任，执行过程中要定期公开相关信息，保障民众权益。第二，各部门之间要加强联系，形成定期信息共享机制，保证决策机构做出更加准确、及时的判断。第三，落实连带责任机制。完善机制不仅是对广大人民群众利益的维护，而且也能够在很大程度上提高政府部门工作效率。若是出现违法乱纪等行为，必须及时进行合法处理，以保证养老机构行业内的规范性，并定期对养老机构进行严格审查，同时帮助充分评估各个养老机构的服务质量。

2. 健全长期护理保险制度，完善法律法规保障机制

四川省目前还未建立起成熟的长期护理保险制度。四川省医养融合养老模式的发展单单依靠个人或单个部门是无法稳步推进的，而是需要国家、地方政府和社会的全体共同参与，并不断讨论完善运行机制。社会保障体系与传统的社会医疗保险、养老保险等在内容上存在差别，应当以一种长期护理型的保险制度为老年人提供服务，制定一种通过社会保障机制筹集资金合理化养老费用负担，而非仅依靠个人缴纳养老费用或者国家财政支撑。日本的老年长期照护保险制度已经发展的相当成熟，并已有一定的规模，虽然是由地方政府主要负责，但其在基层仍设有卫生管理人员，评估老年群体需求，制订相应的服务计划，统一全国评估标准。四川省的

医养结合行业明确的管理法规较少，而《中华人民共和国老年人权益保障法》是一套立足整体的保障法规，对医养结合行业的相关规定不够具体，参考过程中无法满足相关具体要求。故而，四川省医养融合需要进一步完善相关法律法规，增加专门性行业立法，为行业相关制度完善提供思路，保障老年人群的合法权益，做到医养融合养老服务行业发展有法可依。

第十八章　四川省养老产业发展思路

积极应对人口老龄化是四川省当前最重要的工作之一。老年人生活理念的转变、老年高收入人群规模的扩大以及老年人需求的多样化多层次化，为健康养老产业提供了广阔的发展前景。健康养老产业作为现代服务业的重要组成部分，是保障与改善民生的重要着力点，也是具有发展前景的经济新增长点。发展健康养老产业，对于推进健康四川建设、积极应对四川省人口老龄化、促进四川省经济社会全面进步和建设幸福健康四川具有重要意义。省政府办公厅《关于推进四川养老服务发展的实施意见》（川办发〔2020〕9号）为四川省养老产业高质量发展提供了政策、方向和目标，重点推进实施七大工程，推动老年健康养老产业创新发展，促进医养产业、康养产业和护养产业协调发展，实现养老产业供给结构不断优化、社会有效投资明显扩大、养老服务质量持续改善、养老服务消费潜力充分释放。

一　健全养老产业发展的运作机制

（一）调整产业结构，提升产业化程度

我国的老年消费市场能为老年人提供的产品、服务非常有限，过于单一，也缺乏创新。然而，从长远来看，老年人的生活水平在不断提升，其对于老年生活的品质也有了更高的追求。显然，当前我国的养老支柱产业还没有办法满足这种多元化、个性化的养老需求。老年消费市场在服务层次、服务内容多元化方面的提升，实际上也是养老支柱产业蓬勃发展的一种内生动力，通过大力发展我国的养老支柱产业，以满足老年人更广泛的

消费需求。一方面，我们要推行养老服务的“普惠”性；另一方面，我们也要推进老龄产业的市场化，不断调整产业结构，提升产业化程度。老龄事业应从低层次向高层次逐级发展，从老有所养到老有所医再到老有所乐，从最基础服务到医疗保健再到休闲娱乐。

（二）完善资金保障机制，提高养老需求支付能力

从某种意义上说，养老产业能否成长和发展在于能否建立养老产业的金融链条，使老年人有足够的资金支付能力，享受优质的老年生活。在国际上，解决养老资金问题的常用手段是建立保障体系。世界银行将养老保障制度划分为三大支柱。第一支柱是国家基本养老保险；第二支柱是企业补充养老保险；第三支柱是个人储蓄养老保险，包括银行储蓄和商业养老保险。如果我们将三大支柱提供的养老资金关系看作一种金融链条关系，那么从结构上讲，链条链圈必须相互匹配，链圈不能太大或太小，否则很容易发生断链。中国养老保障体系三大支柱的粗细是不同的。第一个太粗，第三个太细，难以形成合力。从这个意义上讲，中国的养老保障体系相对薄弱，三大支柱发展不平衡，第一支柱的压力相对较大，超过了自身的承载能力，第三支柱太薄弱，不足以承担应有的压力。只有充分发展企业年金和商业养老保险，才能迅速提高第二支柱和第三支柱的承受能力。因此，这也成为解决养老产业资金短缺和完善养老保障体系的必然选择。

（三）完善政策保障机制

政策保障机制主要用于促进政府支持养老产业的发展。按照目前的国际行业分类标准，养老服务业属于第三产业社会工作类别，是社会工作的核心内容。中国政府将基本养老服务体系作为一项基于国情的长期战略任务，确立了基本养老服务体系建设的发展思路，提出了以居家养老为基础、社区养老为依托、机构养老为支撑的社会养老模式，加快构建以提供基本生活照料、护理康复、情感关怀、紧急救援和社会参与等为内容的社会养老服务体系。从目前情况看，养老产业的政策包括财政政策、税收优惠、医疗卫生政策、公共事业政策等。

1. 财政政策

近年来，为促进养老产业的建设和发展，国家加大了对养老产业相关

福利机构的财政投入和财政补贴，主要是财政补贴。国务院办公厅还发布了相关文件，在规划、建设、土地使用、用水用电等方面为养老产业提供具体的金融保护政策以及支持。财政补助政策是政府为需要重点发展的产业所提供的财政优惠及支持。对养老产业来说，目前，很大一部分政府主办机构、非营利性组织主要依靠财政补助政策的支持。因此，在养老产业发展的过程中，有必要进一步建立健全财政补贴制度。

（1）建立财务等级补贴制度

为了提高养老产业机构提供的服务产品的质量和效率，政府可以利用不同等级的财政补贴金额来评估养老机构的业绩，刺激养老机构竞争发展。例如，政府可以通过相关受益者对服务质量、服务态度等方面的反馈对机构进行等级划分，为评级较高的机构提供更高的财政补贴，并在下一年度重新评估，以鼓励养老机构提供更高质量的服务，以便老年人可以获得更好的福利。同时，财政部门严格监控接受补贴的公司账目，完善监督管理制度，预防财政补贴资金的流失。

（2）完善财政融资保障制度

由于养老产业的特殊属性，进入该行业的公司需要投入大量的启动资金。由于中国养老产业仍处于发展初期，企业难以在市场中获得大量资金，金融市场融资风险系数较高。因此财政融资已成为企业的可靠选择，政府可以将财政资金作为企业进入养老产业的启动资金，为养老产业的资金来源提供合理保障。

2. 税收政策

税收政策是政府按照经济社会发展要求制定税收制度和开展税收工作的基本准则和指导方针。对于养老产业的营利性组织，在市场竞争机制不断完善的条件下，应该允许其以合理方式获得利润。但是，为了促进养老产业更好、更均衡地发展，政府应该给非营利组织提供更多的政策优惠和税收优惠。由于目前中国慈善事业发展不快，非营利组织的成熟度不高，资金来源是其运作中的一大难题。但是，如果对非营利组织的所有商业经营活动免税，会误导非营利组织的投资选择，导致大量资金流入营利领域，造成不公平竞争。因此，免税不能盲目扩大范围，应该仅限于与其非营利目的有关的经营收入，或者扩大到与利息、股息等有关的投资收益。

该政策不仅可以避免政府税收的损失，也可确保非营利组织的运营范围符合其公益性目的。

3. 医疗卫生政策

满足老年人的医疗卫生需求直接影响老年人的生活质量。医疗卫生政策是老年人健康保障的重要支撑。一是完善城乡医疗保障体系。城乡医疗保障制度是我国城乡居民的基本医疗保障，包括城镇职工基本医疗保险制度、城镇居民基本医疗保险制度和新型农村合作医疗制度。但是，上述制度只能为城乡居民提供最基本的保障。对城镇居民来说，很难满足他们对医疗卫生服务的高度需求。对农村居民来说，一些老人仍然负担不起高额的医疗费用。要改善城乡医疗保障体系，不仅要建立健全重大疾病医疗保险制度，还要设计更科学的免赔额和完善的赔偿机制。二是为老年人提供健康管理服务。在中国目前的社会保障制度下，社会保险只能为居民的养老和医疗支出提供基本保障，并不足以满足老年人日益增长的需求。国家越来越注重老年健康管理服务，《“十三五”国家老龄事业发展和养老体系建设规划的通知》中涉及老年人健康管理服务的指标有：政府运营的养老床位数占当地养老床位总数的比例不超过 50%，护理型床位占当地养老床位总数的比例不低于 30%，老年人健康素养提升 10%，二级以上综合医院设老年病科比例达 35% 以上，65 岁以上老年人健康管理率达 70%。三是增强老年人的健康保健意识。老年人健康保障的主体应该是老年人本身，而不是疾病产生后的保障机制。政府应该向老年人宣传卫生保健知识，帮助老年人建立健康保健新理念，并为老年人参与自身保健创造条件。中国很大一部分老年人患有慢性病等疾病，这主要是长期不良的生活习惯造成的。卫生保健知识对于改善老年人健康至关重要，不仅可以节省医疗卫生资源，还可以改善老年人的生活状况，提高老年人生活质量。

4. 公共事业政策

公共事业部门是指为城市的生产、流通和居民生活服务的各项事业的总称，被统称为城市基础设施或市政服务事业。城市公共事业对城市的生产和管理以及居民的日常生活至关重要，是城市生存和发展的基础和必要条件，城市公共事业的改善和发展可以提高整个城市的劳动生产率和工作效率，节约社会劳动，为居民的生活创造一个美丽的环境和良好的条件。

公共事业对养老产业的扶持政策可以体现在以下三个方面。一是降低养老产业相关机构水、电、气的收费标准，降低养老产业相关机构运营成本。二是环保部门和城市管理部门减免养老产业相关机构的生活垃圾和排污费用，特别是医疗卫生机构产生的医疗废物必须妥善处理。三是减免养老产业相关机构的各种事业性收费，如市政公用设施、土地使用管理费、土地所有权调查费等，减轻养老产业机构负担。

（四）加强市场运作，改善供需失衡

养老服务企业要想取得长足稳步发展，首要任务就是结合老年群体的现实消费特点，因地制宜地制定科学完善、有针对性的营销策略，注重广告营销策略。老年群体获取消费信息的一个重要途径就是各种产品的销售广告，因此要格外注重产品广告对老年消费者的刺激作用。现实生活中，超市促销海报、报纸与电视广告、公交地铁广告等都是老年群体的主要信息源，在此不讨论各种广告的真实可靠性，其对老年消费者的刺激作用却是不容置疑的。老年群体闲暇时间充裕，很多人都是通过看电视、听广播或者读报纸来打发时间，相较于生活节奏较快的年轻人而言，其接触广告的机会更多。对于专门面向老年群体提供产品或服务的企业而言，要根据老年人的消费需求、消费心理及消费特点，制定相应的广告营销策略，重点以电视广告、广播广告以及报刊广告等广告形式为主。电视广告生动形象，对于老年人而言，可以更加直观地获取产品信息，无疑对老年消费者的刺激作用更明显。很多老年人有读书看报的习惯，在报刊刊登广告成本相对较低，但对老年群体的广告效应却毫不逊色。

（五）加强人才队伍建设，提升服务水平

养老服务业发展的关键是养老服务人才队伍建设，同时国家也高度重视养老服务的人才队伍建设。习近平总书记在十八届中央政治局第三十二次集体学习专题研究我国人口老龄化的形势和对策时的讲话强调："要积极发展养老服务业，推进养老服务业制度、标准、设施、人才队伍建设。"① 近年来，随着我国人口老龄化形势日益严峻，国家相关部门大力推

① 《习近平关于社会主义社会建设论述摘编》，中央文献出版社，2017，第92页。

进养老服务人才队伍建设，通过政策创制、教育培训、技能鉴定等工作手段，大力发展养老职业教育和技术技能教育，努力提升养老服务岗位待遇和职业吸引力，推动形成全社会关心、尊重养老服务人才的良好氛围。

完善服务人才培养机制。高等院校及中等职业学校根据就业市场需求开设养老服务相关专业以及护理服务选修课程。社会资本根据市场需求开办职业技能培训学校，高效培养市场急需的养老护理员、营养师、中医保健师等从业人员，壮大养老从业队伍；建立养老培训基地，根据情况建立老年人护理综合培训基地，为社会培训专业养老护理人员。同时政府制订培训计划，将养老服务从业人员纳入，免费对其进行职业技能和职业道德培训，对符合条件的国家养老护理员给予相应的补贴。完善规章制度，严格按照国家职业资格认定制度培训养老服务从业人员，完成培训则为其发放证书，让其持证上岗，实现工资福利随专业技能及从业年限的提升而提高。另外，为从业人员提供晋升通道，为从业人员规划好未来，让优秀的从业人员能够留得住、有发展。

二　养老产业发展的战略重点选择

2020 年 5 月以来，习近平总书记先后在中央政治局常委会和全国政协经济界委员联组会上指出，“构建国内国际双循环相互促进的新发展格局”“逐步形成以国内大循环为主体、国内国际双循环相互促进的新发展格局。”2020 年 11 月发布的《中共中央关于制定国民经济和社会发展第十四个五年规划和二〇三五年远景目标的建议》中明确提出，要“推动养老事业和养老产业协同发展，培育养老新业态，构建居家社区机构相协调、医养康养相结合的养老服务体系”等内容，将“养老产业”提升到了战略高度。

加快发展内容丰富、层次多样的健康养老产业，紧密结合双循环新发展格局和成渝经济圈建设要求，深入推进和优化“医、养、康”养老产业融合发展，不断提高养老产业增加值，形成医疗康复、食品药品、器械用品、金融保险、旅游休闲、人才培养、养老地产、养老科技等相关领域融合发展，构建与全省“一区两片三带”养老与健康服务业发展格局相适应的覆盖全生命周期的养老产业体系。

（一）完善产业发展政策体系

进一步完善政策支持环境。如设立产业发展扶持基金；出台相关金融政策，对社会力量兴办养老机构的融资贷款、抵押担保进行贴息或限息；制定政府购买服务清单；整合监管职能，严格保障健康养老产品服务质量和安全；建立督查机制，督导已出台的相关政策落到实处，特别是建设、运营补贴等扶持政策落地；稳定建立“长护险制度”，缓解老人晚年生活的经济压力，促进养老保险产业发展。

（二）强化产业发展重点布局

综合考虑养老产业空间集聚的一般规律和重大项目的带动作用，突出重点，细分市场，形成多点发展的产业格局。如打造社区居家养老站点的一站式智慧养老平台；加大老年专科医院、候鸟老年人公寓、家庭式老年社区建设力度，扩大医、养、护、康、学、游一体的医养融合产业聚集区；结合中医药、旅游、文化、养生等特色优势，打造健康养老服务产业集群；大力发展道地、特色优势药材，以中医药健康调理、亚健康恢复、慢性病防治等为重点推进生物医药创新研发，加快开发适用于老年人的中药成品、保健用品、绿色食品等；打造辐射全省所有城市社区、农村社区的社区居家养老服务站点；加强医药产业发展；培育发展适老化的养老地产，拓展房地产业态，促进居家养老与社区服务相结合；支持企业、保险资金和其他社会资本建设具有示范意义的养老健康服务综合体、老年宜居社区；加快发展康复辅助器具产业，丰富老年养老产品供给。

（三）加强健康养老人力资源建设

人才是保证行业长期发展的根本因素，也是驱动行业发展的关键支撑。加强医教协同，建立完善医学人才培养供需平衡机制，加快建成适应行业特点的院校教育、毕业后教育、继续教育三阶段有机衔接的医学人才培养培训体系。以全科医生为重点，加强基层人才队伍建设。加强全科、儿科、产科、精神科、病理、护理、助产、康复、心理健康等急需紧缺专业人才培养培训。加强药师和中医药健康服务、卫生应急、卫生信息化复合人才队伍建设，推进卫生管理人员专业化、职业化，调整优化适应健康服务产业发展的医学教育专业结构，加大养老护理员、康复治疗师、心理咨询师等健康人才培养培训力度，建立健康教育培训云平台，便捷医务人员终身教育。加强社会体育指导员队伍建设。创新医务人员使用、流动与服务提供模式，积极探索医师自由执业、医师个体与医疗机构签约服务或组建医生集团。学习借鉴国际通行模式，进一步优化和完善护理、助产、医疗辅助服务、医疗卫生技术等方面人员评价标准。出台 1 + X 证书鼓励措施，在优化养老服务人才供给的同时，提高养老护理员的职业尊严和职业价值，破解养老护理人才荒。

（四）积极培育智慧养老产业新业态

当前，物联网、云计算、大数据、智能硬件等新一代信息技术已深入社会各行各业，与养老融合形成的智慧养老，能够实现个人、家庭、社区、机构与健康养老资源的有效对接和优化配置，推动健康养老服务智慧化升级，提升健康养老服务质量和效率；催生出的智慧养老产业，促进信息消费升级，成为养老产业新的经济增长点。

加快智慧健康养老服务产品供给产业发展，丰富智慧养老产品供老年人选择。针对家庭、社区、机构等不同应用环境，发展健康管理类可穿戴设备、便携式健康监测设备、自助式健康检测设备、智能养老监护设备、家庭服务机器人等，满足多样化、个性化健康养老需求。健康管理类可穿戴设备对血压、血糖、血氧、心电等生理参数和健康状态信息进行实时、连续监测，实现在线即时管理和预警。便携式健康监测设备便于个人、医护人员和机构在家庭和移动场景中实时监测各项生理指标，并能借助在线管理系统实现远程健康管理等功能。自助式健康检测设备便于用户在不同社区、机构中随时、随地自助地完成基础健康状态检测，提升用户自我健康管理的能力水平。智能养老监护设备可实现自主、自助的养老功能，提高用户自主养老、自主管理的能力，提升社会和家庭养老资源的使用效率。家庭服务机器人可以满足老年人的情感陪护、娱乐休闲、残障辅助、安防监控等需求，提高老年人生活质量。

大力发展健康养老数据管理与服务系统。运用互联网、物联网、大数据等信息技术手段，推进智慧健康养老应用系统集成，对接各级医疗机构及养老服务资源，建立老年健康动态监测机制，整合信息资源，为老年人提供智慧健康养老服务。发展健康养老数据管理和智能分析系统，实现健康养老大数据的智能判读、分析和处理，提供便捷、精准、高效的健康养老服务。

三 养老产业发展的分阶段发展战略

实施积极应对人口老龄化国家战略，推动养老事业和养老产业协同发展，加快养老服务产业高质高效发展，是养老与老年健康服务业今后相当长时期内的重要工作内容。省委、省政府高度重视老龄事业发展和养老服务产业体系建设，连续5年将养老服务纳入省委、省政府民生工程加以推动落实，总体目标是：贯彻省委“一干多支、五区协同”发展战略，打造“一区两片三带”养老与健康服务产业发展格局；建立与经济社会发展水平相适应、与居民养老健康需求相匹配、覆盖城乡、功能健全、结构合理的养老与健康服务业体系；建设形成一批特色突出、优势显著的养老与健康服务业基地，培育发展一批技术领先、服务优质的骨干企业（机构）和知名品牌，养老与健康服务业规模不断壮大，形成由老年基础服务业、生态康养产业、医养融合产业、老年用品制造产业和相关养老配套产业等组成的全省养老产业体系，推动全省经济社会转型发展和“健康四川”建设再上新台阶。

（一）2021～2025年养老产业发展战略

1. 加强顶层设计完善养老保障体系

在现有制度体系上进一步完善养老保障体系，包含养老保障制度和相关养老服务体系，为养老产业发展保驾护航。一方面，对不同群体、层次和项目的养老保障制度加以整合，打破现行制度与服务体系政策分立、管理分割的局面。既要落实养老消费制度保障，又要统筹规划养老保障和医疗保障制度，还要结合城乡区域医疗资源分布不合理、发展不均衡因素，切实让国家和有关部门制定出台的政策法规能真正对养老产业的发展起到一定促进作用。另一方面，探索建立长期护理保险制度，构建从居家、社区到专业机构等较为健全的专业照护服务体系，结合实际制定实施老年人照顾服务项目，创新优化照顾服务提供方式，将符合条件的困难老年人全部纳入最低生活保障、特困人员救助供养，逐步提高保障标准和水平。此外，出台鼓励和支持在产业发展供给侧方面给予土地、人才、资金和技术支持的可落地的政策实施细则。

2. 积极发展多元化产业融合模式

目前，我国还是以居家养老模式为主，很多人不愿意选择机构养老，需要进一步完善社会养老的途径和模式。相对于日本与美国，我国机构养老的发展还处于起步摸索阶段，与国外成熟的养老产业相比仍有较大差距，依托于社区的居家养老是我国养老的必然选择。因目前我国养老产业发展不均衡、养老产业和服务整体水平不高，实行多元化跨行融合发展可以将社会优质有效资源进行整合，解决发展供给不足的问题，提升养老质量，满足人民对养老日益增长的美好需求。通过跨业务、跨方式、跨行业的相互融入，盘活新要素，释放新动能，发挥规模经济和范围经济的双重效应。如通过“医”与“养”的相互盘活，提高养老机构、基层医疗卫生机构的床位利用率。利用率提高了，营业收入和利润增加了，既可以增加或者升级改造机构的设施，也可以向社区和居家养老提供延伸服务，扩大养老服务供给。养老产业不仅要让内部各子行业相融合，更要主动与全周期健康、现代金融、先进制造、新型基础设施建设等行业深度融合，为国家和四川经济整体的双循环新格局做出重要贡献。

3. 加快养老服务业提供主体之间的融合

畅通政企合作、政社合作，促进养老服务业提供主体之间的融合。政府更好地发挥规划引领、政策支持、包容审慎监管等作用，守住基本养老服务底线，为市场和社会主体提供更加广阔的发展空间。企业更好地发挥资源配置效率较高、可适应多层次多样化需求的优势，为老年人提供丰富的产品和服务选项。社会组织更好地发挥非营利性和植根基层的优势，积极为中低收入群体提供可负担的养老服务。继续推进公建民营、城企联动，充分发挥政府部门、企业、社会组织各自的比较优势，通力协作，形成补短板、锻长板、降成本、提质量的整体合力。充分发挥社会力量的主体作用，在各级地方政府的基础服务支持下，吸引社会力量和民间资本进入养老市场，扩大供给，是缓解日益增大的养老压力的可行方式。随着养老服务模式逐渐走向精细化、分工化，政府出资委托专业化养老机构运营管理的公办民营养老服务模式将会成为时代的主流。

4. 大力发展中医药健康养老服务业

推动中医药与养老服务业融合发展，充分发挥中医药在治未病、重大疾病治疗和疾病康复中的重要作用，提高中医药健康养老的活力和可及性。鼓励中医医院加强与养老机构合作，为入住养老机构的老年人提供医疗巡诊、健康管理、保健咨询、预约诊疗、急诊急救、中医药养生保健服务。支持有条件的中医医院开展中医医养结合服务，鼓励中医医院设置治未病科室，开设老年病科，增加老年病床数量，开设老年人就诊绿色通道，提升老年人常见病、多发病和慢性病诊疗能力。支持养老机构开设中医诊室，提供融合中医特色健康管理的老年人养生保健、医疗、康复、护理服务。鼓励中医医院、社区卫生服务中心、乡镇卫生院与养老机构、社区养老服务中心等合作，推广针灸、推拿、中医康复等中医药适宜技术，推动优质中医药资源进社区、进农村、进家庭。建立中医药养老服务实训基地，加强养老照护人员的中医药技能培训，鼓励中医医师在完成所在医疗机构工作任务的前提下，在养老机构提供保健咨询和调理等服务。推广太极拳、八段锦、五禽戏等中医传统运动项目，加强中医药健康养生养老文化宣传，普及中医药健康养老知识。

5. 积极探索发展智慧健康养老产业

目前，四川省智慧健康养老发展和应用还处在起步阶段，存在区域发展不均衡、信息基础设施相对薄弱、关键技术储备不足、产品与系统水平不高、缺乏成熟的商业模式等较多问题，同时信息技术应用水平较低，覆盖全生命周期的智慧健康养老产业体系还没有形成，难以满足人民群众对健康养老日益增长的需求。一是推动关键技术研发与产品供给，支持人工智能、大数据、云计算、虚拟现实等信息技术在健康养老产业中的集成应用，加快打造一批高智能、高科技、高品质的智慧健康养老产品及服务。二是推广发展智慧健康养老服务，重点发展慢性病管理、居家社区健康养老、互联网健康咨询、生活照护、养老机构信息化服务等，着力推动在线常见病和慢性病复诊、远程会诊、远程影像诊断等服务。三是鼓励社会力量开展关键共性技术和跨行业融合性技术研发，突破产业发展共性技术瓶颈，推动智慧健康养老领域科研成果加速商业化与产业化。四是推动智慧健康养老信息服务平台建设。加快建设省统筹区域全民健康信息平台，构建统一规范、互联互通的健康养老信息共享系统。鼓励和支持社会力量利用云计算、大数据等技术建设养老信息服务平台，为老年人提供一体化信息服务。五是积极推进智慧健康养老与农业、休闲旅游、体育健身等行业融合发展，加快形成智慧健康养老区域产业集群。六是持续推动城乡光纤网络覆盖和扩容提速，推进康养大数据中心建设。

（二）2026～2030年养老产业发展战略

1. 进一步加快发展现代服务业

推动生产性服务业向专业化和价值链高端延伸，推动各类市场主体参与服务供给，加快发展研发设计、现代物流、法律服务等服务业，推动现代服务业同先进制造业、现代农业深度融合，加快推进服务业数字化。推动生活性服务业向高品质和多样化升级，加快发展健康、养老、育幼、文化、旅游、体育、家政、物业等服务业，加强公益性、基础性服务业供给。推进服务业标准化、品牌化建设。

2. 进一步完善发展健康服务新业态

积极促进健康与养老、旅游、互联网、健身休闲、食品等行业融合，催生健康新产业、新业态、新模式。发展基于互联网的健康服务，鼓励发展健康体检、咨询等健康服务，促进个性化健康管理服务发展，建设一批有特色的健康管理服务产业，推进可穿戴设备、智能健康电子产品和健康医疗移动应用服务等发展。规范发展母婴照料服务。培育健康文化产业和体育医疗康复产业。大力发展中医药健康旅游。打造一批知名品牌和良性循环的健康服务产业集群，扶持一大批中小微企业配套发展。引导发展专业的医学检验中心、医疗影像中心、病理诊断中心和血液透析中心等。支持发展第三方医疗服务评价、健康管理服务评价以及健康市场调查和咨询服务。鼓励社会力量提供食品药品检测服务。积极发展健身休闲运动产业，鼓励发展多种形式的体育健身俱乐部，积极培育具有消费引领特征的时尚休闲运动项目，打造具有区域特色的健身休闲示范区、健身休闲产业带。

3. 进一步提升医药产业发展水平

一是要加强医药技术创新。完善政、产、学、研、用协同创新体系，推动医药创新和转型升级。加强专利药、中药新药、新型制剂、高端医疗器械等创新能力建设，推动治疗重大疾病的专利到期药物实现仿制上市。大力发展生物药、化学药新品种、优质中药、高性能医疗器械、新型辅料包材等，推动重大药物产业化，加快医疗器械转型升级。加快发展康复辅助器具产业，增强自主创新能力。健全质量标准体系，提升质量控制技术，实施绿色和智能改造升级。二是要发展专业医药园区，支持组建产业联盟或联合体，构建创新驱动、绿色低碳、智能高效的先进制造体系，提高产业集中度，增强中高端产品供给能力。大力发展医疗健康服务贸易，推动医药企业“走出去”和国际产业合作，提高国际竞争力。

4. 进一步发展壮大健康养老支撑产业

（1）医药医械产业

加强中医药标准化建设，支持中药材大品种培育、中药饮片、配方颗粒和提取物发展，促进中药资源保护和可持续利用，大力推进川产道地中药材产业化和中药现代化进程，支持以川产中药为主体的中药新药和产品研发，提升四川中成药市场竞争力。壮大川产道地中药材种植、生产基地，建设中药种质资源库，构建中药原料质量监测体系。鼓励医药企业兼并重组和战略合作，提高产业集中度，形成一批具有国际竞争力和较强带动作用的大型企业集团。支持中医诊疗设备研制及应用。以高新诊断技术及产品、生物医用材料制品及植入器械、新型医用高端耗材及制品、康复器械等为重点，建设一批上规模、上档次、具有竞争优势的诊断试剂、医用设备、耗材企业。

（2）保健（食）品产业

突出中药材资源优势，支持具有中医药特色的药膳（食疗）的研制和应用。大力发展具有增强免疫力、抗氧化、辅助降血脂、辅助降血糖、辅助改善记忆功能、减肥、改善睡眠等效用的特色保健产品和民族医药特色保健产品。

（3）康养金融保险业

金融机构开发更多适合老年人的储蓄、保险、投资等金融产品。开发重大疾病保险、特定疾病保险等与基本医保相衔接的商业健康保险产品，开发长期护理保险、失能收入损失保险等与健康管理、运动健身、养老服务相关的保险产品。推动商业保险深度介入医疗服务市场。

（4）康养旅游与文化产业

进一步推动医疗、中医养生保健、体育健身等与旅游业的联动发展，发展以特色医疗、疗养康复、森林康养、抗衰老等为主题的养生医疗旅游和以体育娱乐、健身、竞技、康复、探险等为主题的体育旅游。加强健康文化传播与交流，开展形式多样的公众性健康文化活动。

（5）康养地产业

加快养老地产转型发展。一方面，依托气候、生态、医疗服务、保健养生、运动休闲等资源，适应市场需求变化，因地制宜地发展集医疗保健、休闲养生、康复养老、旅游度假等多种功能于一体的康养地产。另一方面，鼓励房地产企业与养老机构和医疗机构合作，兴办大型养老健康综合体。

（6）智慧康养业

突破一批智能健康养老终端核心关键技术；丰富智能健康养老终端产品供给；壮大智慧健康养老终端基地；推进智慧健康养老商业模式创新；建设智慧健康养老软件产业集群；大力推动智慧养老机构建设，打造一批“智慧养老院”；发展智慧居家和社区养老服务，打造一批“智慧养老社区”。

参考文献

陈威杰、吕盛鸽：《四川省人口老龄化系数中长期预测》，《统计与决策》2013 年第 1 期。

成都发展改革委、国家发展改革委：《成都：着力解决养老服务的四大问题》，《中国经贸导刊》2019 年第 6 期。

代菲：《老龄化背景下成都市机构养老问题探析》，硕士学位论文，西南财经大学，2013。

杜鹏主编《人口老龄化与老龄问题》，中国人口出版社，2006。

高矗群、张开宁：《民族农村地区养老服务供需现状及养老服务体系建设研究》，《卫生软科学》2020 年第 6 期。

葛天任：《社区碎片化与社区治理》，博士学位论文，清华大学，2014。

何乃柱：《民族社区社会工作研究：本土实践与理论建构》，博士学位论文，兰州大学，2013。

姜琦、赵辰光：《老龄化背景下机构养老发展模式研究》，《现代管理》2019 年第 2 期。

零春晴：《我国老年人健康养老服务需求满足程度及其影响因素分析——基于 2015 年中国健康与养老追踪调查》，硕士学位论文，广西医科大学，2019。

马少春：《四川省农村人口老龄化趋势预测与影响分析》，《智富时代》2018 年第 7 期。

潘钰婷等：《国家基本公共卫生服务项目实施效果评价》，《中国公共卫生》2020 年第 3 期。

裴城阳、胡琳琳、刘立远：《我国老年健康服务政策的发展演变与未来建议》，《中国卫生政策研究》2020年第11期。

汤文巍、汤文璐、程晓明：《特大型城市老年医疗护理保障的对策研究》，《中国卫生经济》2002年第12期。

〔德〕滕尼斯：《共同体与社会》，林荣远译，商务印书馆，2009。

田青：《中国老年人群体消费结构、需求特征和行为决策研究》，经济科学出版社，2020。

吴谅谅、钟李卿：《老了，去哪里养老——关于现存两种养老方式的调查》，《中国社会保障》2001年第1期。

席恒：《分层分类：提高养老服务目标瞄准率》，《学海》2015年第1期。

席恒：《养老服务的逻辑、实现方式与治理路径》，《社会保障评论》2020年第1期。

张再云：《新中国成立以来我国养老机构管制政策的基本分期走向》，《南方人口》2015年第1期。

袁妙彧：《社会分层视角下老年人对养老机构地址与设施的需求选择——以武汉市14个城市社区的调查为例》，《湖北经济学院学报》2021年第4期。

张仁枫：《老年人养老意愿调查及启示——以四川省为例》，《老龄科学研究》2017年第3期。

张莹、刘晓梅：《结合、融合、整合：我国医养结合的思辨与分析》，《东北师大学报》（哲学社会科学版）2019年第2期。

郑玉玲、康望星：《以需求为导向的智慧康养社区服务内容研究》，《智能城市》2019年第24期。

朱孔来、朱孟斐、姜文华：《对医养结合模式的实践探索和对策建议》，《山东社会科学》2020年第7期。

致　谢

在本报告的编写过程中，各单位及同行专家学者为我们提供了相关数据及宝贵意见，我们在此向以下单位表示衷心的感谢（排名不分先后）！

四川省卫生健康委员会

四川省卫生健康信息中心

成都市卫生健康委员会

成都市民政局

四川省社会科学院

成都医学院

成都市青羊区卫生健康局、成都市青羊区民政局

成都市武侯区卫生健康局、成都市武侯区民政局

成都市新都区卫生健康局、成都市新都区民政局

乐山市峨边彝族自治县卫生健康局、乐山市峨边彝族自治县民政局

遂宁市大英县卫生健康局、遂宁市大英县民政局

泸州市江阳区卫生健康局、泸州市江阳区民政局

雅安石棉县卫生健康局、雅安石棉县民政局

广元市朝天区卫生健康局、广元市朝天区民政局

攀枝花米易县卫生健康局、攀枝花米易县民政局

阿坝藏族羌族自治州松潘县卫生健康局、阿坝藏族羌族自治州松潘县民政局

成都市第一社会福利院

温江区第一社会福利院

成都市第三社会福利院

都江堰市社会综合福利院

金堂县社会福利院

成都市第二社会福利院

成都锦欣康养医院管理有限公司

广元市利州区荣山镇卫生院

四川广元康养示范产业园

苍溪县老百姓养老服务有限公司

雅安市人民医院医养中心

四川君安康健康养老产业集团

同时，感谢四川大学公共管理学院李晓梅副研究员、四川省社会科学院经济研究所刘金华研究员参与前期调研，田苑博士以及在读研究生汪瑞茹、杨淞、费禹哲同学在本报告数据整理以及编写过程中提供的帮助！

图书在版编目（CIP）数据

四川养老与老年健康服务发展报告. 2021 / 唐平，余小平主编. -- 北京：社会科学文献出版社，2021.12
ISBN 978 - 7 - 5201 - 9151 - 7

Ⅰ. ①四… Ⅱ. ①唐… ②余… Ⅲ. ①老年人 - 医疗卫生服务 - 研究报告 - 四川 - 2021 ②养老 - 社会服务 - 研究报告 - 四川 - 2021 Ⅳ. ①D669.6 ②R199.2

中国版本图书馆 CIP 数据核字（2021）第 198088 号

四川养老与老年健康服务发展报告（2021）

主　编 / 唐　平　余小平
副 主 编 / 黄　进　林　琳　李茂全

出 版 人 / 王利民
责任编辑 / 史晓琳
文稿编辑 / 刘珊珊
责任印制 / 王京美

出　版 / 社会科学文献出版社 · 国际出版分社（010）59367142
地址：北京市北三环中路甲 29 号院华龙大厦　邮编：100029
网址：www.ssap.com.cn
发　行 / 市场营销中心（010）59367081　59367083
印　装 / 三河市龙林印务有限公司

规　格 / 开　本：787mm × 1092mm　1/16
印　张：20.25　字　数：315 千字
版　次 / 2021 年 12 月第 1 版　2021 年 12 月第 1 次印刷
书　号 / ISBN 978 - 7 - 5201 - 9151 - 7
定　价 / 128.00 元